기독교 영성교육

기독교 영성교육

2009년 12월 9일 초판 1쇄 인쇄
2009년 12월 16일 초판 1쇄 발행

지은이 김도일, 장신근 펴낸이 김영호 펴낸곳 도서출판 동연
기   획 김서정 편 집 조영균 디자인 김광택 관 리 이영주
등   록 제1-1383호(1992. 6. 12)
주   소 서울시 마포구 망원동 472-11
전   화 (02)335-2630
전   송 (02)335-2640
이메일 ymedia@paran.com
홈페이지 www.y-media.co.kr

Copyright ⓒ 김도일, 장신근, 2009

이 책은 저작권법에 따라 보호받는 저작물이므로 무단 전재와 복제를 금합니다.
잘못된 책은 바꾸어드립니다.
책값은 뒤표지에 있습니다.

ISBN 978-89-85467-96-4 93200
ISBN 978-89-85467-95-7 93200(시리즈)

Education for Christian Spirituality

기독교 영성교육

김도일·장신근 지음

머리말

1. 왜 현대인들은 영성에 대하여 지대한 관심을 기울이는가?

'영성'에 관한 관심과 논의는 실로 오랜 세월 동안 사람들의 주요 관심사 중의 하나였다. 각 교파나 교단마다 그 강조점과 추구하는 바가 시대별로 개인적/공동체적인 관심사에 따라 조금씩 달랐지만 말이다. 사실 영성은 기독교인만의 관심사가 아니고, 다른 여타 종교인들도 깊은 관심을 가지는 주제이다. 불교와 힌두교는 고도로 발달된 육체적 절제와 극기 훈련, 그리고 명상 훈련을 통하여 자신들이 믿는 종교의 영적인 경지에 올라가기 위해 영성을 개발하는 전통을 갖고 있다. 기독교 내에서도 영성에 대한 관심은 지속적으로 있어 왔다. 그리고 최근 들어서 가톨릭과 개신교는 '산 경험'(lived experience)과 '공동체적 삶'(communal life)에 목말라 하는 많은 신도들의 관심이 증폭되고 있는 것을 간과할 수 없었다. 더욱이 소위 영성훈련 혹은 영성교육이 교회의 수적 성장과도 밀접한 관계가 있다고 여기는 교회 지도자들은 신학자들에게 영성에 대한 신학의 정립을 기대하게 되었으며, 따라서 실제로 '영성학'이 하나의 학문(discipline)으로 자리 잡는 과정에 있다고 보아도 무리는 없을 것이다.[1] 신뢰받는 여론 조사 기관 중의 하나인 갤럽의 보고에 의하면, 21세기 비소설 분야에서 판매량이 최고로 증가할

부분은 종교/영성 부분이 될 것이며, 1987년부터 2010년 사이에는 영성 관련 도서의 성장률이 82%에 이를 것으로 예측하고 있다.[2]

마이클 다우니(Michael Downey)는 현대 영성에 여섯 가지 경향의 영성이 있다고 보았다. 첫째, 현대 영성은 뉴에이지 영성이다. 이에 대하여는 여러 가지 해석이 있지만 다우니는 오늘날 출현하는 다양한 영성적 접근을 뉴에이지 영성이라 부르며, "뉴에이지 영성은 영적인 뷔페식당 즉, 이것저것 자신의 입맛에 맞추어 먹을 수 있는 것과 같다"고 평가한다.[3] 그러므로 영성에 관심을 갖는 이들은 분별(discernment)의 능력을 갖출 필요가 있다고 제언하였다.(이 책은 기독교 영성(christian spirituality)에 관하여만 다룰 것임을 미리 밝혀 둔다.) 둘째, 현대 영성은 심리학적 통찰력에 많은 관심을 갖는 영성이다. 현대인들이 관심을 갖는 영성은 "종교적인 신앙이나 의무가 아닌 거룩함에 대한 체험이기 때문에 심리학적 연구가 영적 발달에 있어 유용한 것"이라고 본다는 것이다. 이런 영성적 경향은 "자기 몰두, 자기 몰입, 자기 고착"을 가져올 위험이 있기 때문에 "사회 정의, 정치적 책임, 경제적 책임 소재" 등의 문제에 소홀히 할 위험이 있음을 간과해서는 안 된다고 제언하였다.[4] 셋째, 현대 영성은 미국 원주민(Native Indian American)을 비롯한 토착

---

[1] Sandra M. Schneiders, "Spirituality in the Academy," *Theological Studies* 50 (1980): 676. 슈나이더즈는 Jesuit School of Theology at Berkeley에서 가르치고 있다.

[2] Michael Downey, 안성근 역, 『오늘의 기독교 영성 이해』(서울: 은성, 2001), 21.

[3] Ibid., 22-23.

[4] Ibid., 23-24. 이런 시각은 인간 발달과 영성 발달이 서로 대립적인 관계에 있는 것이 아니라 상호 연결적이고 상호 보완적이라는 신념에서 출발한 것이라고 다우니는 평가하며, 필자들도 이에 동의한다.

민들의 영성에 관심을 갖는 영성이다. 이는 다우니 자신이 미국인이기 때문에 미국인으로서 갖게 되는 특수한 상황에서 나온 관심이며, 여타 민족들에게도 있을 수 있는 현상이다. 넷째, 현대 영성은 앞서 언급한 미국 원주민과 동양 전통의 영성에 관심을 갖는 영성이다. 특히 땅의 거룩함, 즉 생물체와 사물 속에서 거룩함을 인식하며, 생태계의 보호와 보존은 인간의 삶과도 긴밀한 관계가 있음을 인지하는 영성이다. 다섯째, 현대 영성은 다양한 자립(self-help) 운동과 관련이 있는 영성이다. 영성적 경향은 '치유'나 '온전성'(wholeness)에 깊은 관심을 갖는다. 여섯째, 현대 영성은 남성 영성과 여권주의 영성(feminist spirituality)에 관심을 갖는다.[5]

최근 열렸던 국제학술대회에서 보고된 바에 의하면, 가톨릭교회와 개신교회의 지도자들이 공통적으로 가장 많이 참고하는 책의 저자는 헨리 나우엔(Henri Nouwen)이라고 한다. 복음주의 성향을 가진 교회 지도자들은 나우엔 외에도 맥스 루카도(Max Lucado), 찰스 스윈돌(Charles Swindoll), C. S. 루이스(Lewis), 그리고 릭 워렌(Rick Warren) 같은 이들의 책을 많이 참고하는 것으로 나타났다. 그러나 교단과 교파를 초월하여 강단에서 가장 빈번히 인용되는 저자는 단연 나우엔이다.[6] 그의 책을 선호하는 이유는 그의 정제된 글이 깊은 통찰을 주기 때문이기도 하지만, 지성과 영성이 겸비된 그의

---

[5] Michael Downey, 안성근 역, 『오늘의 기독교 영성 이해』(서울: 은성, 2001), 24-27.
[6] Michael J. Christensen, "Teaching from the Heart: The Spiritual Theology of Henri J. M. Nouwen," 미간행 논문 (The 6th International Conference of KSCEIT, 2006), 41. 크리스텐슨(Christensen)은 드류 대학(Drew University)의 실천신학 교수이며 목회학 박사학위 프로그램의 책임자이다.

학문적 깊이와 영성적인 생활 실천에 감명을 받아 그를 존경하기 때문이라고 생각한다.[7]

사실 볼 수 있고, 느낄 수 있으며, 실제로 소유할 수 있는 것에만 관심을 갖는 현대인들이 영성에 관심을 갖는 것은 이율배반적이라고 볼 수 있다. 그러나 영성을 추구하는 이유와 목적이 사람에 따라 다르겠지만, 21세기에 들어선 오늘 영성에 대한 관심이 어느 때보다 높다는 것을 부인할 사람은 아마 없을 것이다. 왜 이러한 현상이 생기는 것일까? 그리고 오늘날의 상황과 같이 현실주의적이고, 실용주의적이며, 자기중심적이고, 물질만능주의가 팽배한 이때에 왜 사람들은 비-현실적이고, 탈-자기중심적이며, 비-물질적인 것으로 보이는 '영성'이라는 주제에 관심을 기울이며, 영성을 추구하는 삶에 애를 쓰는 것일까? 그리고 한 걸음 더 나아가서 만약 진정한 의미에서 영성을 균형 있게 추구하는 삶의 방법을 가르칠 필요가 있다면, 그런 '영성교육'은 과연 가능한 것일까? 만일 영성을 교육하는 것이 가능한 일이라면, 그것을 어떻게 실시할 수 있을까? 이와 같은 질문을 던지는 가운데 이 연구는 시작되었다.[8] 그러나 소위 '영성학'을 전문적으로 전공한 학자들이

---

[7] 그가 하버드 대학의 교수직을 사임하고 프랑스의 L'Arche of Daybreak(Trosly-Breuil)에서 안식년을 보내다가, 1986년 캐나다 토론토의 Daybreak 공동체로부터 사목 청빙을 받아들이고 1996년 심장마비로 사망할 때까지 몸과 마음이 불편한 사람들의 친구로서 여생을 보낸 사실은 이제 잘 알려져 있다. 자세한 내용은 다음의 책을 참고하라. Henri Nouwen, *Turn My Mourning Into Dancing: Finding Hope in Hard Times* (Nashville: W Publishing Group, 2001). 이 책의 서문에서 Timothy Jones는 실로 깊은 존경심을 갖고 나우엔의 마지막 사역을 자세하게 설명한다.

[8] Philip F. Sheldrake, "Teaching Spirituality," *British Journal of Theological Education* 12.1 (2001) 참고. 쉘드레이크(Sheldrake)는 이 소논문에서 영국에서의 영

시도하는 연구가 아니기에 평생을 영성에 대하여 학문적으로 연구해 온 이들이 이 글을 보면 부족한 점이 많으리라고 사료된다. 공동 연구자인 두 사람은 자신들의 전공 분야인 기독교 교육학적인 시각으로 이 시대의 상황 속에서, 우리에게 다가오는 도전을 분석하고, 영성교육을 통하여 좀 더 종합적이며 통전적인 교육의 가능성을 모색해 보았다. 그리고 그것을 실천한다면 과연 어떠한 신학적 토대 위에, 어떤 기독교 교육적 원리로 실천해야 할지에 대하여 오랫동안 토론하고 연구하였다. 그러나 아직도 그 깊이와 넓이에 있어 확고한 학문적 체계가 미약하며, 그 지식이 일천함을 겸허한 자세로 미리 밝히는 바이다. 다만 이러한 연구가 여러 학문적 시각에서 다양하게 시도되어 교회가 바로서고, 그리스도인들이 건강하게 성장하고 성숙해지는 데 일조한다면 더 바랄 것이 없을 것이다.

2. 현대 영성연구에 대한 세 가지 유형과 한계[9]

이반 하워드(Evan Howard)는 영성형성(spiritual formation)에 대한 고찰을 하면서 우리의 영성연구의 초점을 잡아 주는 유용한 통찰을 제시하였다. 그는 복음주의적 개신교인의 입장에서 영성형성을 살피면서, 1980년대 중반까지 개신교 내에서는 영성에 대한 언급조차 찾아보기 어려웠다고 보고하였다. 1989년에 이르러서야 리차드 포스터(Richard Foster)가 설립한

성교육의 실태를 소개하며, 영성을 어떻게 신학적으로 가르칠 수 있는지를 설명하고 있다.

[9] Evan Howard, "Three Temptations of Spiritual Formation," *Christianity Today*, vol. 46, no. 13 (December 9, 2009): 46 이후 참고.

조직적인 영성형성을 위한 훈련 프로그램을 제공하는 Renovaré라는 단체가 설립되어, 많은 개신교인들에게 영성교육과 이에 관한 자료를 제공하게 되었다. 이제 세 번째 밀레니엄을 맞이한 오늘(2002년), 개신교에는 세 가지 영성연구에 대한 흐름 혹은 유형이 있으며, 이를 냉정하게 비판적인 시각으로 재고해 보아야 한다고 하워드는 주장하였다.

첫째 유형은 개신교 주류 교단[10]이 추구한 유형의 영성이다. 주류 교단이 20세기 초에 추구하였던 사회 정의(social justice)에 대한 자성의 목소리가 터져 나오면서 "진정한 외적 변화는 내적 변화가 있기 전에는 그 변화를 추구하고 유지하는 힘이 미미하다"는 결론을 얻게 되었다.[11] 그리하여 주류 교단에 속한 교회들은 서로 앞 다투어 중세기적인 신비 체험을 할 수 있는 프로그램을 수양관마다 개설하였으며, 소위 애니어그램(Enneagram)과 같은 심리학적인 기질 분석까지도 영성형성에 적용하려고 애를 썼던 것이다. 예를 들면 단순한 식사와 설교, 그리고 때로는 내적 치유를 도모하는 저녁 기도와 매일 참여하는 성찬예식과 같은 프로그램이 영성형성 프로그램의 주요한 내용이 되었던 것이다. 이들은 칼 융(C. G. Jung)의 심리학적 연구를 자주 인용하며 소위 만달라-심리치유 프로그램[12]을 활용하곤 한다는 것이다. 그

---

[10] 여기서 일반적으로 미국 학자들이 개신교 주류교단(Mainline Churches)라 함은 장로교를 포함한 감리교, 성공회, 침례교, 루터파 교회, 개혁 교회 등을 일컫는다.
[11] Evan Howard, "Three Temptations of Spiritual Formation," 46.
[12] Mandala Art Psychotherapy는 영성훈련의 일부로서 명상 중에 생각의 내면에 떠오르는 이미지와 색(color)을 자연스럽게 표현하는 상징 교육 중의 하나이다. 더 자세한 정보는 다음을 참고하라. Susanne F. Fincher, *Creating Mandalas: For Insight, Healing, and Self-Expression* (Boston & London: Shambhala, No Year). 웹사이트도 개설되

런데 주류 교단에서 이렇게 다양한 학문적 자료와 프로그램을 통해 추구하던 영성훈련의 시도가 다분히 '인간 통합'(human integration)에 치우치는 경향을 띠게 되었다는 것이다. 하워드는 영성형성의 중심이 그리스도 중심이 아닌 인간 통합 중심이 되는 함정에 주류 교단이 빠진 것 같다는 진단을 내렸다. 바로 이것이 첫 번째 영성형성 연구 혹은 실천에 대한 경향이다.

둘째 유형은 보수적 혹은 복음주의적 영성형성 연구이다. 복음주의적 성향을 표방하는 교회와 신자들은 지난 수 세대 동안 기독교 신앙의 핵심과 성경의 권위를 수호하는 데에 많은 정력을 쏟아 왔다. 그러다 보니 영성이라는 주제에 대하여는 덜 관심을 쏟을 수 밖에 없었다는 것이 하워드의 주장이다. 소위 "묵상"이나 "향심 기도"와 같은 영성 지도 혹은 훈련을 마치 개신교의 바깥 저편(가톨릭 혹은 타 종교)에서 행해지는 것으로 취급하는 것이 일반적인 정서였다는 것이다. 뉴에이지 운동에 대한 예민한 반응도 이와 맥을 같이하는 현상이라고 볼 수 있다. 실제로 복음주의를 표방하는 신학교에서는 성령의 사역에 대하여는 아주 적게 가르치는 것이 일반적인 경향이었다고 하워드는 증언하고 있다. 물론 복음주의적 기독교인들 중에 영성형성을 위해 노력하고 교육하던 이들이 없었던 것은 아니다.(예, James I. Packer, C.S. Lewis.) 그러나 전반적으로 볼 때, 하워드의 용어를 빌리면, 복음주의적 기독교인들은 전통적으로 영성형성을 "자신의 팔 길이만큼만" 추구하였다고 볼 수 있다.[13] 사회에 대한 관심이나 공공 환경(public environment)에

어 있다. http://www.creatingmandalas.com.
[13] 하워드의 표현이 재미있다. 그는 자신을 복음주의적 기독교인 중 하나로 표현하면서 다음과 같이 말했다. "Hence, we have traditionally kept spiritual formation at arm's

대한 관심은 자연히 최소화되었으며, 개인의 묵상(주로 Quiet Time)과 성경 연구, 그리고 예배생활을 통하여 영성을 추구하는 것이 두 번째 영성형성을 추구하는 유형이다.

셋째 유형은 은사주의(Pentecostal)의 영성형성 유형이다. 은사주의를 좇는 이들을 다른 말로 카리스마틱(charismatic)으로 부르기도 한다. 그들은 복음주의자들과는 달리 '성령'의 사역에 처음부터 '뛰어들었다.'[14] 하나님의 개인적인 만지심(touch)을 사모하는 그들은 기독교 영성을 성경 말씀보다는 인간의 경험으로 더 치우치게 만들었던 것이다. 예컨대 1994년에 북아메리카 전역을 휩쓸었던 토론토 공항 빈야드 교회에서의 성령의 "드러내심"(manifestations)을 사모하던 수많은 사람들이 떨림과 쓰러짐, 웃음과 짐승의 울음소리를 내던 사건은 아직도 우리의 기억에 생생하게 남아 있다. 바로 토론토의 사건이 은사주의 영성형성 유형의 극단적인 예를 보여 주었던 사건이었기 때문이다.

세 가지 유형이 가지는 저마다의 장점이 있음에도 불구하고, 한쪽만을 지나치게 강조하게 될 때 야기되는 위험과 한계가 있음에 대하여 하워드는 잘 지적하고 있다. 21세기를 사는 오늘의 개신교인들은 실로 영적 축복 가운데 살고 있다고 해도 과언이 아니다. 오늘날처럼 수많은 자료가 넘쳐 나는 때가 역사상 없었으며, 다양한 영성적 접근이 체계화되고 있는 때도 별로 없었을 것이다. 그러나 자료와 접근의 풍부함이 영성을 저절로 풍요롭게 해 주는 것은 아니다. 영성형성은 성령 안에서 하나님을 의도적으로 추구하

---

length." Evan Howard, "Three Temptations of Spiritual Formation," 46.
[14] 하워드는 이를 "into"라는 영어 단어로 표현하고 있다.

는 꾸준한 신앙생활이 있을 때 이루어지는 것이며, 이는 곧 우리처럼 같이 인간이 되셔서 우리의 모든 삶을 직접 경험하신 예수 그리스도의 발자취를 좇아가는 일생의 과정이기 때문이다. 물론 풍부한 자료와 접근이 도움이 되는 것이 사실이지만, 그 자체가 모든 과정을 생략하게 하는 어떤 지름길을 제공하는 것은 절대 아니라는 말이다. 이제 이 책이 어떻게 진행될 것인지를 살펴보고자 한다.

3. 이 책의 구조와 내용

이 책은 1, 2, 3부로 나누어 실행하였다. 제1부에서는 다음과 같은 사항을 다룰 것이다. 제1부는 4장으로 이루어져 있다. 제1장에서는 오늘의 상황 속에서 사람들의 인식이 어떻게 변화되고 있는지를 살펴볼 것이다. 제2장에서는 이렇게 변화하는 상황과 더불어 사람들의 사고방식은 어떻게 변화되었고, 따라서 이러한 상황과 사고방식의 변화에 따라 밀려오는 교회교육에 대한 도전은 무엇인지를 살펴볼 것이다. 이때 우리는 기독교 교육적인 차원에서 앞서 밝힌 도전이 교회교육에 주는 함의도 함께 살펴볼 것이다. 이는 오늘의 상황에서 야기된 도전을 어떻게 극복할 수 있는지에 대한 문제제기를 위한 논의를 시도한다는 의미이다. 제3장에서는 과연 오늘날 교회교육이 당면한 도전에 적절히 응전할 수 있는가에 대한 실마리를 영성교육적인 접근에서 찾아볼 것이다. 또한 본 연구의 중심 논제를 기술할 것이다. 제4장에서는 본 연구를 위하여 용어 정의를 시도할 것이다. 그리고 영성과 영성교육에 관한 정의를 다양한 입장에서 내릴 것이다.

제2부도 4장으로 이루어져 있다. 여기서는 영성교육을 위한 다양한 영성이해를 시도할 것이다. 제5장에서는 영성에 대한 성경적 이해를 다루고, 제6장에서는 영성에 대한 신학적 접근을 시도할 것이며, 제7장에서는 영성에 대한 심리학적 이해를 도모할 것이고, 제8장에서는 영성의 역사적 전개를 다룰 것이다. 이때 성부, 성자, 성령이신 하나님의 삼위일체 되심이 어떻게 오늘 우리가 추구해야 할 영성신학이 되며, 그것이 어떻게 영성교육적 실천으로 나타날 수 있는지에 대한 가능성 모색을 위해 그 토대를 마련할 것이다. 특히 이 연구의 심화를 위해 간략한 영성의 역사를 주요 인물 중심으로 다룰 것이다.

마지막으로 제3부는 2장으로 이루어져 있다. 여기에서는 삼위일체 영성을 교회영성교육에 적용하기 위한 시도를 할 것이다. 제9장에서는 삼위일체 영성교육 모델을 위한 현대 기독교 교육 이론들과의 대화를 시도하고, 제10장에서는 이를 토대로 삼위일체 영성에 근거한 교회영성교육 모델을 제시하고자 한다.(이 책은 "소망신학포럼"에서 발표되었던 것을 『예배·교육·목회』로 간행하였던 바, 이를 다시 새롭게 다듬어 출간하는 것이다. 참고로, 이 책의 머리말, 제1장, 제2장, 제3장, 제4장, 제8장, 맺음말은 김도일에 의하여, 그리고 제5장, 제6장, 제7장, 제9장, 제10장(10-2 (4) 제외)은 장신근에 의하여 집필되었다.)

머리말 _ 4

제1부 21세기의 영성과 영성교육

제1장 근대적 사고와 현대적 사고 _ 19
1. 르네상스, 계몽주의, 모더니즘 _ 19
2. 모더니즘의 특징 _ 21
3. 포스트모더니즘의 태동 _ 24
4. 포스트모더니즘의 특징 _ 26

제2장 교회교육을 향한 도전 _ 31
1. 배움의 정신 상실 _ 31
2. 세상의 중심이 자신이라는 착각: 파편화 _ 34
3. 절대진리 수용에 대한 거부감 _ 38

제3장 영성교육의 가능성 모색과 본 연구의 중심 논제 _ 43

제4장 영성과 영성교육의 정의 _ 46
1. 영성이란 무엇인가? _ 46
2. 영성교육이란 무엇인가? _ 56

제2부 영성이해를 위한 다양한 시도

제5장 영성에 대한 성경적 접근 _ 71
    1. 구약에서의 영성 _ 71
    2. 신약에서의 영성 _ 75
    3. 영성에 관한 성경적 이미지들 _ 77

제6장 영성에 대한 신학적 접근 _ 84
    1. 기독교 영성의 중심으로서 삼위일체 하나님 _ 84
    2. 영성에 대한 삼위일체적 접근: 삼위일체 하나님에 근거한 기독교 영성 _ 89

제7장 영성에 대한 심리학적 접근 _ 101
    1. 영성에 대한 발달적 접근 _ 102
    2. 영성에 대한 성격유형(MBTI)적 접근 _ 107

제8장 영성의 역사적 전개 _ 112
    1. 신약성경과 영성 _ 116
    2. 초기 기독교와 동방교회의 영성 _ 119
    3. 중세기와 영성 _ 126
    4. 종교 개혁기와 영성 _ 139
    5. 현대 이후 기독교와 영성 _ 155

제3부 삼위일체 영성과 교회영성교육

제9장 현대 기독교 교육 이론들과의 대화 _ 173
  1. 성부 하나님에 기초한 창조의 영성모델과 영성교육 _ 174
  2. 성자 예수 그리스도에 기초한 구속의 영성모델과 영성교육 _ 181
  3. 성령 하나님에 기초한 변형의 영성모델과 영성교육 _ 186
  4. 삼위일체 영성과 영성교육 _ 193

제10장 교회영성교육 모델 _ 196
  1. 교회영성교육과 삼위일체 교회영성교육의 정의 _ 196
  2. 삼위일체적 교회영성교육 모델의 구성 _ 199

맺음말 _ 215
부 록: 영해를 위한 알파벳(The Alphabet for Spiritual Literacy) _ 218
참고서적 및 자료 _ 224
찾아보기 _ 233

제1부

21세기의 영성과
영성교육

제1장 근대적 사고와 현대적 사고

1. 르네상스, 계몽주의, 모더니즘

21세기에 들어선 오늘을 소위 포스트모던 시대(혹은 현대)라고 부른다. 아마도 모던 시대(근대) 이후 혹은 모던 시대에 반하거나 변화된 시대적 사조를 띤 시대적 상황이기에 그렇게 불리는 것 같다. 사실 모더니즘이 더 발전된 혹은 심화된 사조를 띠게 된 것이 포스트모더니즘이라고 보는 견해에도 일리는 있다고 본다. 어떠한 입장을 취하든지 간에, 포스트모던 시대에 어떤 사상적 혁명이 일어난 것만은 분명하다.[1] 아래에

---

[1] 김도일, "포스트모던 시대의 기독교 교육: 기독교 교육이론의 흐름과 중심사상," (미간행 논문)에서 핵심을 가져온 것이다.

인용한 글이 그러한 우리의 생각을 잘 표현해 준다.

> 거대한 지적 혁명이 일어나고 있다. 그것은 중세시대가 끝나고 근대(modern) 세계로 전환될 때보다 더 큰 혁명이다. 근대 세계의 기초가 무너지면서 우리는 포스트모던 세계로 들어가고 있다. 계몽주의가 지배하던 기간 동안에 안출되어 근대의 사고방식(modern mentality)의 기초가 되었던 원리들이 이제 힘없이 무너져 내리고 있다.[2]

프린스턴 신학교에서 가르쳤던 알렌(Diogenes Allen, 철학교수)이 위의 글에서 주장한 것처럼 20세기와 21세기를 사는 우리들은 근대적 사고방식에서 현대적 사고방식으로 전환하는 거대한 소용돌이 가운데로 들어섰다. 이런 현대적 사고방식을 소위 포스트모던(post-modern)적 사고라고 부른다. 과거 우리를 지배했던 근대주의 혹은 모더니즘(라틴어 어원: modernus)적 사고방식인 모더니즘(modernism)은 무엇으로 특징지을 수 있을까?

우선 모더니즘을 논할 때 모더니즘과 르네상스, 그리고 계몽주의와의 상관관계를 다루지 않을 수 없다. 그렌즈(Stanley J. Grenz)는 모더니즘의 조모(祖母)는 르네상스요, 그것의 어머니는 계몽주의로 보면서, 르네상스와 계몽주의 사이의 차이를 다음과 같이 설명한다. 건축의 이미지를

---

[2] Diogenes Allen, *Christian Belief in a Postmodern World* (Louisville: John Knox Press, 1989), 2.

빌어 설명할 때 르네상스는 근대적 멘탈리티의 기초를 놓았으나, 상부구조를 건축하지는 못했다. 르네상스 우주론이 인간을 우주의 중심으로 끌어 올렸지만, 그것은 아직 '개인적 자아를 이 세계의 중심'으로 확립시키지는 못했다. 르네상스 이론가들은 과학적 방법의 선구자들이 되었지만, 과학적 비전에 맞는 지식 추구를 재구성하지는 못했다. 르네상스는 교회의 권위를 뒤흔들어 놓았으나, 이성의 권위를 보좌에 올려놓지는 못했다.[3] 그러나 분명 계몽주의는 이성의 위치를 한 단계 올려놓았다. 한 마디로 계몽주의는 "지식이 확실하고, 객관적이며, 유용하다"는 전제를 지니고 있었다.[4] 이러한 계보적 발전 단계를 거쳐 근대주의, 즉 모더니즘은 '이성의 시대'를 활짝 여는 데 기여한 것이라고 보아도 큰 무리가 없을 것이다.

2. 모더니즘의 특징

함축적으로 표현할 때 모더니즘의 특징은 '계몽사상'(Enlightenment)에서 찾아볼 수 있다. 인간을 일깨운다는 의미를 가진 이 사상은 어떤 의미에서 훗날 파울로 프레이리(Paulo Freire)에게서 꽃피웠던 의식화(conscientization) 개념과도 일말의 연결성이 있을 수 있다고 본다. 즉 아직 미자각상태(未自覺狀態)에

---

[3] Stanley J. Grenz, *A Primer on Postmodernism* (Grand Rapids: Eerdmans, 1996), 60.
[4] Ibid., 4.

서 잠들고 있는 인간에게 이성(理性)의 빛을 던져 주고, 편견이나 미망(迷妄, illusion)에서 빠져나오게 한다는 뜻을 내포하고 있는 것이라고 볼 수 있다.[5] 한 마디로 모더니즘의 첫 번째 특징은 '이성중심주의'라고 볼 수 있다. 다음으로 모더니즘의 두 번째 특징은 인본주의적 자율성 추구에서 찾아볼 수 있다. 일반적으로 로마제국 내에 있는 나라들이 독립국가로서의 자격을 확보하며, 평화를 보장받게 되는 베스트팔리아 평화협정을 체결했던 1648년부터 1789년 프랑스 혁명까지를 계몽주의 시기로 보는데, 이 시기는 인간자율성(autonomy)을 향유코자 발버둥 쳤던 시기로 볼 수 있다. 그런 의미에서 두 번째 특징은 '자율성 중심주의'라고 본다. 이 점은 보쉬(David Bosch)가 주장했던 계몽주의의 일곱 번째 특징과도 연관이 있다. 그의 주장은 이 모더니즘이 풍미했던 시기에는 각 사람을 해방된 존재요 자율적인 존재로 보았다는 것이다.[6] 모더니즘의 세 번째 특징은 '지식-원리 중심주의'이다. 모더니즘을 받아들이던 당시 사람들의 마음 근저에는 지식을

---

[5] http://100 naver.com 참고. 핵심어: "계몽사상."

[6] David Bosch, *Transforming Mission: Paradigm Shifts in Theology of Mission* (Maryknoll, New York: Orbis, 1992), 267. 보쉬는 모더니즘의 특징을 계몽주의로 설명하면서 7가지 특성을 다음과 같이 나열하였다. (1) 이성의 시대(the Age of Reason)를 모든 인간에게 열어 놓음(이전에는 신앙에게만 국한되었던 것을), (2) 자연과 인간의 이분화로 자연을 인간이성 분석 대상화 함(subject-object scheme), (3) 인생여정에 대한 목적의식을 과학적으로 인과관계화 함(the elimination of purpose from science), (4) 진보정신을 인간에게 불어 넣어 줌(belief in progress), (5) 과학적 지식의 사실성, 중립성을 밝힘(Scientific knowledge was factual, value-free, and neutral), (6) 모든 문제는 원칙적으로 해결 가능함을 천명함(All problems were in principle solvable), (7) 모든 인간은 해방되었고 자율적인 존재임을 천명함(Regarded people as emancipated, autonomous individuals). Ibid., 264-267.

지고의 가치로 여기는 주지주의(intellectualism)가 자리 잡고 있었고, 인간의 모든 문제는 원칙적으로 적절한 지식을 습득하고 그 지식에 의거한 원리를 적용하면 해결될 수 있다고 보았던 것이다.

그러나 모더니즘(근대주의)은 영원한 불사조가 아니었다. "나는 생각한다. 고로 존재한다"(*Cogito ergo sum*)고 역설했던 데카르트로 비롯되었던 계몽주의가 모더니즘의 근간이었다면 바로 그 데카르트가 뿌린 '이성'이라는 씨앗으로 인해 막을 내려야만 했던 것이 또 모더니즘이었다. 신앙이라는 이름하에 이성적 자유가 통제되었던 시대에 '생각한다'는 이성적 개방은 거의 모든 학문 분야에 가히 혁명적인 폭풍을 몰고 온 것이 분명하나 그 생각의 이면에는 모든 현상을 '의심'(doubt)의 눈으로 본다는 것을 전제하는 것이기도 하였다.[7] 모든 논리에는 함정(pitfall)이 있다는 것을 보여 주기라도 하듯, 모더니즘은 바로 그 '생각한다'는 번득이는 통찰 때문에 무너진 것이라고 해도 좋을 것이다. 아이러니컬하게도, 이성적인 것만이 합리적인 것이라는 생각은 훗날 무너지게 되었다. 일례로 이성적인 활동을 표현하는 인간의 언어가 과연 온전한 것인가에 대한 의문이 생기게 되었다는 것이다.[8] 때로는 논리적으로 표현할 수 없는 것들이 우리의 삶의 자리에 얼마나 많은가? 이성적인

---

[7] Michael Polanyi, *Personal Knowledge: Towards a Post-Critical Philosophy* (London: Routledge & Kegan Paul, 1958), 269-298. David Bosch, *Transforming Mission: Paradigm Shifts in Theology of Mission*, 349 참고.

[8] 인간의 이성과 언어에 대한 확신에 비판적 시각을 가졌던 소위 프랑크푸르트학파의 거장인 하버마스와 니체의 후예인 푸코의 논리에 대한 다양한 해석에 대해서는 다음의 책 참고: 윤평중,『푸코와 하버마스를 넘어서』(서울: 교보문고, 1990).

활동을 언어가 아닌 상징이나 은유로 표현할 수밖에 없는 경우가 비일비재함을 알게 되었다. 또한 정치적으로도 그러한 현상이 나타나게 되었다. 사실 모든 것을 함께 나눈다는 공산주의(communism) 이론은 얼마나 이성적이고 이상적인 논리처럼 보이는가? 그러나 논리적이고, 이성적이고, 합리적인 것으로 여겨졌던 공산주의가 실제로 몰락하는 모습을 목격한 뭇 사람들은 더 이상 이론적인 논리적 합리성에 모든 것을 걸지 않게 되었다.

3. 포스트모더니즘의 태동

그리하여 태동한 사조가 바로 포스트모더니즘이라고 본다. 여기서 우리가 조심해야 할 것은 포스트모더니즘이라는 사조에 대한 논의의 일차 목적이 모더니즘을 단죄하려는 의도에 있지 않다는 점이다. 다시 말해서 여기에서의 시도는 모더니즘 이후의 사조로서 포스트모더니즘을 학문적인 관점에서 살펴보려는 것이다. 모더니즘을 단번에 쓸모없는 것으로 매도해 버리려는 의도는 전혀 없으며 또 그럴 필요도 없다고 본다. 보쉬가 지적한 것처럼, 이는 어디까지나 현대사조를 적절하게 묘사하고 상황을 통해서 배우려는 발견적 학습법(heuristic learning)의 일환으로 시도되는 것이라는 점을 기억해야 할 것이다.[9] 사실 21세기를 사는

---

[9] 이와 유사한 논증을 일찍이 보쉬도 하였다. 그는 이러한 학문적 용어 선택과 작업을

사람들도 포스트모더니즘과 단절된 상태로 지내는 경우가 적지 않음을 기억해야 할 것이다. 때로는 어떤 한 개인의 태도가 그 시대의 흐름을 넘어서기도 하는 것을 우리는 종종 목격하게 된다. 이러한 맥락에서 본다면 근대와 현대, 즉 모더니즘이 지배하던 시대(modern era)와 포스트모더니즘이 지배하는 시대(postmodern era 혹은 postmodernity)를 연도 혹은 세기로 구분하는 것이 의미가 없을지도 모른다. 이 책에서는 모더니즘과 포스트모더니즘의 구분을 '포스트'(post)라는 접두어가 나타내는 '후'(after)에 단절된 시기적 의미를 부여하기보다는 연속적인 의미를 부여하는 것이 더 적합하다고 본다. 하지만, '탈'(out of)의 의미도 적지 않게 포함하고 있다고 가정하며 우리의 논지를 전개해 나갈 것이다. 이 탈근대화라는 개념은 다양한 함의를 지니고 있다. 신국원이 지적한 것처럼 포스트모더니즘의 핵심은 '터'(foundation)가 무너졌다는 '탈'모더니즘의 성격을 띤다고 보아도 무리가 없다. 그는 진 에드워드 비이쓰(Gene Edward Veith)의 통찰을 빌어 포스트모더니티에 대해 이렇게 함축적으로 표현했다. 즉 "터가 무너지면 의인이 무엇을 할꼬?"(시 11:3)라고 했던 시편기자의 질문은 기존 사상의 터전이 흔들리고 있는 오늘이란 시대에 던져도 적용될 수 있다는 것이다.[10] 그러나 비이쓰도 언급한 바와 같이

'pro-volution'이라는 단어로 표현하였다. Bosch, 531. 이는 다른 한쪽을 파괴하지 않으면서 천천히 더 나은 지식과 깨달음을 얻으려는 학문적 작업을 일컫는다. 보쉬의 이러한 학문적 태도를 필자도 존중한다. 용어 정의를 위해 다음을 참고하라. Provulution means a steady working towards making something better, not towards the destruction of an enemy. http/www.google.com/search. 핵심어: "provolution."

[10] Gene Edward Veith, *Postmodern Times* (Wheaton: Crossway Books, 1994),

근대정신(modernism)이 탈근대 혹은 현대정신(postmodernism)으로 변천되었다는 것이 꼭 부정적인 것만을 의미하지는 않는다고 본다. 더욱이 어떤 사상은 이전 사상의 반동으로 나오기도 하지만 이전 사상이 없이는 나올 수 없는 태생적인 한계도 있기 때문이다. 사실 포스트모더니즘을 평가하기에는 때가 이르다고 생각한다. 지금 여기서 우리가 할 수 있는 것은 다만 21세기의 포스트모더니즘의 현상과 특징을 정확하게 파악하고 분석하여 현재를 바르게 사는 지혜와 통찰을 얻는 것이다. 그리하여 연구자들의 공통 관심사인 교회교육을 바로 세워 개인과 사회에 일조하려는 것이다.

4. 포스트모더니즘의 특징

그러면 포스트모더니즘의 특징은 무엇으로 볼 수 있을까? 첫째 특징은 '이성 중심주의'에서 탈피하려는 '감성적 경험중심주의'로 볼 수 있다. 과거에는 이성이 모든 것을 판단하고 인간의 생각과 행동의 기준을 세워주는 유일한 잣대로 여겨졌다면, 21세기 포스트모더니즘은 이성보다는 감성을 더 중요하게 여기는 경향을 띠고 있다고 볼 수 있다. 작금의 매스미디어는 상업적인 목적으로 이러한 감성-경험 중심주의를 부추기는 역할을 톡톡히 하고 있다. 매스미디어는 다른 사람이 판단하고 과거의

44-45. 신국원, 『포스트모더니즘』(서울: IVP, 1999), 23, 266 참고.

선조들이 만들어 놓은 이성 중심적인 기준을 무작정 받아들이지 말고, '당신이 느끼고 경험하라!'는 메시지를 끊임없이 던지며 감성적 사고나 행동이 이성적 판단에 근거한 행동보다 더 현실적이며 실용적이라는 것을 의도적으로 세뇌(brainwash)시키고 아울러 이를 따르는 사회화를 은근히 부추기고 있다.[11]

둘째 특징은 '자율성중심주의'에서 극단적인 '자기중심주의'적인 성향으로 치닫는 것이라고 볼 수 있다. 과거에는 사회나 교회와 같은 공동체가 함께 추구하던 공동의 가치 추구 강조에 대한 반응으로 인간의 자율성 추구를 지향하는 자율성중심주의를 지향했다면, 이제 포스트모더니즘은 거기에서 한 걸음 더 나아가서 모든 것의 중심 혹은 판단의 주체를 '자기 자신'(self)에 두는 경향을 띠고 있다고 볼 수 있겠다. 이런 현상은 감성적 경험중심주의와도 일맥상통하는 것으로서, 재앙(예: 해일, 지진, 산사태)이 닥치거나 전쟁이 발발하거나 경제적 위기 상황이 생겨도 결국 그것이 '나'와 어떠한 관계가 있는지, 그것이 나에게 득이 되는지 아니면 해가 되는지를 먼저 따지는 것이 포스트모더니즘의 영향을 받아 사는 사람들이 갖는 사고이다. 이 자기중심적인 사고방식(self-centered mentality)

---

[11] 일전에 미국 텔레비전에 나왔던 코카콜라의 자회사인 스프라이트에서 만든 사이다를 선전할 때의 광고 문구는 이러한 현상을 함축적으로 표현해 준다. 그 선전에서는 한 건장한 흑인 소년이 하얀 배경 앞에서 광란의 춤을 추다가 땀을 한껏 쏟아내고는 스프라이트 사이다를 들이켜며 시청자를 향하여 [이것저것 따지며 생각하지 말고] "당신의 갈증에 복종하세요!"(Obey your thirst!)라는 강력한 메시지를 던졌다. 이 광고로 인해 코카콜라 회사는 엄청난 부를 축적할 수 있었다고 한다. 이성보다는 감성에 호소하는 이 시대의 사조를 단적으로 표현해 주는 일례로 볼 수 있다.

이 어쩌면 오늘날 많은 사람들이 자기 개발, 웰빙, 리더십, 혹은 한 걸음 더 나아가서 영성에까지 깊은 관심을 갖게 되는 숨은 동기(motivation)일 수도 있다는 생각을 하게 된다. 또한 이러한 자기중심주의의 교회적인 발로가 바로 '사유화' 현상을 부추겼다고 본다. 교회는 교회 안의 회중을 위하여서도 존재하지만 교회 밖의 사회를 위하여서도 존재하는 사적이면서 동시에 공적인 기관이다. 그럼에도 불구하고 교회가 사회와는 동떨어진 사적인 기관으로 전락하면서 교회 밖의 많은 이들이 교회의 영향을 받기는커녕 오히려 교회와 성직자와 신도들을 업신여기는 지경에까지 이르렀다고 본다.[12]

셋째 특징은 다원주의(pluralism)와 상대주의(relativism)[13]이다. 공

---

[12] 실제 2006년 오늘 인터넷 상에는 헤아릴 수 없을 정도의 많은 수의 반(anti) 기독교를 표방하는 홈페이지, 블로그 또는 단편적인 글들이 올라와 있는 실정이다.

[13] 물론 다원주의와 상대주의는 기본적으로 별개의 개념이다. 그러나 여기서는 포스트모더니즘이 갖는 경향을 강조하기 위하여 동격으로 사용하였다. 지식-원리 중심주의에서 다원-상대주의로 변이되었다는 의미는 포스트모던 문화가 절대적 지식이나 원리의 수용을 거부하고 어떠한 진리에 이르는 다양한 통로가 있을 수 있으며, 모든 지식은 상대적일 수 있다는 생각으로 변천되었다는 것을 표현하고자 했다. 다원주의에 대한 사전적 정의를 보면, "다원주의는 어떤 가치가 다른 모든 가치들 위에 군림하는 특정 가치, 중심 가치를 인정하지 않고 저마다의 다양한 가치가 인간 삶의 본질이라고 보는 주의"라고 요약할 수 있다. "http://kr.dic.yahoo.com/search/enc/result.html?pk=12327950&p=%B4%D9%BF%F8%C1%D6%C0%C7&field=", 참고. 상대주의에 대한 사전적 정의는 다음과 같다. 즉 "절대적인 진리는 있을 수 없으며 어떤 입장도 그 나름대로 옳다고 주장하는 입장. 이 입장의 부정인 절대주의에 상대주의를 적용하면 이것도 옳은 것이 되므로 상대주의는 이대로의 형식으로는 정합적(整合的)으로 유지하기가 어렵다. 그러나 실제로 한 논점을 둘러싸고 여러 입장이 다투고 있을 때, 각각 그 장점과 단점을 구체적으로 지적하고, 어느 것에도 절대적인 우위는 있을 수 없다는 것을 지적할 수 있는 경우는 의외로 많으며, 또 그런 경우에 그 지적은 자주 유효하다. 그러니까 의회 제도와 같이 다수의 대립 의견에 평등한 발언권을 인정하려는 제도는 다름 아닌 이 유효성의 경험에 바탕한 것이다"라고 정의할 수 있는 것이다.

동으로 인정하는 터가 무너진 상황에서 이런 현상은 어쩌면 당연한 귀결인지도 모른다. 위에서 언급한 모더니즘의 셋째 특징인 '지식-원리중심주의'가 포스트모더니즘에서 '다원주의 혹은 상대주의'로 변이된 것이라고 해도 무리가 없을 것이다. 다원-상대주의를 다음의 문장으로 표현할 수도 있는데, 소위 무기준(無基準)을 표방하는 생각은 "어디에서는 모든 것이 옳고, 아무것도 어디에서나 옳지는 않다"라고 함축적으로 표현할 수 있다.[14] 어떤 어휘로 포스트모더니즘의 특징을 설명하든지 간에 감성적 경험중심, 자기중심, 지식의 다원-상대화와 밀접한 관련을 지을 수 있는 만큼, 포스트모더니즘은 명확히 모더니즘의 아이디어가 확대 혹은 진화한 것이라고도 볼 수 있고, 모더니즘의 아이디어에 반발한 것으로 볼 수도 있음을 살펴보았다. 다음의 표는 모더니즘에서 포스트모더니즘으로 옮겨 가는 전이 과정을 간략하게 표현한 것이다.[15]

"http://kr.dic.yahoo.com/search/enc/result.html?pk=14634800&field=id&type=enc&p=상대주의."

[14] Kenneth O. Gangel, "Candles in the Darkness," in James Michael Lee, ed., *Forging a Better Religious Education in the Third Millennium* (Birmingham, Alabama: REP, 2000), 125. 갱글은 위의 글을 인용하면서 그 출처를 밝히지는 않았다. 아마도 세상에 회자하는 말을 따다 옮겨 놓은 것이라고 생각된다. 그가 따온 문장은 "Everything is right somewhere and nothing is right everywhere"이다.

[15] 마이클 다우니(Michael Downey)는 현대인들이 영성에 그리도 깊은 관심을 갖는 이유를 인류가 경험한 일련의 참혹한 역사적 사건이 준 충격 때문이라고 주장한다. 유대인 대학살, 대량 핵 파괴, 베트남 전쟁 등이 그것이다. 특히 1945년 8월 6일 히로시마에 투하된 원자폭탄은 '인간의 손에 의한 전멸'이라는 충격을 가져다주었고, '하나님의 통치에 대한 의문'의 시발점이 되었다. 아우슈비츠의 대학살도 악마적이었다고 주장하면서, '구름과 불기둥'은 더 이상 출애굽기의 구속적인 은혜를 상기시켜 주지 못하고, 나치의 권력에 종교적으로 복종하는 인간의 모습을 보면서, "그 어떤 신성한 권위, 그것이 하나님의

모더니즘	포스트모더니즘
이성중심주의	감성적 경험중심주의
자율성중심주의	자기중심주의
지식-원리주의	다원-상대주의

표 1: 모더니즘에서 포스트모더니즘에로의 변천

권위일지라도 그것에 확실하게 복종하는 것은 있을 수 없다는 강한 신념이 [사람들의 마음속에] 생기게 되었다. 그토록 엄청난 참상이 벌어질 때 과연 하나님은 무얼 하셨나? 와 같은 '의심과 불신'(doubt and distrust)의 씨앗은 사람들의 마음속에 권위에 대한 반항을 싹트게 하였고, 그래서 외적 권위보다는 내면에서 인생 문제의 해답을 갈구하게 되었다. 결국 '교회'보다는 '자신'의 판단이 자신의 믿음을 결정하는 "시금석"(touch-stone 혹은 barometer)이 되었다는 것이다. "하나님을 믿고 종교적 신앙을 지키는 것이 단지 개인적인 취향이나 개인의 기분 문제 …… 아니면 개인적 차원의 문제라는 신념"으로 치닫게 되었다는 것이다. Michael Downey, 안성근 역, 『오늘의 기독교 영성 이해』, 32-35 참고. 아이러니컬하게도 미국인들의 마음속에 교회에 대한 반항심과 의심이 싹텄던 시기에 우리나라에서는 오히려 무속신앙과 전통적인 종교(예: 유교와 불교)에 향했던 영적인 관심이 복음을 전하던 교회로 향한 것이 아닌지도 모르겠다는 생각을 하게 된다.

제2장 교회교육을 향한 도전

1. 배움의 정신 상실

포스트모더니즘이 마치 해일(tsunami)과도 같이 밀려드는 21세기에 교회교육이 직면한 도전은 몇 가지로 요약될 수 있다. 먼저 이성중심주의에서 감성적 경험중심주의로 변이되는 문화적 흐름 속에서 주로 문자로만 기록되어 논리적인 해설 중심으로 교육해 오던 교리교육, 입교문답, 주일성경 공과공부, 설교와 같은 전통적인 교회교육이 도전을 받게 되었다. 이제 젊은 세대는 '문자'보다는 '영상'에 더 익숙하며, '이성'적으로 이해를 추구하는 공부 방식보다는 '감성'적으로 마음에 느끼는 학습에 더 익숙해지고 있는 추세이다. 물론 이전에도 시청각 자료를 활용한 교회교육이 없었던 것은 아니지만, 모든 것이 디지털화되어 가는 21세기에 문자보다는 이미지를 활용하여 교육을 해야 하는 것은 아직 준비가 덜 된 대부분의 교회와 교회학교 교사들에게는 큰 도전이 아닐 수 없다. 디지털문화에 사는 21세기의 젊은 세대는 종이 위에 글씨를 쓰는 것보다, 컴퓨터나 모바일 폰의 화상에 문자를 입력하는 것에 익숙한 키보드 문화세대이다. 이렇게 쓰고 지우는 것이 손쉬워지다 보니 타인의 글을 허락도 없이 사용하는 것에 별반 죄의식을 느끼지 않으며, 자신의 글에도 크게 무게를 두지 않는 경향이 있다. 더욱이 무선 인터넷의 확산으로 말미암아 소위 빌 게이츠(Bill Gates)가 오래전 주장한 '쓰리 애니'(three any's)를 실현할 수 있는 유비쿼터스(Ubiquitous)[16] 네트워킹이 현실화되고 있는 실정이다. 그는 21세기 안에 제2의 IT(information technology) 혁명을 예견하고 있는데, 언제(any time), 어디서나(any where), 어떤 단말기(any device)로도 자유롭게 네트워크에 접속해서 하고 싶은 일을 맘껏 하는 세상이 오고 있다고 주장했으며, 이러한 현상이 실제로 현실화되고 있는 실정이다. 그리고 이제는 세계 어느 나라에서나 전화나 전기와 같이 컴퓨터도 우리 생활 속에서 일상화되어 간다는 것이다. 1990년대 후반에 시작된 이 IT 붐이 20년도 채 안 된 오늘, 교회교육에도 적지 않은 고민을 안겨 주었다. 너무도 빠른 속도로 변화하는 이 흐름이 지속된다면, 과연 10년, 20년 후에 우리의 생활방식, 의식변화와 선교방법, 교회교육의 체계 혹은 교수방법, 나아가 예배의 형식까지도 어떻게 변해 갈 것인지, 그에 대한 불안감과 혼란은 갈수록 커질 것이다. 그러나

---

[16] 유비쿼터스란 라틴어로서 유비쿼터스 컴퓨팅(computing)의 줄임말이다.

정작 문제는 이러한 문자 중심에서 이미지 중심에로의 변화가 이성에서 감성으로 그 강조점과 교수법이 옮겨 가는 것이 아니라, 보다 더 근본적인 문제를 불러일으키고 있다는 것이다.

　이성중심주의에서 감성적 경험중심주의로 옮겨 가는 과정에서 그러한 현상을 낳게 한 도구인 디지털 유비쿼터스 네트워킹은 인간 사회에 실로 엄청난 혁명을 가져다주고 있는데, 사실 이 도구 자체가 문제라기보다는 이 도구에 익숙해지는 인간의 정신세계 혹은 습관의 변화가 문제이다. 모든 것이 디지털화되고, 텔레비전이 손안에 들어오며, 지구 어느 곳에서도 각종 지식을 쉽게 얻을 수 있으며, 시공을 초월한 엄청난 지식과 정보의 홍수 속에 들어오게 되면서 현대인들의 정신세계는 오히려 이전보다 더욱 피폐해졌다는 것이다. 정서생활은 더 피상적인 자리에 머물 위험을 안고 있으며, '조금 더 빨리, 조금 더 많이, 조금 더 편리하게'와 같은 구호는 이미 우리들의 생활에 깊숙이 자리 잡게 되어, 이러한 상황에 익숙한 세대들에게 전통적인 교수방법과 예배의식이 어필되기가 어렵다는 것이 바로 문제라는 것이다. 실제로 사람들은 '즉각적인 만족'(instant gratification)에 익숙해져 조용히 앉아 말씀을 듣고, 배우며, 천천히 대화와 교제를 통하여 하나님의 말씀을 청종하고 실천하는 삶과는 점점 더 거리가 멀어지고 있다. 따라서 성직자들과 교사들이 어려움을 느낄 수밖에 없는 현실이 더 근본적인 문제인 것이다. 그러나 인내와 체험, 자기반성과 뼈아픈 숙고의 과정이 없이 어찌 종교적 경험을 할 수 있겠는가? 직접 피부로 느끼고, 목소리로 자신이 참여해서 찬송을 부르고, 드럼을 두드리고, 몸을 흔들며, 자신의 마음을 표현하고, 즉각적인 만족 혹은 현장에서의 경험이 없이는 '은혜를 받았다'는 고백을 하지 못한다. '깨달음의 깊은 고뇌의 터널'을 통과하는 것이 너무도 멀리 있다고 느끼는 현대의 학습자들은 '배움의 정신'(teachable spirit)을 상실했다고 본다. 이것이 바로 감성적 경험중심주의로 치닫고 있는 포스트모던 시대에 교회교육이 당면한 첫 번째 문제라고 사료된다.

2. 세상의 중심이 자신이라는 착각: 파편화

모더니즘의 자율성중심주의에서 자기중심주의로 변이된 포스트모더니즘의 또 다른 특징은 어쩌면 모더니즘의 연장선상에서 더 진화된 개념이라고 볼 수 있다. 사실 계몽사상의 영향으로 시작되고 발전된 인간의 자율성에 대한 강조는 어쩌면 이전에는 꼭 필요한 통찰이었는지 모른다. 교회의 교권주의가 각 신도의 '성도됨'에 대한 성경적 진리를 짓밟았을 때에는 "오직 너희는 택하신 족속이요 왕 같은 제사장들이요 거룩한 나라요 그의 소유된 백성이니"(벧전 2:9)와 같은 말씀의 재해석과 적용이 교회 내에서도 꼭 필요하였다. 교회라는 공동체 내에서 역사하시는 하나님은 각 개인도 구체적으로 만나 주시며 깨달음을 주시기에, 자기 자신이 누구인지에 대한 정체성의 확립 없이 진정한 신앙인이 되는 것은 불가능하기 때문이다. 더욱이 종교개혁이 일어나기 전까지 일반 성도들이 자신들이 읽을 수 있는 평범한 언어(vulgar tongue)로 적혀진 성경의 보급도 미미했고, 국가의 위정자들이나 교회의 지도자들이 학문과 이성적 판단을 자신들만의 전유물로 여기고, '우민정책'을 하나의 통치 방법으로 사용했을 때는 모더니즘의 개인의 자율성을 일깨우는 시도가 꼭 필요했으며, 소위 '억눌린 자의 마음'을 일깨우는 교회교육의 개혁은 필수적인 것이었다. 그러나 최근에 일어나고 있는 소위 '리더십'과 '영성'에 관한 관심이 때로는 지나치게 성도 각 개인의 안녕에만 치중하고 있는데, 그것은 현대인들이 익숙한 자기중심적인 사고에서 기인한 것이 아닌가 하는 의심을 본 연구자들은 갖고 있다.

로버트 벨라(Robert Bella)라는 학자는 왜곡된 개인주의, 자기중심적 사고의 위험성을 자신의 책『마음의 습관』(Habits of the Heart)에서 지적하였는데, 그의 주장은 우리에게 필요한 진정한 개인주의도 존재한다는 것을 암시한다. 즉 개인의 삶에는 개인적인 영역(private realm)과 공적인 영역(public realm)이 존재하는데, 이 둘이 적절히 조화되어 자신의 개인적인 영역과 공동체가 함께 추구하는 공적인 영역이 균형을 이룰 때에는 그것이 개인주의라는 말로 표현이 되어도 무방하다는 뜻일 것이다.[17] 사회학자인 벨라와 책을 함께 저술한 동료 학자들도 "우리는 누구인가?"라는 자성적인 질문을 던지면서 현대를 사는 사람들은 사적인 삶

---

[17] 그렇다면 왜곡되지 않은 개인주의가 과연 존재하며 필요한 것인가? 벨라의 글을 보면 그렇다고 주장하는 것 같다. 건강한 개인주의란 (그 단어 자체가 부정적인 어감을 갖고 있지만) 공동체 안에서 자신의 존재를 확인하고 독특한 개성을 갖고 살지만 공동체 안의 다른 사람들의 개성도 인정하고 자신은 공동체 안에서 하나의 역할을 가진 '전체 속의 나'라는 큰 그림에 대한 이해를 가진 것을 의미한다. 이와는 다르게 사실 지나치게 상대를 의지하고 혼자서는 아무것도 못하는 현대인들도 적지 않다. 어디를 가든 무엇을 하든 혼자서는 불안해서 일을 못하며, 누군가가 함께 해 주어야만 심리적 안정감을 갖는 병적인 현상을 편향적 의존성(co-dependency)이라고 부른다.

과 공적인 삶이 불균형을 이루고 있다고 지적했다.[18] 그들의 주장은 오늘날 사람들의 마음에는 사적인 영역이 너무 꽉 차 있어서 공적인 삶의 공간을 마련할 여유가 없다고 한다. 그러므로 각 개인의 삶에 공적인 영역을 포함할 수 있는 개혁의 방법을 모색해야 한다고 강변한다.[19] 그러므로 벨라가 연구를 통해 모색한 목적은 우리의 전통이 제공하거나 또 그렇지 못할 우리의 자산에 대한 깊은 이해를 가짐으로써, 미국인 자신들이 당면한 도덕적인 문제들에 대한 생각을 가능케 함에 있다고 강조한다. 벨라는 미국인들의 가슴속에 자리 잡고 있는 습관, 즉 우리를 위협하는 도전 가운데 가장 심각한 것이 극심하게 왜곡된 개인주의(crooked individualism)라고 지적하였다. 벨라는 이 개인주의의 문제를 그냥 외면하거나 무시해서는 안 될 문제라고 주장하며 그 이유를 다음과 같이 설명했다. 첫째, 개인주의는 우리의 정체성(identity)을 위해서 꼭 필요하기 때문이며, 둘째, 개인주의라는 용어 자체의 복잡성과 애매모호함 때문이라고 주장하는데, 개인주의라는 용어는 다음과 같은 의미를 내포하고 있다고 설명하였다. ① 개인주의는 [사회 속에 존재하는] 인간/개인에게 내재한 존엄성(dignity) 내지는 신성함에 대한 믿음이다. ② 개인은 일차적인 현실이며 사회는 인공적으로 조성된 이차적인 현실이라는 믿음이다. 이 견해

---

[18] Robert N. Bellah, Richard Madsen, William M. Sullivan, Ann Swidler and Steven M. Tipton, *Habits of the Heart: Individualism and Commitment in American Life* (Berkeley: University of California Press, 1985). 이 논의는 김도일, 『교육인가 신앙공동체인가?』(서울: 한국장로교출판사, 1998), 6장에서 가져와 재해석한 것이다.
[19] Ibid., vii.

는 소위 존재론적인 개인주의(ontological individualism)이므로 사회가 개인만큼이나 실재적(as real as society)이라는 견해와는 상충된다.[20]

벨라는 개인이 자신의 한 인간으로서의 가치만(private value)을 강조하고, 자신의 사회에서의 위치와 책임(public responsibility)을 무시할 때, 사회의 조화와 통합(unity)을 망칠 수 있다고 주장한다. 바로 이것을 그는 왜곡된 개인주의라고 부른다. 이런 맥락에서 사적인 삶과 공적인 삶의 균형이 필요하다고 주장하는 것이다. 이는 개인의 존엄성과 사회적인 책임이 함께 존중되고 연습되어야 함을 강조하고 있다. 그러므로 개인과 사회를 양분하는 것 자체가 잘못된 시도이다. 이런 맥락에서 볼 때 교육과 신학, 행동과 사고, 교회와 사회, 이론과 실제 따위를 양분하려는 시도가 어리석은 것과 같은 의미로 볼 수 있다.[21] 벨라는 미국인들이 식민지 시대에는 자신들의 존재론적인 개인주의와 자유를 위해 부단히 노력했으며, 결과적으로 그들은 그 어떤 것보다 개인이야말로 단 하나의 확고한 현실이라는 아이디어를 갖게 되었다는 것이다.[22] 이런 존재론적

---

[20] Ibid., 334. 그의 이 견해는 벨라가 개인주의와 사회와의 관계를 설명하려는 맥락에서 쓴 것으로 판단되며, 이 글의 논지와는 크게 상관이 없어 보이나, 참고적으로 인용하였다.

[21] 이런 개인의 정체성과 책임에 관한 토론은 Mary C. Boys가 편집한 책, 김도일 역, 『제자직과 시민직을 위한 교육』(서울: 한국장로교출판사, 1999)에 나오는 논문 "Discipleship and Citizenship"에서 심도 깊게 다뤄졌다. 원문을 보려면 Mary C. Boys' "Introduction" in *Education for Citizenship and Discipleship* (New York: The Pilgrim Press, 1989), xii을 참고하라. 또한 이러한 우매한 이분법적 사고에 대해서 자세히 다룬 다음의 글을 참조하라. Letty M. Russell, "Handing on Traditions and Changing the World," in Padraic O'Hare, ed., *Tradition and Transformation in Religious Education* (Birmingham, Ala.: Religious Education Press, 1979), 78-84.

[22] Robert N. Bellah, et al., *Habits of the Heart*, 276.

인 개인주의 속에서, 현대는 "분리의 문화"(culture of separation)를 양산했고, 그 안에 서로 연결되어 가는 전체(whole)는 상실된 채, 파편화된 개인(fragmented individual)만 남게 되었다.[23] 그는 사람들 간의 외적 분리뿐만 아니라 개인 자신의 내적 분리에 대해서도 언급했다. 오늘날과 같은 현대인들은 오직 실리 위주의 성공과 자기 이익만을 추구하느라 바쁘기 때문에 결코 통합적인(holistic) 삶을 추구할 수는 없다는 것이다.

분리되어 있으면서도 세상의 중심이 '자신'이라고 착각하며 사는 가운데, 실제 자신은 공동체와는 상관이 없는 '파편화'(fragmentation)된 존재로 살아가는 사람들에게 어떻게 신앙공동체의 일원이 되어 서로가 연결되어 하나님의 나라를 이루어 나가게 할 것인가를 고민하게 하는 것이 오늘날 교회교육의 또 다른 도전이다.[24]

3. 절대진리 수용에 대한 거부감

모든 인간의 경험은 대부분 상대적이라고 보는 시각이 있다. 예를

---

[23] Ibid., 277. 지나친 분리주의와 개인주의에 대한 응답으로 기억을 공유할 수 있는 공동체 안에서 각 개인은 "분리된 자아"(separated self)를 발견하게 될 것이기 때문이고, 또한 다른 이들과 자신을 연결시킬 기회를 갖게 될 것이기 때문이다.

[24] 통전적인 학습에 관한 깊은 논의는 다음의 책을 참고하라. John P. Miller, et al, eds., *Holistic Learning and Spirituality in Education: Breaking New Ground* (Albany: State University of New York Press, 2005). 이 책은 토론토 대학에서 열린 통전적 교육 학회에서 발표된 20여 편의 논문을 모아서 출간한 책이다.

들어 내가 감명 깊게 경험한 것이 다른 사람들에게도 동일하게 적용된다고 생각하면 그것은 오해일 수 있다. 또 내가 별것 아니라고 경험하여 판단한 것이 다른 사람에게도 그렇게 경험될 것이라고 간주하는 생각도 오류를 포함할 수 있다. 그러므로 이런 시각에서 볼 때, 다양한 종류의 인간이 경험한 것을 기록하여 놓은 것이 종교적인 것일 때 그것이 절대적이지 않다고 얘기하는 것은 일리가 있을 수 있다. 다원주의의 사전적 정의는 "다른 모든 가치들 위에 군림하는 특정 가치, 중심 가치를 인정하지 않고 저마다의 다양한 가치가 인간 삶의 본질이라고 보는 철학방법론"이다.[25] 그러므로 이런 다원주의적인 시각으로 인간의 경험을 이해할 때 상대적이라는 생각 자체에는 한편 일리가 있는 것이다. 그러나 다원주의가 성립하는 기본적인 전제는 과거 소피스트들이 주장한 것과 같이 인간이 만물의 척도라는 주장 위에서만 성립하는 것이다. 인간이 경험하고, 종합하고, 판단하는 것에 모든 진리의 진위 여부가 달려 있다면 그것은 다원주의가 받아들일 만한 것이다. 이런 시각에서 볼 때, 모든 것은 인간에게 달려 있으며, 상황과 개인에 따라 그 경험과 종합과 판단이 달라질 수도 있는 것이므로 모든 것은 절대적이기보다는 상대적이라는 논리가 더 설득력을 얻게 되는 것이다.

이것이 바로 포스트모던 학습자들이 빠지기 쉬운 '덫'이다. 자신의 경험과 감성을 어떤 명제를 증명해 나가는 논리나 이성보다도 더 위에

---

[25] http://kr.dic.yahoo.com/search/enc/result.html?pk=12327950&p=다원주의%20&field=id&type=enc.

두는 특성을 가진 포스트모던 학습자들 중 어떤 이들은 지나치게 치우친 '회의론자'가 되고, 또 다른 이들은 한곳에 푹 빠진 '맹신자'가 되기 쉽다. 이런 현상은 학위를 많이 딴 고학력자에게도 나타날 수 있고, 때로는 학교를 거의 다니지 않은 무학자에게도 동일하게 발생할 수 있다. 또한 그러한 예는 우리 주위에서 얼마든지 찾아볼 수 있다. 예컨대 소위 이단이라고 많은 이들이 규정한 교파에도 수많은 지식인들이 섞여 있음을 어렵지 않게 볼 수 있음을 우리는 경험적으로 알고 있다.

그러나 과연 인간이 만물의 척도인가? 과연 인간이 모든 것을 분별(discernment)할 수 있는 능력을 갖고 있나? 그렇지 않다고 본다. 인간의 경험과 판단은 실제로 상황에 지대한 영향을 받으며, 자신의 지식과 입장에 따라 수시로 변할 수 있지 않은가? 일찍이 어거스틴(St. Augustin)이 선언한 것처럼, 오직 하나님만이 절대진리이시며 불변하는 진리이시다. 볼프하르트 판넨베르크(Wolfhard Pannenberg)가 자신의 책에서 주장한 것처럼, "모든 피조물 가운데는 삼위일체 하나님의 창조행위가 깃들어 있다. 거기에는 성부, 성자, 성령 하나님의 역사가 나타나며, 성부께 순종하시는 성자의 모습과 성부, 성자의 사역을 영화롭게 하는 성령의 성취하시는 모습이 드러난다."[26] 여기서 하나님이 절대진리 자체이시라는

---

[26] 이 언급은 판넨베르크가 성령 하나님이 교회와 하나님의 나라에 충만하게 역사하시는 것을 다루는 부분에서 발췌한 것이다. 그러나 위에 소개한 어거스틴의 선언과 같은 맥락에서 이해할 때, 인간의 상대적인 경험과 판단 위에 존재하는 절대진리가 있음을 밝히는 차원에서 인용한 것이다. Wolfhard Pannenberg, tr. Geoffrey W. Bromiley, *Systematic Theology* 3 (Michigan: Eerdmans, 1991), chap. 12, 1.

명제가 과연 '인간의 경험이나 판단에 의존하는가?'라는 질문을 던질 수 있다. 물론 인간된 우리가 하나님을 이해하고 받아들일 수 있으려면 하나님의 임재에 대한 성경말씀을 이해하고, 그 말씀을 통하여 다가오시는 하나님을 만나고 체험하는 것이 중요하다. 그러나 하나님은 인간의 체험과 이해에 의하여 존재하기도 하고 존재하지 않기도 하는 분이 아니라는 사실이다. 여기에서 포스트모던 학습자들은 좌절할 수 있다. 모든 것을 감성-경험주의적으로, 그리고 자기중심적으로 경험하는 데 익숙하기 때문에, 자신 밖에 존재하는 타자이신 하나님이 천지와 온 우주만물을 창조하였고, 지금도 지탱하고 있으며, 주관하고 있다는 것을 받아들이기 위해서는 이전의 모더니즘에서 주창했던 이성을 적극적으로 활용하고, 자율적으로 사고하고 판단하며, 우주에는 자신이 경험하지 못하는 지식과 원리도 있다는 것을 인정하는 겸허한 정신을 수용하지 않으면 삼위일체 하나님에 대한 믿음을 형성하기가 쉽지 않다는 것이다. 그러므로 일찍이 안셀름(Anselm)이 주창한 "이해를 추구하는 신앙"(faith seeking understanding)[27]은 사실 모더니즘적인 접근방법이라고 볼 수 있지만, 포스트모던 학습자들도 기억하고 수용해야 할 중요한 명제이다. 그

---

[27] 이 명제의 라틴어 표기는 "*fides quaerens intellectum*"이다. 안셀름(1033-1109)은 알파인 이탈리아의 아오스타(Aosta)에서 태어나 노르만디에서 교육을 받았으며, 성장하여서는 베네딕트 수도원의 사제로, 교사로, 그리고 벡(Bec) 수도원의 원장으로 봉직하였다. 그는 훗날 영국에서 교회의 직을 수행하였고, 1093년에는 캔터베리(Canterbury)의 주교가 되었다. 그의 대표작으로는 다음과 같은 것들이 있다. *De Libertate Arbitrii* (On Free Will), *De Casu Diaboli* (The Fall of the Devil), 그리고 대화체로 신학적 논제를 다룬 *Cur Deus Homo* (Why God became Man)가 잘 알려져 있다. http://www.philosophypages.com/ph/anse.htm 참고.

러므로 '모든 것이 때에 따라서 진리가 될 수도 있고, 아무것도 어떤 경우에는 진리가 아니다'라고 주장하고, 그렇기에 모든 것은 다 상대적이라는 다원-상대주의적 사고는 포스트모던 학습자들로 하여금 '논리의 덫'에 빠지게 함으로써, 하나님께 이르는 신앙 형성을 방해하고, 오늘날 교회교육을 향한 세 번째 도전이 된다.

제3장 영성교육[28]의 가능성 모색과 본 연구의 중심 논제

앞서 언급한 21세기를 살아가는 학습자들이 공통적으로 가지고 있는 세 가지 특성, 즉 '배움의 정신 상실,' '파편화,' 그리고 '절대진리 수용에 대한 거부감'이 하나님의 말씀을 삶의 유일한 기준 혹은 척도(rule)로

---

[28] 영성교육(Spiritual Education)이라는 용어는 다양한 함의를 갖고 사용되었다. 어떤 경우에는 기독교 교육의 또 다른 이름으로 사용된 적도 있다. 대표적인 예가 다음에 소개하는 두 책일 것이다. Jane Erricker, et al, eds., *Spiritual Education: Cultural, Religious and Social Differences: New Perspectives for the 21st Century* (Brighton, Portland: Sussex Academy Press, 2001). Cathy Ota and Clive Erricker, eds., *Spiritual Education: Literary, Empirical and Pedagogical Approaches* (Brighton, Portland: Sussex Academy Press, 2005). 4년의 간격을 두고 출간된 두 책은 영성교육의 독특한 시각을 시도한 책들이다. 앞의 책은 영성을 거시적인 시각으로 조명한 책이며, 뒤의 책은 영성을 좀 더 미시적인 입장에서 그러나 개인의 삶에 국한된 일반적인 미시적 시각이 아닌 텍스트와 경험과 교육의 차원에서 다룬 독특하며 창의적인 글들이 실려 있다.

삼고, 매순간 우리의 삶을 주관하시는 성령님을 인정하고 따르며, 예수 그리스도의 몸인 교회라는 신앙공동체에서 함께 삶을 나누고 연결되어 서로 믿고 의지하고 사랑하면서 삼위일체 하나님의 뜻을 이뤄 나가며, 하나님을 떠난 삶은 허망하고 무의미할 수밖에 없다는 것을 가르치는 사명을 가진 기독교 교육자들에게는 너무도 크고 높은 장벽이 아닐 수 없다. 그러나 어려움을 겪게 되는 진정한 이유가 무엇이 문제인지 그 본질을 모르고 대처하려는 시도 때문이라고 생각한다면, 우리는 적어도 무엇이 문제인지는 알고 그 대처 방안을 모색하려고 하므로 첫 걸음은 잘 디뎠다고 본다.

그러면 즉각적 만족에만 길들여져서 배움의 길고도 고된 과정을 통과하며 배우는 데 익숙하지 않은 포스트모던 학습자들, 자기중심적으로 사고하는 습성이 굳어져 다른 사람과 함께 사는 데 익숙하지 않아서 고립과 왜곡과 분리와 파편화의 늪에서 헤매는 포스트모던 학습자들, 다원주의와 상대주의적으로 사고하는 것이 더 고상한 것이며 아무것도 절대적이지 않다고 세뇌된 포스트모던 학습자들, 이들에게 어떻게 접근해야 "내가 너희에게 분부한 모든 것을 가르쳐 지키게 하라"(마 2:20)는 예수 그리스도의 명령을 잘 순종하며 실행하게 할 수 있을까? 이러한 관심과 배경 연구를 통하여 얻게 된 본 연구의 중심 논제(thesis statement)는 다음과 같이 요약된다.

"21세기 교회교육자들은 감성적 경험중심주의, 자기중심주의, 다원-상대주의의 영향으로 배움의 정신을 상실하고, 파편화되고, 절대진리 수용에 거부감을 갖고 있는 포스트모던 학습자들에게 삼위일체 신학에 의거한 영성교육을 통하여 좀 더 통합적이고 통전적인 학습을 경험하고 학습의 과정에 능동적으로 참여하게 함으로써, 학습자들로 하여금 그리스도 안에서의 진정한 자기됨의 정체성을 확립하고 위로부터 부여받은 사명을 신앙공동체와 사회에서 균형 있게 실천하는 건강한 주체성을 확립하는 신앙인 형성에 일조할 수 있다."

    그렇다면 과연 영성은 무엇이고, 영성교육은 또 무엇이며, 왜 영성교육을 해야 하며, 꼭 해야 한다면 어떻게 하는 것이 영성교육을 잘 하는 것인지를 연구하기 위해 선행되어야 할 것이 영성교육이라는 용어에 대한 정의를 내리는 작업일 것이다. 그러므로 우리가 이 책에서 사용하는 영성교육의 정의가 무엇인지를 제4장에서 본격적으로 살펴보겠다.

제4장 영성과 영성교육의 정의

1. 영성이란 무엇인가?

아이리스 컬리(Iris cully)가 말한 것처럼, 영성은 그 범위가 너무 넓어서 쉽게 정의를 내리기가 어렵다. 자아를 초월한 어떤 존재와의 연결된 그 어떤 느낌 혹은 감각(sense)을 의미하기도 하고, 자아 내의 개발에 초점을 두기도 한다.[29] 그러나 영성이 관계적 개념이라는 것에는 어느 누구도 이견을 내지 않을 것이라고 본다. 최근에 케네스 보아(Kenneth Boa)가 기독교 영성의 열두 스펙트럼을 성경적 시각으로 다루었는데,

---

[29] Iris Cully, "Spirituality," eds. Iris Cully and Kendig Brubaker Cully, *Harper's Encyclopedia of Religious Education* (New York: Harper & Row, 1990), 607 이하.

매우 흥미롭다.[30] 보아는 영성을 ① 관계적 영성, ② 패러다임 영성, ③ 훈련된 영성, ④ 교환된 삶의 영성, ⑤ 동기화된 영성, ⑥ 경건의 영성, ⑦ 포괄적 영성, ⑧ 과정 영성, ⑨ 성령 충만의 영성, ⑩ 전투적 영성, ⑪ 양육의 영성, ⑫ 공동체적 영성 등으로 나누고 있다.

1) 영성의 형태

어반 홈스(Urban Holmes)는 기독교 영성에 대하여 자세히 설명하였다. 그는 영성의 다양한 형태를 수직과 수평선의 개념을 빌려와 설명하였다. 수직으로는 하나님을 지성적으로 알려는 사색적인(speculative) 영성과 하나님을 심령으로(감각, 느낌) 느끼려는 감성적인(emotional) 영성으로 구분하고, 수평으로는 하나님과의 관계를 유지하는 방법으로 계시된 하나님을 알려고 시도하는 비직설적(kataphetic)/유념적 영성과, 신비스러운 하나님을 삶의 경험을 통해서 느끼려는 직설적(apophetic)/무념적 영성이 있다고 하였다. 이를 표로 표현하면 표2와 같이 될 것인데, 대략 네 가지 정도의 영성 형태가 도출될 수 있다고 보면 된다. 즉 (1) 감성적-비직설적 영성(KH), (2) 사색적-비직설적 영성(KM), (3) 사색적-직설적 영성(AM), (4) 감성적-직설적 영성(AH)이 그것이다. 간략하게 설명하자면, (1) 감성적-비직설적 영성(KH)은 일반적으로 개

---

[30] Kenneth D. Boa, 송원준 역, 『기독교 영성: 그 열두 스펙트럼』(서울: 디모데, 2002), 527. 위 책의 원제목은 *Conformed to His Image* (Grand Rapids, MI: Zondervan, 2001)이다.

인적인 풍성한 삶을 추구한다면, (2) 사색적-비직설적 영성(KM)은 신학적인 갱신을 추구하고, (3) 사색적-직설적 영성(AM)이 사회개혁을 추구한다면, (4) 감성적-직설적 영성(AH)은 내면의 삶 개발을 추구하는 영성이라고 볼 수 있다. 자세한 구분과 비교는 아래 표에 나와 있다.[31]

	Heart: To sense God	
	(4) 감성적 직설적 영성(AH) Apophatic-Sensing 개인 내면의 삶 추구	(1) 감성적-비직설적 영성(KH) Kataphatic-Sensing 개인의 풍성한 삶 추구
	Mysterious God **Apophatic**	Revealed God **Kataphatic**
	(3) 사색적-직설적 영성(AM) Apophatic-Knowing 사회적 개혁 추구	(2) 사색적-비직설적 영성(KM) Kataphatic-Knowing 신학적 갱신 추구
	Mind: To know God	

표 2: 어반 홈즈가 구분한 영성 형태
Forms of Spirituality by Urban Holmes

---

[31] Urban Holmes, *A History of Christian Spirituality* (San Francisco: Harper & Row, 1980). 이영운, "영성형태와 멘토링 형태의 상관관계에 대한 이론적 접근," (KSCEIT, 2005 추계학술대회: 미간행 논문), 47-48에서 재인용.

2) 영성32에 대한 일반적인 정의

알리스터 E. 맥그래스(Alister McGrath)는 기독교 영성을 다음과 같이 정의한다. "기독교 영성이란 기독교인 개인이나 그룹이 하나님과 깊은

---

32 사실 영성에 대한 일반적인 정의를 연구하다 보면 일찍이 제임스 파울러(James W. Fowler)가 '신앙'(faith)에 대하여 내린 정의와 유사하다는 생각을 지울 길이 없다. 파울러는 회심(conversion)을 신앙을 형성하는 본질적인 변화로 보면서, 루이스 램보(Lewis Rambo)의 회심에 대한 정의를 소개했다. "회심이란 한 인간이 추구하는 삶의 형태, 충성심의 지향점, 열정을 바치는 초점의 중대하고도 급작스런 변형"을 의미한다. 번역이 실제 저자의 의도를 흐릴 수 있기에 원문을 보면 다음과 같다. "Conversion is a significant sudden transformation of a person's loyalties, patterns of life, and a focus of energy." 파울러는 램보의 정의에 자신의 해석을 덧붙여 신앙이란 한 사람이 자신이 추구하던 의식적·무의식적 가치와 힘을 형성하는 삶의 중심축을 다시 잡는 과정(recentering of one's previous conscious and unconscious image of value and power ……)이라고 재해석하였다. James W. Fowler, *Stages of Faith: The Psychology of Human Development and the Quest for Meaning*(San Francisco: Harper Collins, 1995), 281-282. 그의 신앙에 대한 정의는 다음과 같다. "Faith …… is not necessarily religious, nor is it to be equated with belief. Rather, faith is a person's way of leaning into and making sense of life. More verb that noun, faith is the dynamic system of images, values, and commitments that guide one's life. It is thus universal: everyone who chooses to go on living operated by some basic faith." 그는 삐아제, 에릭슨, 콜버그와 같은 주요 심리학자들의 연구에 토대하여 모든 인간이 추구하는 가치와 의미, 그리고 학습하는 방법과 삶을 이해하여 나가는 과정 - 그러므로 신앙은 명사적으로보다는 동사적으로 이해해야 한다 - 따위를 전체적으로 일컬어서 '신앙'이라고 정의하였다. 앞서 소개한 Philip F. Sheldrake도 이와 유사한 '영성'에 대한 개념을 갖고 있다. 그는 영성을 인간의 중심 신념과 가치(core beliefs and values)를 추구하는 가운데 예수 그리스도 안에서 하나님과 이웃과의 관계를 정립해 나가며, 진정한 자아를 찾고 자신이 살고 있는 사회 속에서 신앙공동체에 속한 신앙인으로서 자신의 주체적인 사람을 실천하려는 노력이라고 보았다.(필자의 해석이 가미된 번역) Philip F. Sheldrake, "Teaching Spirituality," *British Journal of Theological Education* 12.1 (2001): 53 이하.

관계를 추구하는 삶의 형태로 볼 수 있으며, 로렌스 형제(c. 1615-91)의 말을 빌리자면 '하나님의 임재를 [일상의 삶에서] 연습'하고 추구하는 삶"이다. 맥그래스는 로욜라의 이냐시오가 내린 정의를 소개하면서 특히 "체험적 삶의 경험"(lived experience)이라는 표현을 강조하였다. 리차드 오브라이언의 정의를 소개할 때는 "의식의 변형과 체험의 부산물로 나타나는 삶의 양태"를 강조하였다. 필립 쉘드락(Philip Sheldrake)의 정의를 소개하면서 그는 "기독교 신앙 전통을 개인적 혹은 집단적으로 자기의 것으로 만들어 나가는 전유(appropriation) 과정"이라는 표현을 강조하였다. 또한 윌리암 스트링펠로우의 정의를 다루면서 "영성은 전인적인 접근, 즉 육체와 마음과 영혼과 장소와의 관계를 다루며 …… 모든 피조물과 연관을 지어" 생각해야 한다는 점을 강조하였다. 마지막으로 리차드 우즈의 정의를 소개하면서, "영성은 모든 인간의 성품을 한 차원 도약하게 하는 것이며 …… 매일의 구체적인 일상 가운데서 그러한 변화를 추구하는" 삶이라는 점을 강조하였다.[33]

라브리(L'Abri) 공동체의 창설자로 잘 알려진 프란시스 쉐이퍼(Francis A. Schaeffer)는 영성을 다루면서 죄의 문제해결과 연결 지어 자신의 논지를 펼쳤다. 쉐이퍼에 의하면 영성이란 '죄의 사슬로부터 얻는 현재의 자유'임과 동시에 '죄로 인한 결과로부터 누리는 현재의 자유'

---

[33] Alister E. McGrath, *Christian Spirituality* (Oxford: Blackwell, 1999), 1-4. 조직신학인 시각으로 기독교 영성의 흐름을 잘 정리한 책이라고 판단된다. 기독교 영성의 여러 양태에 대하여 자세한 정보를 원하면, 그의 책 chap. 2를 참고하라. 이 책은 최근『기독교 영성 베이직』(서울: 대한기독교서회, 2006)으로 역간되었다.

라고 표현하였다. 그의 영성관은 내면적 해방으로부터 시작하여 외현적 연합으로 나아가는 것이라고 볼 수 있다. 이를테면 영성은 개인의 내면을 붙잡고 있는 죄의 문제를 해결하여 자유를 얻고, 개인의 생활을 저해하는 죄의 결과에 대한 해방을 획득하는 것으로 시작하여, 동료들과의 화평한 삶, 공동체적인 삶으로 나아가 조화와 연합을 추구하는 것으로 발전되는 것이다.[34]

앞서 언급한 것처럼, 기독교에서만 영성을 다루는 것도 아니기에, 영성의 정의를 포괄적으로 다루려면 아마도 이 책으로는 부족할 것이다. 그리하여 본 연구는 서두에 밝힌 것처럼, 기독교 영성만을 다룰 것인데, 본 연구자들은 기독교 영성을 크게 두 가지 개념으로 나눌 수 있다고 생각한다. 첫째는 거시적 개념으로서의 영성이고, 둘째는 미시적 개념으로서의 영성이다. 여기에 하나를 더하면 위의 두 개념을 통합하고 상

---

[34] 쉐이퍼의 이 생각은 'Freedom now from the bonds of sin'이라는 표현과 'Freedom now from the results of the bonds of sin'이라는 두 부제에 녹아 있다. Francis A. Schaeffer, *True Spirituality* (Wheaton, Illinois: Tyndale House Publishers, 1971) 참고. 필자(김도일)는 쉐이퍼(1912-1984) 박사가 별세하기 직전에 가졌던 바이올라 대학에서의 마지막 연설 및 대담을 들을 기회가 있었다. 거기에서 필자는 쉐이퍼 박사가 실로 온전한 영성적 삶을 추구하기 위하여 전생을 바쳤던 사람이라는 인상을 깊게 받았다. 2004년 여름에는 장신대 대학원생들과 함께 그가 세운 영국의 라브리 공동체에서 그의 정신을 다시금 확인할 수 있었다. '라브리'라는 말은 불어로 '안식처'라는 의미이다. 자유로우면서도 질서가 있는 작은 공동체에 함께 참석했던 이들은 그 공동체에서 느껴지는 잔잔한 영성적 감동을 느꼈다. 참고로 그가 1955년에 부인과 함께 세운 라브리 공동체는 스위스(최초 설립지, 알프스 산기슭 위에모 Huemoz), 미국(매사추세츠와 미네소타 두 곳), 영국, 스웨덴, 홀랜드, 캐나다에 있으며, 한국의 강원도 양양 근처에도 있다. 라브리의 공식 홈페이지의 주소는 http://www.labri.org/이다.

호 보완하여, 통전적 시각으로 본 영성의 개념을 살펴볼 수 있겠다.

3) 거시적 시각으로 본 영성의 정의

넓은 의미에서 영성은 인간이 살아가는 모든 상황을 고려하는 가운데 추구하여야 한다. 여기에는 각 개인의 내면적인 삶에 초점을 맞추기보다는 삶의 치열한 생존 경쟁과 투쟁이 벌어지는 사회, 더 나아가서는 지구와 우주를 포함하는 영성을 의미한다. 그러기에 소위 사회적 체계에 대한 변혁을 야기하는 집단적 영성, 지구와 우주의 조화와 전체적 균형과 보존 등에 관심을 두는 생태적 영성이 그것이다. 그러므로 거시적 시각으로 볼 때, 영성은 좁게는 한 개인의 삶의 자리에서 시작하여, 어떤 사회적 체계 속에서 신음하고 억압받는 이들에게 관심을 갖고, 돌보며, 실제로 필요한 것을 공급하는 제반 행위와 그러한 삶의 양태를 의미하며, 더 나아가서 사회의 체계를 바로잡고, 지구와 우주의 생태적 환경 보존과 온 피조물의 조화를 추구하는 실천적 삶이다. 이것을 기독교 교육적인 용어로 풀어 말하면, 거시적 영성은 조지 A. 코우(George Albert Coe)가 주창한 것처럼 '사회의 변혁'을 꾀함에 일차적 목적을 두고, 나 자신, 나의 가정, 나의 교회보다는 우리 민족, 사회, 국가, 지구촌의 보존과 평화와 조화를 추구하는 일종의 '공적인'(public) 삶에 우선을 두는 것을 의미한다.

4) 미시적 시각으로 본 영성의 정의

　미시적 시각에서 영성은 한 사람의 내면에서 일어나는 생각, 형성되는 성품, 삶의 모습이 성경에 의거한 자기 성찰과 근면, 절제와 금욕 생활, 기도와 노동 등을 통하여, 예수 그리스도의 장성한 분량에 이르기까지 자라며(엡 4:13), 궁극적으로 하나님의 성품에 참여하는 자(벧후 1:4)로 변화되어, 성숙한 자아와 긍휼히 여기는 마음과 영혼을 사랑하는 마음을 일상생활 속에서 실천함으로써, 하나님의 임재 가운데서 생활하며, 자기를 비워 예수 그리스도의 심장을 갖고 오직 하나님의 영광만을 위하여 살아가는 온전한 삶의 추구로 정의할 수 있다. 이 정의는 벨라의 구분을 따르면 공적인 영역보다는 '사적인 영역'(private realm)[35]과 내면생활(interior life)에 더 초점을 맞추는 영성의 형태라고 볼 수 있다.

5) 삼위일체 신학에 입각한 통전적 시각으로 본 영성의 정의

　어떤 사람도 환경을 떠나서는 살 수 없고 또 환경에서 벗어나 혼자만

---

[35] 리차드 피스(Richard Peace)는 복음주의적인 입장에 영성을 "초월적인 세계와 연관된 경험에 초점을 맞추는 삶의 양태"로 보면서 객관적이고 외적인 체계인 '종교'(religion)와는 구별된 주관적인 내적인 경험을 추구하는 삶으로 보았다. 피스는 영성을 하나님을 향한 목마름(quest)이라고 정의하면서, 기독교 교육자는 하나님을 알고 싶어 하는 사람들의 깊은 갈망(yearning)에 민감해야 한다고 주장하였다. Richard Peace, "Spirituality," Michael J. Anthony, ed., *Evangelical Dictionary of Christian Education* (Grand Rapids, Michigan: Baker Academic, 2001), 657-59.

의 삶을 평생토록 영위한다는 것이 하나님의 창조 질서나 조화에 부합한다고 보기는 더욱 어렵다. 물론 일시적으로 하나님과의 관계를 훈련을 통하여 재정비하고 자신의 욕심과 허망한 생각을 하나님의 은혜의 빛 아래서 온전히 지우고 회개하며 새로운 피조물로 거듭나고자 하는 소망으로 얼마 동안 일상생활에서 벗어나 운둔 생활 내지는 금욕 생활을 통하여 영성훈련을 하는 것은 중요한 영성훈련 중의 하나라고 본다. 그러나 영성은 거시적인 시각이나 미시적인 시각 중 하나만을 선택하여 치우쳐서는 안 될 것이다. 물론 인간의 능력은 한계가 있다. 그러므로 각자가 받은 재능과 개성대로 거시적이든 미시적이든 한쪽에서 시작하여 다른 한쪽까지 섭렵해 나아가는 노력을 할 수밖에 없으며, 사실 이론처럼 모든 면을 종합적이고 전체적인 시각으로 영성을 추구하는 것은 거의 불가능하다고 생각된다. 그러므로 여기에서 삼위일체 신학에 입각한 통전적 관점에서 내리는 영성의 정의는 이 글을 읽는 이들에게 어떤 강요나 무거운 짐을 지우려는 무책임한 시도는 전혀 아니며, 단지 이러한 영성을 추구해야 우리의 삶이 조화롭게 운영되리라는 소망을 갖고 시도하는 것이다.

    삼위일체 신학에 입각한 통전적 시각으로 내리는 영성의 정의는 다음과 같다. 영성은 내면적으로는 하나님과의 긴밀한 관계와 거룩한 성품을 추구함으로써, 성자 예수 그리스도를 믿는 성부 하나님의 자녀로서의 자기 정체성을 확립하는 것이며, 이러한 추구의 과정 가운데서 늘 성령 하나님의 인도에 귀를 기울이고 인도하심에 순종하는 삶을 사는 것이며, 외현적으로는 공동체 내에서 자신의 위치와 사명을 늘 상기하는 가운데 사랑과 봉사를 실천함으로써 신앙공동체의 안녕과 사회 속에서 신앙인이 어떻게 처신하여야 하나님의 뜻을 조화롭게 이루어 드리는지와 공적인 기관인 교회가 어떻게 활동하여야 사회에 공헌할 수 있는지에 대한 의식을 갖고, 신앙공동체에 속해 있는 각 신앙인이 작게는 다른 사람들과의 관계를 고려하며, 크게는 사회와 지구촌 전반의 상황을 깨어 있는 가운데 직시하고 분석하여 자신의 사명을 찾아 자기가 존재하는 목적을 따라 주체적인 삶을 추구하는 것이다. 또한 영성은 인간관계 속에서 평화를 추구하고, 신앙공동체의 번영과 존재목적의 성취를 위해 자신을 희생하며, 사회와 지구촌의 모든 생태와 사람들의 필요를 채워 주고, 사회의 정의를 구현하기 위하여 노력하며, 잘못된 사회체계를 바로잡는 데 주력하며, 망가져 가는 생태환경의 복원과 조화를 위하여 연합하여 함께 존재하며, 일하는 삶을 추구하는 것이다.[36]

---

[36] 장신대에서 영성학을 가르치는 유해룡, 오방식 교수와 가진 대화는 우리의 이해를 더 풍요롭게 하였다. 사실 어떤 기관이나 신학에서 두 가지 입장을 다 고려하며 영성훈련을 시키기는 시간적 제약과 인간적 한계가 있음을 대화를 통해 다시 확인하였다. 어떤 시각으로 영성훈련에 접근을 하던지 결국에는 한쪽에서 시작하여 다른 한쪽으로 갈 수밖에 없는 것이 영성훈련의 특징이라는 것이다. 이는 물론 영성훈련을 주도하는 사람이 이 두 가지 견해에 대한 통전적인 시각을 가지고 있을 때에 가능한 것이라는 견해도 서로 주고받았다. 예컨대 노숙자에게 밥을 퍼 주는 것이 영성의 시작일 수도 있고, 골방에서 침묵을 연습하는 것이 영성훈련의 시작일 수도 있다. 그러나 결국 가르치는 이가 통전적 시각을 견지하고 있으면, 봉사에서 시작하여 내면의 훈련으로 가게 되고, 내면의 훈련으로 시작하여 실천으로 가게 된다는 것이라는 말이다. 변희선은 자신의 책 『영성 수련 교육학』(서울: 이냐시오 영성 연구소, 1996)에서 영성수련의 목표를 '회심'(conversion)으로 잡으며, 이 회심은 지적 회심, 도덕적 회심, 영적 회심을 포함하는 것이라고 역설하였는데, 일리가 있는 표현이라고 본다.

2. 영성교육이란 무엇인가?

1) 영성을 가르칠 수 있나?

앞서 우리는 영성에 대하여 세 가지 관점에서 조명한 정의를 살펴보았다. 이제 여기서는 영성교육에 대하여 살펴볼 것이다. 먼저 우리가 던져야 할 질문은 '과연 영성을 인간인 교사가 가르칠 수 있는가?'이다. 이와 유사한 질문은 기독교 교육사에 이미 있었다. 조지 A. 코우(1859-1952)는 '신앙을 가르칠 수 있나?'와 같은 질문을 던진 바 있고, 근래에 와서 리차드 오스머(Richard Osmer, 1950-)도 이와 유사한 질문을 던지며 신앙은 가르칠 수 있는 것이 아니라 오직 하나님께서 주시는 선물이며, 인간인 교사가 할 수 있는 일은 신앙의 여러 면, 즉 신념, 신비, 헌신과 같은 면을 면밀히 연구하여 인간 학습자가 신앙을 받아들일 준비를 시키며, 배움의 정신(teachable spirit)을 회복할 수 있도록 돕는 조력자가 되어야 함을 역설하였다.[37] 영성이 만약 가르칠 수 있는 것이라면 '영성교육'이라는 말이 성립

---

[37] 일찍이 코우는 자유주의 신학적인 이해를 바탕으로 위의 질문을 던졌으며, 신앙교육을 제대로 하려면 인간심리와 그가 살아가는 사회의 정황을 면밀히 연구하여야 한다고 주장한 것이다. 그의 *A Social Theory of Religious Education*은 이러한 주제를 다각적으로 다루었다. 물론 코우는 매우 낭만적인 인간관을 갖고 있었으므로, 인간심리와 사회구조에 대한 정확한 이해만 있으면 신앙을 가르칠 수 있다고 주장하였다. 이에 반해 개혁신학적 전통에 서 있는 오스머는 코우와는 다른 인간에 대한 신학적 이해를 갖고 있는 학자이다. 오스머의 생각을 종합하여 표현하면, 신앙이란 교사가 가르칠 수 있는 것은 아니라는 것이다. 그는 신앙을 입방체로서 설명하였으며, 그의 책 *Teachable Spirit*과 *Teaching for Faith*는 이 문제에 대하여 자세히 다루고 있는데, 그의 이러한 이해는 자신이 밝힌

되는 것이고, 만일 그렇지 않다면 영성교육이라는 말 자체가 무의미하게 될 것이다. 연구자들은 영성의 성격을 규정함에 있어서, 신앙은 하나님이 주시는 선물이라는 맥락과 유사한 논리를 적용해야 한다고 결론을 내렸다. 왜냐하면 신앙이 하나님이 주시는 선물이라는 논리와 같이, 영성도 그 시발점이 하나님이 되기 때문이다. 다만 인간 교사가 교육이라는 매개체를 통하여 하나님이 허락하시는 영성을 품을 수 있도록 마음과 감각을 훈련시키고, 민감하게 단련시켜서 삼위일체 하나님께서 허락하시는 영성을 받을 수 있도록 학습자의 마음 밭을 기경(cultivate)하며, 정한 그릇을 준비시키는 산파(midwife)로서의 역할을 할 수 있을 것이다.

2) 교육이란 무엇인가?

앞서 우리가 영성이란 무엇인가를 탐구했듯이, 여기서는 교육이 과연 무엇인지를 살펴볼 것이다. 특별히 우리는 기독교 영성교육을 다루고 있으므로 기독교 교육의 본질을 살펴보는 것은 의미가 있다고 본다. 아래에서는 기독교 교육의 본질 몇 가지를 살펴볼 것이다.

(1) 기독교 교육은 '하나님의 교육'이다
하나님의 교육(파이데이아 데이, paideia Dei)이라는 말은 기독교

것과 같이 사라 리틀(Sara Little)에게서 영감을 받은 것이다.

교육의 근원적 교사가 하나님이시라는 의미이다. 선교학에서 '선교는 하나님의 선교'(미시오 데이, missio Dei)라는 표현을 하듯이, 기독교 교육도 사실 본질적으로는 모든 인류의 궁극적인 교사이신 하나님이 행하신다. 인간인 교사와 학생이 교수와 학습의 과정을 상호 교환하지만 모든 학습의 과정에 하나님의 개입, 즉 성령의 개입이 없는 기독교 교육은 무의미하다. 하나님은 기독교 교육의 출발점이 되시고 또 종착점이 되신다.[38]

(2) 기독교 교육은 '하나님과 인간의 만남'이다

일찍이 마빈 부버(Martin Buber)의 '나와 너'(I and Thou)라는 개념을 루이스 쉐릴(Lewis Sherrill)이 발전시켜 만남의 기독교 교육을 제창한

---

[38] 하나님이 인간의 궁극적인 교사가 되신다는 것에 관한 논의는 본교 기독교교육연구원에서 출간된, 『기독교교육개론』 중 "기독교교사란 누구인가?"라는 논문에 자세히 나오는데, 거기서 김도일은 로버트 파즈미뇨(Robert Pazmino)의 책 *God Our Teacher* (Grand Rapids: Baker Academic, 2001)에서 다룬 삼위일체 하나님의 교사되심에 대한 논의를 다루었다. 파즈미뇨는 기독교 교육을 말씀 선포, 공동체 형성, 봉사, 전도, 예배를 포함하는 것으로 보며, 다음과 같은 여섯 가지 사항을 강조하였다. 첫째, '우리를 위한 하나님'(God for us)이라는 제하에 삼위일체 하나님은 우리를 가르치신다는 것을 지적하였다. 둘째, '우리의 죄악에도 불구하고'(God despite us)라는 제하에 구원의 도리를 가르치시는 하나님 되심을 지적하였다. 셋째, '우리와 함께 하시는 하나님'(God with us)이라는 제하에 마스터 교사가 되시는 예수님을 소개하였다. 넷째, '우리 안에 계시는 하나님'(God in us)이라는 제하에 가르침(teaching)에 있어서 성령님의 역할을 지적하였다. 다섯째, '우리를 사용하시는 하나님'(God through us)이라는 제하에 교회를 통하여 진리를 선포하시는 하나님을 다루었다. 마지막으로 여섯째, '초월적으로 역사하시는 하나님'(God beyond us)이라는 제하에 기독교 교육의 과거와 현재와 미래를 주관하시는 하나님에 관하여 다루었다. Ibid., 1장에서 6장까지의 핵심 내용 요약.

것처럼,[39] 기독교 교육은 전능하신 하나님을 성육신하신 성자 하나님과 조우(encounter)하게 하는 교육이다. 그러므로 기독교 교육은 하나님과 인간의 만남이 된다. 이 만남의 과정에서 성령 하나님의 개입은 절대적이다. 그러므로 삼위일체 하나님이 인간을 만나 주시는 과정에 인간 교사는 학습자에게 환경을 조성해 주고, 마음을 준비시키는 역할을 한다.

(3) 기독교 교육은 '고백적'이다

사라 리틀(Sara Little)이 주로 애용하는 표현이지만 사실 기독교 교육을 통하여 무한하신 하나님의 사랑과 자비의 초대에 학습자는 '나는 믿습니다'(redo)라는 고백을 함으로써 하나님과의 관계가 성립되고 저 멀리 떨어져 있는 타자인 하나님이 아니라, 지금 여기서 우리의 사정을 아시고 응답하시는 하나님으로 모시는 데, 이처럼 순간순간을 살아가게 하는 채널이 바로 기독교 교육이다. 그러므로 기독교 교육은 고백적(confessional)이어야 한다.

(4) 기독교 교육은 '학습자의 필요 파악'에서 시작된다

학습자의 필요를 파악하는 데서 기독교 교육이 시작된다는 말의 의미는 교사가 무엇을 가르칠지를 먼저 결정하고 나서 학습자로 하여금 교사가 설정한 목표에 도달하도록 교육과정을 고안하기보다는, 학습자

---

[39] 이 이론을 고용수 교수는 자신의 책,『만남의 기독교 교육』에서 한국의 교회교육적 상황에 맞추어 토착화시키는 데 일조하였다고 본다. 그의 이론은 훗날『현대 기독교 교육 사상』(서울: 장로회신학대학교출판부, 2003)에서 집대성되었다.

의 수준과 필요를 먼저 고려하는 눈높이 교육이 진정한 기독교 교육이라는 뜻이다. 사실 눈높이 교육의 원 고안자는 하나님이시다. 사람의 입장을 고려하여 육신을 입고 오신 것, 그것이 바로 눈높이 교육의 시작이었다. 따라서 기독교 교육은 학습자의 필요를 파악하는 데서 시작되고, 그 필요를 정확히 진단하는 것은 교사의 중요한 업무 중의 하나다. 예컨대 학생이 피상적으로 느끼는 필요(felt needs)가 무엇인지를 정확히 집어내고, 교사가 학생의 필요를 파악하여 가르치고 싶은 내용을 정한 후(prescribed needs), 진정으로 학생에게 없어서는 안 되는 가장 절실한 영적 필요(real needs)를 파악하여 채워 주는 것이 기독교 교육이다.[40]

(5) 기독교 교육은 '교회를 위한' 교육이다

기독교 교육은 가정과 교회를 위한 교육이며, 더 나아가서는 사회를 위한 교육이다. 여기서는 기독교 교육은 '교회를 위한 교육'이라는 표현을 특별히 강조하고 싶다. 왜냐하면 교회를 통하여 가정의 부모를 교육하고, 부모는 가정에서 자녀를 책임지게 할 수 있기 때문이다. 이런 맥락에서 볼 때, 기독교 교육의 대상은 교회의 회중으로 존재하는 각 개인을 '생명유기체'로 보고, 기독교 교육의 초점은 그 생명유기체에 대한 '전인교육'으로 잡으며, 기독교 교육의 목표는 '예수 그리스도 안에서의 성숙'이 되며, 기독교 교육의 방법은 '삶을 전달/유통하는 것'으로 삼는다. 기

---

[40] 케네스 갱글(Kenneth Gangel)도 자신의 『성인을 위한 기독교 교육』(원제: *Christian Education for Adults*)이라는 책에서 유사한 말을 했으나, 위의 내용은 그것을 발전시켜 필자 나름대로의 논리로 적은 것이다.

독교 교육은 교회의-교회를 위한-교회에 의한 교육이 되어 진정한 신앙 공동체를 이루어 나가는 최선의 채널이라고 확신한다. 그러므로 기독교 교육은 교회를 위한 교육이다.[41] 이러한 과정을 거쳐 기독교 교육은 궁극적으로 사회를 변혁시키는 데에 일조하게 되는 것이다.

3) 교육의 정의

위에서 언급한 기독교 교육에 대한 이해를 바탕으로 교육에 대한 정의를 내려 보면 다음과 같다. 교육[42]이란 교사가 가르치는 내용(subject matter)을 다루는 데 있어서 희망하는 결과를 위해 학습자가 주제(subject)의 진위성(validity), 진실성(truthfulness), 그리고 유용성(usefulness)을 비판적으로 평가·적용할 수 있도록 도와주는 의도적인 행위를 포함하는 교수와 학습의 전 과정을 가리킨다.[43] 예컨대 교육을 통해 학습자는 사회

---

[41] 자세한 논의는 김도일, "기독교교육학이란 무엇인가?" 『신학이란 무엇인가?』(서울: 한국장로교출판사, 1998)를 참고하라.

[42] 교육의 일부분인 "가르침"이란 용어에 대해서는 그린(Thomas F. Green)의 "가르침의 범위"(The scope of teaching)에 관한 도식(diagram)을 참조하면 훈련(training)과 교리주입(indoctrinating), 그리고 조건화(conditioning)와 교수(instruction)의 차이를 볼 수 있다. 그린은 행동(behavior), 지식(knowledge), 그리고 믿음(belief)을 형성(shape)하는 도구가 가르침이며, 이러한 제반 행위를 교육이라고 규정한다. 필자도 그린의 가르침에 관한 분류(categorization)에 동의한다. *The Activities of Teaching* (New York: McGraw-Hill Book Company, 1971), 33. 김도일, 『교육인가 신앙공동체인가』(서울: 한국장로교출판사, 1998), 제1장의 용어 정의 부분을 참고하라. 위의 책에서 필자는 가르침에 대하여 논하였으나, 여기서는 좀 더 광범위한 과정인 교육에 초점을 맞추어 재개념화하였다.

에서 활동하기에 필요한 수단을 선택할 수 있는 능력을 갖추게 된다. 이것은 하나의 희망된 결과이다. 교육은 그러므로 학습자가 "비판적인 숙고"(熟考: critical reflection)를 할 수 있도록 도와주는 것에 그 초점이 있다. 교육의 부분집합에 속하는 "가르침"을 종종 주입(indoctrination) – 배우기를 주저하는 학생들에게 일방적으로 학습을 강요하는 전달 행위 – 과 동일시하기 쉬우나, 이 정의에서는 그런 의미를 단호하게 거부한다. 그러한 맹목적이며 일방적인 동기를 가진 교육에 대한 해석과 구분 짓기 위해서, "의도적인 가르침" 혹은 "의도적인 교육"이라는 용어가 많은 학자들에 의해서 사용된다. 예컨대 노스웨스턴 대학의 로버트 멘지즈(Robert Menges)는 그의 저서 *The Intentional Teacher*[44]에서 교육에 대한 이해를 위한 핵심 개념으로써 "목표 지향의, 계획되고, 의도적인"(purposeful, planned, intentional)이라는 세 가지 개념을 사용했다. 그러므로 교육은 교사가 목표를 세우고, 체계적으로 가르치며, 교과의 내용을 철저하게 지도하며, 학습자들과 교사가 가르치고 배우는 내용에 관해 상호 간에 비판적인 성찰을 할 수 있게 인도하는 제반 과정(whole

---

[43] Sara Little의 "Religious Instruction," in Jack L. Seymour and Donald E. Miller, eds., *Contemporary Approaches to Christian Education* (Nashville: Abingdon Press, 1982), 39을 보라. 혹자는 나의 가르침에 대한 정의가 크레민(Lawrence A. Cremin)의 교육(education)에 관한 정의와 비슷하다고 말할 수 있다. 크레민의 정의는 다음과 같다: "지식, 태도, 가치, 기술 또는 민감도, 그 밖의 어떤 노력의 결과를 야기하거나 획득, 전달하기 위한 의도적이고 조직적이며 계속적으로 지탱되는 노력." Cremin, *Public Education* (New York: Basic Books, 1976), 27.

[44] Robert Menges, *The Intentional Teacher: Controller, Manager, Helper* (Monterey, California: Brooks & Cole Publishing Company, 1977).

process)을 의미한다.[45]

여기까지 우리는 영성을 가르칠 수 있는지에 대한 근본적인 질문을 던지고 이에 대한 답을 탐색해 보았고, 영성에 대한 다각적인 정의를 내려 보았다. 또한 교육에 대한 정의를 내리기 위해 과연 기독교 교육의 본질은 무엇인지를 살펴보았다. 그리고 교육에 대한 정의를 내렸다. 앞서 논한 것을 토대로 하여 이제 '영성교육'에 대한 정의를 내려 보기로 하겠다.

4) 영성교육의 정의

영성교육이란 학습자들로 하여금 오늘이라는 주어진 삶의 자리에서 하나님의 선물인 거룩한 성품을 추구하도록 돕기 위하여 안으로는 하나님과의 긴밀한 관계를 추구하여 예수 그리스도를 주로 고백하는 하나님의 자녀로서 자기 정체성을 갖게 하고, 밖으로는 신앙공동체 내에서 조화롭게 살고, 사회에서 주어진 사명을 실천하여 신앙인의 주체성을 발휘하는 삶을 살도록 가르치는 것이다. 성부, 성자, 성령이신 삼위의 하나님이 창조자, 구원자, 보호자의 역할을 개별적이지만, 조화 가운데서 사역하시어 일체이심을 드러내는 것 같이, 영성교육을 통하여 교사와 학습자는 성경말씀에 비추어 자신을 비판적으로 성찰하여 하나님과 깊고 지속

---

[45] 비판적인 성찰에 관한 자세한 논의는 Robert Brookfield의 *Becoming a Critically Reflective Teacher* (San Francisco: Jossey Bass, 1995)를 참고하라. 그는 실로 다각적인 각도에서 꼼꼼하게 비판적인 교사가 갖는 고민과 유익을 고찰하였다.

적인 교제를 가짐으로써 건강한 내면생활을 영위하여 늘 성숙을 추구하며, 하나님을 섬기는 신앙공동체인 교회 내에서 서로를 격려하고, 자극하고, 세워 주어, 조화로운 공동체를 만들어 나가며, 사회 속에서 교회가 존재하는 목적을 성취할 수 있도록 균형 잡힌 신앙인, 건강한 사회인을 양육하는 것이다.[46]

(5) 영성교육과 영성지도

일반적으로 영성학에서는 영성교육이라는 단어보다 영성지도라는 단어를 사용해 왔다. 그렇다면 영성교육(spiritual education)과 영성지도(spiritual direction 혹은 guidance)와의 차이는 무엇인가? 유해룡은 영성지도를 '산파'(midwife)의 이미지를 사용하여 설명한다. 왜 산파인가? 첫째, 산파는 "새로운 생명을 태어나게 하기 위하여 해산의 수고를 아끼지 않으며," 영성지도를 통하여 수련자가 새로운 피조물로 "조성되는 과정에서 일어날 수 있는 현상을 면밀하게 지켜보면서 갖가지 조처"를 하는 역할을 감당하기 때문이다. 둘째, 산파는 새로운 생명을 태어나게 하는 "매우 유용한 협력자"이기 때문이다. 물론 이와 같은 영성지도 과정

---

[46] 브래넌 힐은 종교교육에서 영성교육의 중요성을 역설하였다. 그는 기독교적 영성을 추구함에 있어서 제자도, 자아 탐구, 봉사, 전인적 명상, 기도 등을 강조하며 삶과 분리되지 않은 영성을 영성교육적 측면에서 가르쳐야 한다고 주장했다. Brennan R. Hill, *Key Dimensions of Religious Education* (Winona, Minnesota: Saint Mary's Press, 1988), 108-112. 조은하,『통전적 영성과 기독교교육』(서울: 한들, 2004), 130에서 재인용.

에서 그 주도권은 '성령' 하나님께서 쥐고 있다는 사실을 유해룡은 간과하지 않는다.[47] 그런데 그의 영성지도에 관한 이해가 영성교육의 정의와 큰 차이가 없음을 발견하는 것은 흥미로운 일이다. 이 책의 공동저자인 김도일은 자신의 글 "기독교 교사란 누구인가?"라는 글에서 교사의 역할을 리더, 멘토, 산파, 커뮤니케이터, 이야기꾼, 상담가, 해방자, 비판적인 성찰자로서 규정하면서, "교육은 산파술이다"라고 주장한 바 있다.[48] 영

---

[47] 유해룡, 『하나님 체험과 영성 수련』(서울: 장로회신학대학교 출판부, 1999), 137쪽 이후 참고. 그는 다음의 책을 인용하였다. John Horn, *Mystical Healing: The Psychological and Spiritual Power of the Ignatian Spiritual Formation* (New York: The Crossroad Publishing Company, 1996), 139-40.

[48] 소크라테스 철학의 두 기둥은 조각가였던 아버지와 산파였던 어머니로부터 기인한다는 이야기가 전해 내려온다. 조각가 아버지는 어느 날 돌기둥을 보여 주면서 소크라테스에게 '애야, 이 돌기둥이 무엇으로 보이느냐?'라고 물었다. 소크라테스는 '글쎄요, 제 눈에는 그저 돌덩이로 보이는 데요.'라고 대답하였다. 그 후 그의 아버지는 돌기둥을 조각해 나가기 시작했다. 얼마 후 그 돌덩어리는 아름다운 여인상으로 조각되어 있었다. 그리곤 그의 아버지는 그에게 이렇게 말했다. '애야, 그 돌덩이 속에 아름다운 여인이 숨어 있었단다.' 그 후 소크라테스는 그의 아버지의 영향을 받아 물질보다는 생각과 정신을 중요시하는 가치관을 간직하게 되었다고 전해 온다. 따라서 이러한 것을 관념이라고 생각하였고 이러한 관념을 당시 많은 청년들에게 가르치기 위해서 그의 어머니의 산파술을 교훈 삼아 교육의 방법으로 받아들였다고 한다. 산파는 본인이 직접 아이를 낳는 일은 아니지만 순산하도록 도와주는 조력자(helper) 역할을 하기 때문이다. 마찬가지로 교사가 직접 학생을 대신하여 깨달을 수 없지만 도와주는 역할을 하는 것이므로 소위 지적인 산파술인 변증술(dialectic)에 관심을 두었다. 그는 숙련된 대화의 과정을 통하여 생각을 명료하게 할 수 있다고 믿었다. 산파술의 핵심은 '교사가 직접 아기를 낳는 것은 아니다. 다만 학생이 아기를 낳을 수 있도록 도와주는 산파의 역할을 하는 것'이다. 지식의 아기, 지혜의 아기, 통찰의 아기를 학생 자신이 낳을 수 있도록 교사와 학생은 상호 간의 변증법적인 질문을 통하여 노력한다. 소크라테스가 시도한 교육은 끊임없이 질문하면서 대화 상대가 가지고 있는 관념을 분석하여 학생 본인이 이전에 의식하고 있지 않았던 사상을 유도해, 학생으로 하여금 새로운 사상을 자신이 낳게 도와주는 것이다. 기독교 교사의 역할이 산파라면, 교사는 학생에 대한 절대적인 신뢰와 믿음을 가질 때만 가능하다. 사미자,

성교육에서 교사와 학습자가 존재한다면, 영성지도에서는 지도자와 수련자가 그 역할을 하는 것이다. 그러므로 본 연구자들은 영성지도와 영성교육이라는 단어 사이에 본질적 차이가 존재한다고 생각하지 않는다.

『종교심리학』(서울: 장로회신학대학교, 2001), 697쪽 이후 참조. 여기서 교사의 역할은 학생이 길을 찾을 수 있도록 도와주는 안내자이며, 진리를 찾아갈 수 있도록 지적인 변증술을 가르친 것이었다. 이런 산파술은 후일 쇠얀 키에르케고어에게서 꽃을 피웠으며, 소위 간접전달법이라는 독특한 교육법이 태동케 된 것이다. 결국 산파로서의 역할을 감당하는 기독교 교사와 학생이 상호 간에 명심해야 할 두 가지 요소는 개방성(openness)과 상호성(mutuality)일 것이다. 신득렬은 야스퍼스의 입을 빌어 소크라테스의 교육법(Sokratische Erziehung)을 평가하면서 현대 실존철학과 교육철학에서 탐구와 교수방법으로 그의 방법을 강조하는 것이 결코 우연이 아니라고 역설한다. Karl Jaspers und Kurt Rossmann, *Die Idee der Universität* (Berlin: Springer-Verlag, 1961), 85. 신득렬,『교육사상가 연구: 소크라테스, 플라톤, 아리스토텔레스』(대구: 계명대학교출판부, 1980), 92쪽에서 재인용. 위의 논의를 종합할 때, 기독교 교사는 소위 고대 페다고지(지식이 많은 성인 노예가 주인집 자녀의 손을 잡고 가르치던 교육 형태)식*의 교육에만 의존하는 것이 아니라, 학생으로 하여금 마음껏 상상의 나래를 펴고 질문하게 하며 교사는 질문의 방향만을 잡아 주어, 학생 자신이 바람직한 목표를 향하여 질문에 질문을 거듭하며 나갈 수 있도록 '산파'의 역할을 하는 것도 중요한 교사의 역할이다. 칼 야스퍼스도 소크라테스의 산파술의 가치를 인정하며 다음과 같이 말했다. "교육은 산파술이다 …… 소크라테스적 교사는 선생을 권위와 지배자로 만들려는 학생들의 충동에 저항한다 …… 교사와 학생 사이에는 예속적인 관계가 아닌 과정으로서의 싸움하는 사랑만이 존재한다." 신득렬은 야스퍼스의 입을 빌어 소크라테스의 교육법(Sokratische Erziehung)을 평가하면서 현대 실존철학과 교육철학에서 탐구와 교수방법으로 그의 방법을 강조하는 것이 결코 우연이 아니라고 역설한다. 김도일,『기독교교육학 입문서』 중, "기독교 교사란 누구인가?" (미간행)에서 가져온 글이다.(*고대 그리스(약 600-400 B.C.)에 있던 제도로서 당시에는 지배국 귀족의 자녀를 피지배국에서 교사로 일하던 노예를 고용하여 맡기던 것을 페다고지의 기원으로 본다. 여기서 그 교사 노예를 파이다고고스로 불렀다. F. F. Wise, "Pedagogy," *Harper's Encyclopedia of Religious Education*, pp. 478-79. 현대에 와서는 체계적인 교육과 대개 동의어로 사용되곤 한다. 그러나 전문적으로 구분할 때는 아동교육을 대개 페다고지, 성인교육을 안드라고지로 분류하기도 한다.)

사실 영성지도라는 단어도 '영성치유'라는 말과도 혼용하여 사용할 정도로 광범위한 함의를 갖고 있다.[49] 종합해 볼 때, 영성을 주제로 하여 가르치거나 지도하는 사람이 어떠한 역할을 감당하느냐에 따라 영성지도라는 단어가 더 적합하기도 하고, 어떤 경우에는 영성교육이라는 단어가 더 적합하기도 하다. 여기에 첨가하면 어떤 경우에는 영성형성(spiritual formation)이라는 용어를 사용하는 경우도 많이 있다. 그러나 그럼에도 불구하고 교육적인 관점에서 영성에 접근할 때에는 영성지도라는 개념과는 분명히 차이가 있다고 생각되며 이에 대해서는 제3부에서 좀 더 자세히 논하기로 한다.

---

[49] 유해룡, 『하나님 체험과 영성 수련』, 143-46을 보면 용어의 혼용 사례를 볼 수 있다. 유해룡은 투리안(Max Thurian)의 글을 인용한 책을 번역하면서 "영성지도 혹은 영혼의 치유"라는 말을 사용하였다. 물론 투리안은 상담심리학적인 입장에서 영성지도를 하였기에 영혼 치유라는 말이 더 적합하게 여겨졌으리라고 사료된다. Kenneth Leech, *Soul Friend: An Invitation to Spiritual Direction* (New York: Harper San Francisco, 1992), 34쪽 이후를 참고하였다.

제2부

영성이해를 위한 다양한 시도

제5장 영성에 대한 성경적 접근

1. 구약에서의 영성

구약에 나타나는 영성을 이해하기 위해서는 먼저 인간의 영과 하나님의 영에 대한 고찰을 필요로 한다. 구약에서 영을 의미하는 단어 중 하나는 루아흐(*rūach*)로, 이 단어는 구약 전체에서 약 389회 등장하는데, 그 가운데서 113회는 바람과 같은 자연 세력과 연관이 되어 있고, 129회는 인간, 동물, 거짓신 등에 사용되고 있으며, 138회는 하나님과 연관되어서 사용되고 있다. 이 가운데에서 인간의 영과 하나님의 영과 관련된 것을 먼저 살펴보기로 하자.

구약에서 영이 인간의 영을 지칭할 때, 이것은 첫째로, 인간의 감(感: 感慨, 感激, 感動, 感情, 感化)을 의미한다.[1] 구약에서 인간의 영은 인간의 마음 자세, 마음보, 심사 등과 비슷하게 사용된다. 욥기 15:13, 사사기 8:3, 열왕기상 21:4 등에서는 인간의 흥분 상태, 불쾌한 상태, 격노와 흥분 상태, 근심 등을 뜻한다. 신명기 2:3에서는 "영을 견고하게 하다"는 표현에서 나타나는 것처럼 융통성 없는 마음의 상태를 뜻한다. 그리고 "짧은 영"을 가진 사람은 짧은 호흡을 가진 사람으로 흥분 상태, 참지 못하는 기질, 쉽게 흥분하는 사람, 사기하락의 상태를 의미하고, "긴 영"을 가진 사람은 심호흡을 하는 사람으로 인내심이 강하고, 흔들리지 않고, 감정 조절을 잘 하는 사람을 뜻한다. 또한 잠언 16:18에 나타나는 것처럼 영은 "마음"으로 번역할 수도 있다.

둘째로, 구약에서 영이 인간의 영을 지칭할 때, 이것은 인간의 의지(意志)를 뜻한다. 인간의 영은 네페쉬(*nepesh*)와 연관이 있는 "마음의 태도," "느낌의 움직임," "인간 의지의 힘 있는 활동," "인간내재의 동력" 등을 의미한다(슥 1:5, 렘 51:11). 시편에서는 인간의 영이 부지런함과 관련되어 사용되었고(32:2), 또 견고한 영, 불변의 영(51:10), 자유롭고 준비성 있는 영(51:12) 등 인간의 의지와 연관하여 사용되었다.[2]

이상의 루아흐와 연관된 인간의 영에 대한 이해와 더불어, 우리는 네페쉬라는 단어를 통하여 구약에서는 희랍적인 인간관과는 다르게 인간의 영과 육을 엄격하게 이원론적으로 분리하지는 않는 것을 볼 수 있다. 창세기 2:7절에서는 인간을 *nepesh hayah*라고 표현하는 데, 여기

---

[1] 구덕관, "구약신학에서의 영성이해," 한국기독교학회 편, 『오늘의 영성신학』(서울: 하우, 1988), 51.
[2] Ibid., 53-54.

에서 네페쉬는 히브리어에서 원래 목(throat, neck)이라는 의미를 가지고 있다. '목'으로 '숨'을 쉬기 때문에 '숨'(breath)이라는 뜻이 생겨났고 결국 '목으로 숨을 쉬는 존재'를 뜻하게 되었다. 이와 같이 구약성경에 나타나는 히브리적 인간관은 네페쉬를 단순히 '영' 만이 아니라 영과 육이 분리되지 않고 하나로 합일된 "영과 육의 합일체"(psychosomatic unity)로 보고 있다.[3]

다음으로 구약에서 인간의 영은 하나님의 영과 밀접하게 연관되어 있다. 루아흐로서 하나님의 영은 생명 창조력, 생명 공급력, 활성화의 동력(시 33: 6, 출 15:8, 삿 3:10, 민 24: 25, 호 9:7, 창 41: 38), "인간통찰력을 협조하는 하나님의 선한 바람," 또한 세력, 권위, 인간 자신의 "약함, 무능을 극복하게 만드는 하늘의 선물"이다.[4] 이러한 맥락에서 사람과의 관계에 있어서 하나님의 영은 하나님께서 인간에게 내리시고, 주시고, 두시고, 보내시는 은혜로운, 그러나 자유로운 선물이다.[5]

인간이 이러한 하나님의 영을 받았을 때 "활력"(삿 3:10, 11:29, 13:25, 14:6, 19, 15:14), "황홀경"(창 26:35, 왕상 21:5, 민 5:14, 30, 학 1:14, 대상 5:26, 대하 36:22, 잠 16:32, 25:28, 욜 2:28ff), "지도력"(왕하 19:7, 왕상 18:12, 사 63:14, 느 9:20, 시 143:10), "지혜"(느 9:20, 출 31:3, 35:31, 창 41:38, 신 34:9, 잠 1:23-26), "착상"(영감, 감화, 민 24:2, 대하 20:14, 대하 24:20, 겔 11:5, 대상 12:19, 대하 15:1, 슥 7:12, 느 9:30, 사 42:1, 사 61: 1-3), "좋은 인간성"(사

---

[3] 박준서, "구약신앙과 영성," 『구약세계의 이해』(서울: 한들출판사, 2001), 258.
[4] 구덕관, "구약신학에서의 영성이해," 55.
[5] Ibid., 59.

44:3-5, 겔 36:26-27, 학 2:5) 등을 소유하게 된다.[6] 그리고 구약에서는 사사, 예언자, 왕, 주의 종 메시아 등이 하나님의 영을 증언하는 기관들로 나타난다.

구약에서 나타나는 인간의 영과 하나님의 영에 대한 고찰을 통해서 우리는 인간의 영성이란 "영과 육의 통합체로서 인간이 하나님과 갖는 교제(communion)"라고 정의할 수 있다.[7] 그런데 이러한 교제는 인간이 아니라 하나님께서 우선권을 가지고 계신다. 하나님께서 은혜를 베푸시고 자신의 영을 인간에게 내리시고, 주시고, 두시고, 보내실 때 비로소 가능하다는 것이다. 이러한 하나님의 선행적인 은혜는 구약 전체를 통하여 계속 나타난다. 창세기 3장에서 죄를 범한 인간을 향하신 하나님의 선행적인 찾아오심, 창세기 12장에서 아브라함을 먼저 부르시는 하나님, 출애굽 사건에서 부르짖는 자에게 응답하시는 하나님, 사사들을 부르시는 하나님, 사울과 다윗을 먼저 택하신 하나님 등이 바로 그러한 예이다. 이러한 하나님의 선행적인 은혜가 이스라엘 영성의 출발점이 되었고, 이스라엘 백성들은 이에 대하여 응답함으로써 하나님의 백성으로서 자신들의 영성을 유지하였다.

---

[6] 구덕관, "구약신학에서의 영성이해," 60-64.
[7] 박준서, "구약신앙과 영성," 258.

2. 신약에서의 영성

 신약성경에서의 영성 역시 구약과 마찬가지로 하나님의 영에 대한 이해와 더불어 시작된다. 마이클 다우니(Michael Downey)에 의하면 신약에 나타나는 하나님의 영은 "하나님의 기름 부음 받은 자인 예수 그리스도를 통하여 모든 창조 세계에 주어진 것"으로 이해되고 있다. 예수는 하나님과 하나님의 영과의 독특한 관계로 인하여 단순히 성령을 소유하거나 주는 분이 아니다. 오히려 예수는 "그의 인격 안에서 그리고 그의 인격을 통하여 매개된 성령의 구현 또는 성령의 육화이다. 성령은 예수 안에서, 그리고 예수를 통하여 결정적으로 부어지면서, 그의 생명과 능력에 의해 구속받은 새로운 창조와 새로운 인류를 선포했다."[8]

 신약성경에 의하면 예수의 생명과 힘은 그의 부활에서 가장 잘 나타난다. 사랑의 능력으로서 하나님의 영은 예수 그리스도의 수난, 죽음, 부활 속에서 계시되었다. 예수는 십자가에서 돌아가셨지만 부활하셨고, 부활하신 그분은 제자들 앞에 나타나셔서 호흡을 내쉬면서 그들에게 생명의 능력을 부어 주셨다. 이러한 이유로 하나님의 영의 충만한 생명과 능력은 그리스도의 부활을 통하여 나타나며, 그리스도인들로 하여금 그리스도 안에서 살도록 권고하며, 구원의 복음을 선포할 것을 요구한다.

 신약에서 성령은 예수를 통하여 매개되고, 하나님의 목적인 새 창조

---

[8] Michael Downey, 『오늘의 기독교 영성이해』(서울: 은성, 2001), 54-55.

를 알리고, 새로운 인간과 구속받은 인간을 예고하는 일을 하신다. 따라서 예수의 전 존재는 하나님의 영을 가져온 분이며, 따라서 하나님의 영은 예수의 영이다. 예수는 희생적인 자기 사랑 안에서 이러한 하나님의 영을 주는 분이다. "하나님의 새 창조를 가져오는 성령은 그리스도의 영으로서 가장 분명하게 그리고 개인적으로 나타났다."9

신약성경에 의하면 그리스도 안에서 성령을 통한 새 창조는 세례 받은 제자들의 공동체인 교회를 통하여 구체적으로 나타난다. 제자공동체인 교회는 예수의 죽음과 부활을 따르며, 그리스도의 몸을 형성하고 성령의 능력으로 살아가는 자들의 공동체이다. 제자공동체인 교회에 속한 자들은 성령의 능력으로 마음이 변화되고 삶이 변형된다. 이들은 신앙과 예배의 삶에 참여하고, 특히 성만찬에 참여한다. 이들은 예수의 영으로 인하여 박해 가운데서도 봉사의 삶을 살며 믿음, 소망, 사랑이라는 성령의 은사(사랑, 희락, 화평, 오래 참음, 자비, 양선, 충성, 온유, 절제)를 받는다(갈 5:22). 이와 같이 그리스도, 교회, 성령 사이에는 유기적인 연합이 존재한다.

이러한 의미에서 신약에 나타나는 영성은 종말론적이며 삼위일체론적 이라고 할 수 있을 것이다. 즉 신약에서 나타나는 영성은 예수 그리스도에 의하여 주어지고, 매개되고, 부어지며, 계시되는 하나님의 영과 연관된 십자가와 부활의 영성이요, 제자공동체의 영성이며, 또한 새 창조의 영성이며, 종말론적 영성이다.

---

9 Michael Downey, 『오늘의 기독교 영성이해』(서울: 은성, 2001), 55.

3. 영성에 관한 성경적 이미지들

신구약성경 속에는 기독교 영성의 특징을 보여 주는 다양한 종류의 이미지들이 나타나고 있다. 그 가운데서 잔치, 여정, 포수, 투쟁, 성화, 신앙의 내면화, 광야, 올라감, 빛과 흑암, 침묵 등과 같은 것이 기독교 영성의 특성을 잘 표현해 주는 대표적인 이미지들이다.[10] 신구약성경에서 유래한 이러한 영성의 이미지들은 성경에서 뿐만 아니라 교회사를 통하여 계속해서 여러 인물들에 의하여 다양하게 사용되어 왔다.

- 잔치(feast): 영성에 대한 잔치의 이미지는 성경의 여러 곳에서 나타난다. 누가복음 14:15-24에서 예수님은 자주 하나님 나라를 큰 결혼 잔치에 비유하였다. 누가복음 15:11-24절에서는 집을 나간 아들이 집으로 돌아왔을 때 아버지는 그 잃어버렸던 아들의 무사귀환을 축하하며 잔치를 베푼다. 계시록 19:9에서는 종말론적 어린양의 혼인 잔치 이미지가 나온다. 풍성한 음식과 음료, 초대, 축하와 기쁨 등을 의미하는 이러한 성경의 다양한 잔치 이미지는 기독교 영성의 역사에 있어서 인간의 영적인 갈증 및 기근을 채워 주는 성만찬의 모습으로 많이 나타났다.[11]
- 여정(journey): 신구약성경에는 가나안을 향한 아브라함의 여정, 바

---

[10] Alister McGrath, *Christian Spirituality: An Introduction* (Oxford: Blackwell Publishers, 1999), 88-109.
[11] Ibid., 88-90.

울의 선교여행 등과 같은 여정들이 나타난다. 구약에 나타나는 가장 유명한 여정은 약속의 땅을 향한 이스라엘 백성의 광야 여정과 바벨론과 앗수르의 포로로 잡혀 갔다가 돌아오는 귀환 여정이라고 할 수 있다. 신약에서는 그리스도인들의 삶 자체가 또한 여정이라고 묘사된다. 초기교회의 그리스도인들은 자신들을 가리켜 "길"을 따라가는 자들이라고 말한다(행 9:2, 24:14). 하나님께서 이스라엘 백성들을 애굽에서 인도하여 내신 것처럼 그리스도인들도 자신의 삶을 죄의 굴레에서 벗어나서 천성의 도시로 서서히 나아가는 여정으로 이해하였다. 바울은 이러한 여정의 이미지를 약간 변경하여 "경주"(race)라고 하는 이미지를 사용한다(갈 2:2, 딤후 4:7, 히 12:1-2). 기독교 역사에 있어서 다양하게 사용된 이러한 여정의 이미지는 영적 훈련에 있어서 그리스도인들의 금욕, 자기절제, 자기부정 등과 연관되어 있다.[12]

- 포수(exile): 구약에서 이와 연관된 사건은 이스라엘 백성의 바벨론 포수와 귀환이다. 신약의 기자들은 바벨론 포수를 다음과 같은 영적인 의미에서 해석하였다. 먼저 포수기간은 하나님을 배반하고 이방신을 숭배한 결과로 초래된 하나님의 심판을 의미하며, 그 다음으로, 민족적인 회개와 갱신, 그리고 이로 인한 하나님 백성의 회복을 뜻하였다. 이러한 맥락에서 포수의 이미지는 인간이 하나님과의 관계에 있어서 경험하는 심판과 회복을 묘사한다.[13]

---

[12] Alister McGrath, *Christian Spirituality: An Introduction* (Oxford: Blackwell Publishers, 1999), 91-93.
[13] Ibid., 93-94.

- 투쟁(struggle): 기독교는 흔히 하나님과 세계 또는 선과 악 사이의 투쟁의 종교라고 묘사된다. 그러나 이것은 기독교가 세상을 악한 것으로 본다는 뜻은 아니다. 기독교에서는 이 세상을 선한 것으로 본다. 여기에서 문제는 하나님 이외의 존재가 하나님의 자리를 대체하려는 것에 대한 투쟁이다. 그리스도인들은 하나님의 더 큰 선(greater good)보다 세상의 작은 선(lesser good)에 만족하려는 경향이 있다. 그러나 세상은 하나님을 가리키는 도구가 되어야 하며, 세상 그 자체는 하나님이 아니며 하나님을 대체할 수 없다. 기독교인들의 삶에 나타나는 이러한 투쟁의 이미지는 에베소서 6:10-18에 나타나는 영적인 공격에 대한 보호 장비인 "하나님의 전신갑주"라는 표현에서 잘 나타난다. 기독교 영성의 역사에서 이러한 투쟁의 이미지는 기독교에 적대적인 외부세력과의 투쟁, 유혹에 대한 내적인 투쟁, 하나님과의 투쟁이라는 3가지 상이한 상황에서 나타난다.

- 성결(purification): 신구약성경에서의 성결은 영적인 것과 육적인 것으로 구분된다. 구약에서 성결은 하나님 앞으로 나아갈 때의 준비와 연관되어 있다. 레위기 16장에 나오는 속죄일의 의식은 대제사장과 같이 하나님께 나아가는 사람들의 성결을 중요시한다. 성결은 또한 개인적인 차원의 죄와 연관해서도 나타난다. 시편 51편은 다윗의 참회의 시인데, 여기에서는 "죄로부터의 성결"을 다루고 있다. 신약의 히브리서에서는 완전한 희생제물로서의 예수 그리스도가 나타난다. 그리스도는 죄를 사하심으로 믿는 자들이 하나님께 자신 있게 나아가게 하는 분으로 나타난다(히 4:14-16). 히브리서 10:22에서는 우리

가 예수 그리스도의 십자가로 인하여 "마음에 뿌림을 받아 …… 몸은 맑은 물로 씻음을 받았다"고 기록한다. 이러한 이미지들은 세례의 이미지로 더욱더 발전되어 나아갔다. 계시록 7:14에서는 "어린양의 피에 그 옷을 씻어 희게 하였다"라는 구절을 통하여 죄 사함을 언급한다.[14]

- 신앙의 내면화(internalization of faith): 구약성경에서는 예언자들이 형식화되고 화석화된 이스라엘 백성의 외형적인 종교의식을 책망하는 구절들이 많이 등장한다. 예를 들어 이사야는 번제, 분향, 월삭 절기 등과 같은 외적인 종교적 형식만을 지키는 이스라엘의 죄악(1:10-17)과 입술로만 하나님을 섬기는 잘못된 자세를 책망한다(29:13). 이러한 종교적인 형식주의에 대하여 구약의 예언자들은 "마음의 할례"(신 10:16, 렘 4:4)를 받을 것을 명하면서 마음속의 동기와 외형적인 의식들 사이에 모순이 없어야 함을 강조한다. 이러한 맥락에서 예레미야는 이스라엘 백성들에게 하나님의 법을 그들의 마음에 새기라고 명한다(렘 31:33). 신약에서는 이와 관련하여 특히 성령의 역할을 강조한다(갈 5:16-26). 바울에 의하면 외적인 종교적 형식을 준수함으로써가 아니라 성령이 우리의 속사람을 새롭게 하심으로 인하여 사랑, 희락, 화평, 오래 참음, 자비, 양선, 충성, 온유, 절제 등과 같은 성령의 열매를 맺게 된다(갈 5:22).[15]

---

[14] McGrath, *Christian Spirituality: An Introduction*, 96-98.
[15] Ibid., 99-101.

- 광야(desert): 광야는 개인이 홀로 하나님과 거하는 고독한 장소요, 외부의 방해물로부터의 간섭이 배제된 장소로서 영적인 문제들을 성찰하는 기회가 주어지는 곳이다. 광야라고 하는 주제와 연관된 성경적 이미지는 출애굽한 이스라엘 백성들이 광야에서 방랑하는 모습에서 잘 나타난다. 이런 의미에서 광야의 주제는 여정의 주제와 연결되어 있다. 예레미야와 호세아 같은 예언자들은 광야를 하나님의 백성인 이스라엘을 위한 성결과 변형의 장소라고 선포한다. 이들은 광야시대에서의 방랑시대를 하나님을 떠난 이스라엘의 타락과 비교하여 하나님과의 친밀한 관계가 이루어졌던 기간으로 본다. 구약과 신약 성경에서 광야는 성결의 장소일 뿐 아니라 엘리야, 세례요한, 예수님의 경우처럼 기도의 장소로도 나타난다. 특히 예수님은 광야에서 40일간 기도하시면서 여러 시험을 이겨 내셨다.[16]

- 올라감(assent): 올라감의 주제, 특히 산을 오르는 주제는 신구약 모두에서 아주 중요한 것으로 간주된다. 모세는 십계명을 받기 위해 시내산을 올랐고, 예수님은 변모를 위하여 산을 오르셨다. 여기에서 올라감의 주제는 하나님과 가까워짐을 뜻한다. 그러나 이것은 물리적인 의미에서 높이 올라가는 것이 아니라 초월을 상징한다. 올라감의 주제는 산에만 한정되는 것이 아니다. 예를 들어 야곱은 하늘과 땅 사이에 연결된 사다리에 관한 꿈을 꾸었는데, 이것은 영원의 세계와 이 세상 사이의 연결의 가능성을 나타낸다.

---

[16] McGrath, *Christian Spirituality: An Introduction*, 101-103.

- 빛과 흑암(light and darkness): 신구약 성경에 많이 나타나는 빛과 흑암의 이미지는 기독교 영성에 있어서 아주 중요한 역할을 감당한다. 예를 들어 구약 창세기의 창조기사에서 흑암은 혼돈과 연관되어 있다(창 1:1-3). 그러나 하나님께서 빛을 창조하셨을 때 우주는 완전히 다른 곳으로 변화되었다. 성경에서는 하나님의 현존과 능력이 또한 빛과 연관되어 기술되고 있다(사9:2). 예수는 세상의 흑암을 극복하는 "세상의 빛"으로 묘사되고 있다(요 8:12). 그러나 하나님의 현존이 흑암과 연관하여 기술될 때도 있다(출 20:21, 신 5:23). 이는 인간이 하나님의 실재를 모두 파악할 수 없다는 것을 암시한다. 모세는 흑암과 구름 가운데서 하나님께 다가가는데 이것은 바로 하나님의 실재를 인간이 모두 파악할 수 없음을 상징적으로 보여 주는 것이다. 신약에서 바울은 현재 우리의 상태는 거울을 보는 것 같이 희미하지만(seeing through a glass darkly) 나중에는 얼굴과 얼굴을 대하는 것처럼 하나님을 볼 수 있을 것이라고 한다.[17]
- 침묵(silence): 하나님의 위엄과 마주칠 때 인간은 침묵에 빠질 수밖에 없다. 성경의 여러 구절들은 인간의 말이 하나님의 실재를 표현하기에 부족하다는 것을 보여 주면서, 하나님 앞에서 인간이 침묵해야 할 필요성을 제시한다. 특히 구약의 예언자적 전승에서 이러한 것이 많이 나타난다. 예언자 하박국은 "오직 여호와는 성전에 계시니 온 땅은 그 앞에서 잠잠할지니라(2:20)"라고 선언한다. 지혜 전승에서

---

[17] McGrath, *Christian Spirituality: An Introduction*, 103-104.

도 이러한 것들이 나타난다. 욥기에서도 하나님의 본질과 목적에 대한 욥의 질문과 그가 하나님 앞에서 인간의 어리석음을 깨닫고 침묵 가운데 들어가는 모습을 볼 수 있다(40:1-3). 신약의 요한계시록에서도 하나님의 현존에 대한 인간의 경탄을 표현하는 "천상에서의 침묵"이 나타난다(8:1). 이상의 여러 내용을 통하여 우리는 침묵이란 하나님의 신비에 대한 불가해적(apophatic) 주제, 즉 하나님의 현존에 대한 인간적 언어의 한계에 대한 인식과 연관되어 있다. 침묵의 이미지는 하나님의 도움 없이 우리는 그분의 신비를 알 수 없다는 것을 암시한다.[18]

성경에 나타나는 영성에 대한 이러한 다양한 이미지들은 기독교의 역사를 통하여 계속적으로 나타났으며 주도적인 영향을 끼쳐 왔다. 영성에 대한 성경의 다양한 이미지들은 영성을 머리로만 인식하는 "개념"으로서가 아니라, "이미지"와 "상징"을 통하여 전달 또는 매개함으로써 그리스도인들의 영성적인 삶을 더욱 풍성하게 해 주는 가장 중요한 원천으로서의 역할을 감당하였다. 그리고 감성, 경험, 이미지를 중시하는 오늘의 상황에서 영성에 대한 다양한 성경적 이미지들은 영성교육의 현장에서 더욱더 적극적으로 사용될 필요가 있다고 본다. 이에 관하여는 제10장에서 좀 더 자세히 언급하기로 한다.

---

[18] McGrath, *Christian Spirituality: An Introduction*, 107-108.

제6장 영성에 대한 신학적 접근

1. 기독교 영성의 중심으로서 삼위일체 하나님

모든 영성의 중심에는 궁극적인 실재(reality)가 무엇인가라는 개념이 존재한다. 이러한 궁극적인 실재는 종교적인 것일 수도 있고 비종교적인 것일 수도 있다. 예를 들어 유교에서 나타나는 것처럼 인간의 모든 행동과 상호관계를 결정하는 비인격적인 절대윤리와 같은 것이 될 수도 있다. 또한 범신론적인 형태의 영성인 경우에는 인격적인 교제보다 우주와의 조화와 같은 것을 삶의 목적으로 삼는다. 우리는 뉴에이지 운동에서 이러한 형태의 영성을 볼 수 있다.

기독교적인 영성은 궁극적 실재로서 하나님을 전제로 한다.[19] 그러나 우리가 하나님을 궁극적인 실재로 전제한다고 하더라도 그러한 하나님을 어떠한 분으로 인식하느냐에 따라서 다양한 형태의 기독교 영성이 나타나게 된다. 따라서 하나님에 대한 이해는 기독교 영성의 방향을 좌우하는 아주 중요한 요소로 작용한다. 이를 위하여 우리는 성경적인 증언, 특히 이스라엘 민족과 함께하신 하나님의 역사, 예수 그리스도 안에 나타난 하나님의 새로운 계약을 증언하는 성경적 증언의 조명하에 하나님을 이해하고자 한다. 그리스도인들은 성경의 증언에 기초하여 하나님을 모든 피조물을 다스리시는 주님이시며, 예수 그리스도 안에서 새롭고 은혜로운 일을 하신 분이며, 성령의 능력을 통하여 세계 안에서 계속 활동하시는 분으로 고백한다. 즉 기독교 공동체는 하나님을 "새로운 삶의 원천(source)이며 중보자(mediator)이며 능력(power)"으로 고백한다.[20] 하나님은 "천지를 창조하신 놀라운 창조주이시며, 각자 자기 길로 가 버린 세상을 구원하는 종된 구속주이며, 인간의 삶의 새로운 시작을 가능하게 하고 새 하늘과 새 땅을 앞당겨 실현하시는 변화의 성령이시다."[21]

성경에 나타나는 이러한 증언을 통하여 그리스도인들은 성부, 성자,

---

[19] 이러한 의미에서 Joann Conn은 다음과 같이 주장한다. "영성이란 궁극적인 가치라고 판단내린 것을 믿는 것이다. 그리스도교 영성은 그러한 궁극성이 예수의 죽음과 부활 안에 계시되었으며, 공동체 안에 쏟아 부어진 성령의 성화하는 힘 안에서 밝혀지는 하느님이라고 전제한다." Joann Wolski Conn, "영적 성숙을 향하여" Catherine Mowry LaCugna 편, 강영옥, 유정원 역, 『신학, 그 막힘과 트임: 여성신학개론』(왜관: 분도출판사, 2004), 313.

[20] Daniel Migliore, 장경철 역, 『기독교 조직신학 개론』(서울: 한국장로교출판사, 1994), 99.

[21] Ibid., 99.

성령의 삼위일체 하나님을 고백한다. 따라서 삼위일체 하나님은 사변적인 교리가 아니라 "예수 그리스도 안에서 성육신하신 신앙공동체 안에서 경험되는 하나님의 측량할 수 없는 사랑"에 대한 성경적 증언의 요약이라고 할 수 있다.[22] 이러한 의미에서 사이몬 찬(Simon Chan)은 삼위일체론을 "구약과 신약 성경을 통해 우리에게 계시된 하나님의 본성과 사역에 대한 '속기록'(shorthand)이라고 한다.[23]

이처럼 성경에 증언된 하나님은 삼위일체 하나님이시며, 전통적으로 신학자들은 이러한 삼위일체 하나님의 세 인격들 사이의 관계를 페리코레시스(*perichoresis*, 순환)라는 용어를 통하여 설명해 왔다. 이 용어는 나찌안주스의 그레고리에 의하여 처음으로 신학적으로 사용되었고, 다마스쿠스의 요한에 의하여 더욱 발전되었다. 어원적으로 이 용어의 명사는 선회(vortex) 또는 회전(rotation)을 뜻하며 동사는 "하나에서 다른 하나에로의 활동, 차례차례로 돌다, 순회하다, 돌아다니다, 포옹하다, 포괄하다" 등의 의미를 지니고 있다.[24] 이것은 상호침투, 상호내재 등의 의미를 가지고 있는데, 그 어원적 뿌리 가운데 하나는 "윤무를 추다"라는 뜻을 가지고 있다. 페리코레시스를 통하여 세 신적 인격들은 윤무를 추면서 서로가 교차하면서 서로를 초대하는 활동 공간을 제공한다. 그리하여 이들은 윤무 가운데서, 서로 구분되면서 하나를 이루고 동시에 하나 가운데 구분되며 상호침투하며, 상호내재한다.

---

[22] Daniel Migliore, 장경철 역, 『기독교 조직신학 개론』, 99.
[23] Simon Chan, 김병오 역, 『영성신학』(서울: IVP, 2002), 56.
[24] Jürgen Moltmann, 김균진 역, 『신학의 형식과 방법』, 336.

삼위일체 하나님은 이러한 윤무 가운데 마련된 활동공간을 통하여 "성부의 창조"와 "성자의 구속"과 "성령의 영화"라고 하는 삼위일체의 신적 드라마(Theo-drama)를 전개시켜 나간다. 삼위일체의 상이한 세 위격들은 삼위일체의 신적 드라마 속에서 이루어지는 창조, 구속, 영화라고 하는 상이한 시점에서 각각 그 춤을 주도적으로 인도한다.[25] 특정한 시점에서 한 신적 위격이 그 춤을 주도적으로 인도하지만, 세 신적 위격은 항상 상호내주하고, 상호침투의 관계 속에 존재한다.

성부 하나님의 창조에서는 다음과 같은 패턴이 나타난다. 창조는 아버지에 의하여, 아들을 통하여, 성령 안에서 이루어진다.[26] 다시 말하자면, "상이한 것을 결합시키는 성령의 능력 가운데서 자기의 사랑에 응답하도록 아버지는 세계를 아들을 통하여 자기의 영원한 사랑으로부터 창조한다."[27] 창조는 구속과 영화와 마찬가지로 페리코레시스로서의 신적인 윤무의 공간 가운데서 이루어진다. 창조는 성부에 의하여 이루어지며, 아들을 통하여 형성되며, 성령 안에서 실존한다. 다시 말하자면, 페리코레시스로서의 신적인 윤무가 창조를 위한 공간을 마련할 때 아버지는 이러한 신적인 춤을 "주도적으로 인도하신다." 여기에서 하나님의 대칭

---

[25] 특히 다음을 참고하라. Jürgen Moltmann, *Trinity and the Kingdom*, 178-190; Moltmann, *The Spirit of Life: A Universal Affirmation* (Minneapolis: Fortress Press, 1992), 72ff. Bauckham이 지적하듯이 Moltmann은 이러한 패턴들에 대하여 상이한 설명을 한다. Richard Bauckham, *Theology of Jürgen Moltmann* (Edinburgh: T&T Clark, 1995), 156-157 참고.

[26] Jürgen Moltmann, *God in Creation*, 9.

[27] Moltmann, 김균진 역, 『삼위일체와 하나님의 나라』, 142.

(counterpart)인 아들은 창조의 중재자가 되신다. 그는 신적 로고스 또는 지혜이시며, 그로 인하여 "타자"로서의 피조물은 창조주와 연결된다. 창조는 또한 이 세상에서 하나님의 내재적 초월자가 되시는, 즉 피조물을 최초로 존재하도록 하고 전개되는(unfold) 에너지로서의 성령의 역사를 통하여 일어난다. 성자 예수 그리스도의 구속에서는 그 순서가 바뀐다. 구속은 아들에 의하여, 성령 안에서, 아버지를 향하여 이루어진다. 여기에서 신적인 윤무를 주도적으로 인도하는 이는 아들이다.[28] 성령 하나님의 영화에서는 그 순서가 다시 한 번 바뀐다. 여기에서는 성령께서 페리코레시스로서의 신적인 춤을 주도적으로 인도하신다. 종말론적인 영으로서 성령은 종말(consummation)에 이루어지는 세상의 변용(transfiguration)에 대한 예기를 불러일으키면서 구속받지 못한 세상의 조건들 가운데서 새 창조의 사역을 감당하신다. 영화는 성령에 의하여, 아들을 통하여, 아버지를 향하여 이루어진다.[29]

---

[28] 그리스도의 파송, 내어줌, 부활에 있어서 "아버지-성령-아들"의 순서가 나타나며, 그리스도의 주권과 성령의 파송에 있어서는 "아버지-아들-성령," 그리고 종말론적 완성과 영광의 면에 있어서는 "성령-아들-아버지"의 순서가 나타난다. Moltmann, 김균진 역, 『삼위일체와 하나님의 나라』, 119-120.
[29] Moltmann은 *History and the Triune God*, 66-69에서 찬미의 삼위일체(doxological Trinity)를 추가한다.

2. 영성에 대한 삼위일체적 접근: 삼위일체 하나님에 근거한 기독교 영성

이상에서 살펴본 바와 같이 하나님에 대한 삼위일체적 이해는 기독교 하나님 이해의 핵심이며, 이로 인하여 하나님과 우리의 관계 가운데서 이루어지는 기독교 영성이해를 위한 중심적인 역할을 한다. 그리고 삼위일체론에 근거한 기독교 영성은 서문에서 지적한 여러 문제들에 대한 대안이 될 수 있다. 그렇다면 삼위일체 하나님에 근거한 기독교 영성이란 구체적으로 무엇인가?[30]

첫째, 삼위일체 하나님에 근거한 기독교 영성은 인격적인 관계성의 영성이다. 우리가 하나님을 삼위일체로 고백한다는 것은 하나님의 삶이 영원 전부터 관계 가운데 있는 인격적인 삶이라는 사실을 받아들이는 것이다. 성경의 증언에 의하면 하나님은 살아계시는 하나님이시며, 영원 전부터 성부, 성자, 성령으로 살아계시며 사랑하신다. 하나님의 영원한 존재 안에는 이미 운동, 생명, 인격적 관계, 사랑의 주고받음이 있다. 삼위일체는 본질적으로 서로 사랑하는 인격들의 교제이다. 그런데 이러한 삼위일체 하나님의 인격은 자기 안에 갇힌 주체라고 하는 근대적인 인격개념과는 대조적으로, 또한 고립되고, 독립된 자아들(selves)이 아니라, 서로 관계를 맺는 가운데 자신의 정체성을 유지한다. 삼위일체

---

[30] 여기에서 제시하는 3가지 내용은 Daniel Migliore의 『기독교 조직신학 개론』, 110-117를 따랐으나 필요에 따라서 다른 내용을 필자가 추가하였다.

하나님의 인격은 관계적인 실재이며, 상호주체성, 고유한 의식, 신실한 관계, 서로 주고받음의 사랑 등의 특징을 가진다.[31]

영원한 삼위일체 하나님의 풍요롭고 역동적인 삶 안에는 단순한 숫자적인 하나 됨(oneness)이 아니라 구분과 타자성(otherness)이 존재한다. 이러한 타자성은 인격적 관계의 전제가 되며, 사랑의 사건에 있어서 본질적인 요소로 작용한다. "삼위일체 하나님은 자신의 삶의 역동성 안에 타자성을 만들어 내며 포함한다. 하나님 자신의 삶이 인격적인 차이와 관계 안에 있는 삶이라는 사실은 하나님이 서로 다른 피조물들로 가득 찬 이 세계를 창조하심 가운데 외적으로 표현된다."[32]

따라서 삼위일체적 영성은 인격적인 존재들 사이의 차이와 관계를 전제로 하는 영성이다. 이것은 타자를 대상과 수단이 아닌 한 인격적 주체와 목적으로, 그리고 살아 있는 관계 속에 있는 존재로 이해하는 영성이다. 삼위일체적 영성은 우리들로 하여금 하나님과 사람, 모든 피조물들을 인격적인 관계 속에서 사귐을 가지도록 초대한다. 그리하여 타자를 우리의 존재를 위협하는 대상으로 보는 왜곡된 시각을 교정시켜 준다. 삼위일체적 영성은 타자의 존재를 통하여 자신의 존재의미를 발견하는 인격적인 관계성의 영성이다.

둘째로, 삼위일체 하나님에 근거한 기독교 영성은 공동체적 영성이다. 하나님을 삼위일체로 고백하는 것은 하나님이 공동체 가운데서 존재

---

[31] Migliore, 장경철 역, 『기독교 조직신학 개론』, 112.
[32] Ibid.

하심을 진술하는 것이다. 하나님의 삶은 사회적이다. 삼위일체 하나님의 신적 공동체가 지닌 사회적 측면을 강조하면서 동시에 사회적 삼위일체론을 주장한 신학자들 가운데서 대표적인 신학자는 위르겐 몰트만(Jürgen Moltmann)이다.[33] 사회적 삼위일체론을 제시함에 있어서 몰트만은 동방교회의 삼위일체 신학의 전통을 확립했던 나찌안주스의 그레고리의 사회적 유비가 삼위일체 하나님의 신적 공동체의 본질을 더욱 잘 묘사하는 것이라고 본다. 그레고리는 심리적 삼위일체론을 전개했던 어거스틴과는 대조적으로 아담, 하와, 셋이라는 최초의 핵가족 사회를 삼위일체 하나님의 신적 공동체에 대한 적절한 유비라고 보았다.[34] 이러한 동방교회의 전통을 계승 발전시킴으로서 몰트만은 삼위일체 하나님의 공동체성을 과거 어떠한 신학자들보다 더욱더 강하게 부상시켰고 동시에 이러한 신적인 삼위일체 공동체가 지니고 있는 정치적이고 윤리적인 함의를 강하게 부각시켰다.

---

[33] Moltmann은 자신의 사회적 삼위일체론을 전개함에 있어서 3가지 형태의 삼위일체 신학을 비판적으로 검토한다. 첫째로, 몰트만은 터툴리안 이래로 계속 이어져 온 일신론적 삼위일체론과 그 결과로 인한 가부장적 군주체제와 계층적 교권제도를 비판한다. 둘째로, 몰트만은 영-인식-사랑(spirit-knowledge-love)이라는 심리학적 유비를 통하여 삼위일체를 설명하려고 시도했던 어거스틴의 심리학적 삼위일체론을 비판한다. 심리적 삼위일체론은 "심리학적, 인격 내재적 모형"(psychological intrapersonal model)이라고 불리기도 한다. 셋째로, 몰트만은 칼 바르트와 칼 라너 등에 의하여 주장되었던 초월적 주체성의 하나님에 기초한 삼위일체론을 비판한다. 이상 3가지 형태의 삼위일체론에 대한 비판을 통하여 몰트만은 사회적 삼위일체론을 제시한다. Jürgen Moltmann, 이신건 역. "성령의 사귐: 삼위일체적 성령론," 『삼위일체와 하나님의 역사』(서울: 대한기독교서회, 1998), 135-136.

[34] Moltmann, "성령의 사귐: 삼위일체적 성령론," 133-138.

이러한 이유에서 몰트만은 자신의 사회적 삼위일체론을 전개함에 있어서 삼위일체 하나님의 일체성에서보다는 삼위성에서 출발한다. 즉 그는 신약성경에 나타난 예수 그리스도의 역사를 삼위일체론의 출발점으로 삼는다. 신약에 증언된 예수 그리스도는 삼위일체를 계시하시는 분이며, 그의 세례, 파송, 수난, 죽음, 부활 등의 역사는 원래적으로 삼위일체적 역사이다. 그리고 위에서 살펴본 것처럼 이러한 역사 속에서 삼위일체 하나님은 전통적으로 이해되어 온 아버지-아들-성령의 순서로만 나타나는 것이 아니라, 위에서 지적한 바와 같이 아버지-성령-아들, 성령-아들-아버지 등과 같은 순서로도 나타난다. 삼위일체의 역사 가운데서 세 신적 위격은 사랑 가운데 상호내주와 상호침투를 통하여 각각 행위자(actor)가 되시며 동시에 피행위자(receiver)가 되신다.

다시 말하자면 삼위일체 하나님의 신적 공동체는 독립된 세 신적 주체의 공동체이다. 성부 하나님, 성자 예수 그리스도, 성령 하나님은 신적 공동체를 형성하고 계시는 평등하고 자유로운 주체이시다. 이들은 상호주관적인 관계 속에서 개개의 신적 주체의 독특성 또는 개성을 상실하지 아니하시고 신적 공동체를 이루고 계신다. 삼위일체의 역사 속에서 이들은 분리될 수 없는 하나 됨 가운데서도 자신의 주체성을 상실하지 아니한다. 동시에 삼위일체 하나님의 신적 공동체는 페리코레시스(*perichoresis*, 순환) 가운데 하나를 이루는 공동체이다. 세 분의 독립된 신적 주체들은 각각의 독특성을 유지하는 가운데 상호내주 또는 상호침투를 통하여 나누어지지 아니하는 하나의 공동체를 이룬다. 성부, 성자, 성령은 자유와 사귐 가운데서 서로에게 공간을 마련해 주고, 서로가 서로 안에 거주함으로써 하나의 신적 공동체를 형성한다. 이러한 하나 됨은 숫자적인 하나 됨(*ein*)이라기보다는 자유와 사귐 가운데 있는 공동체적 하나 됨(*en*)이다(요 10:30).

한 가지 더 기억해야 할 사실은, 삼위일체 하나님의 신적 공동체는 "개방적 공동체"라는 것이다. 삼위일체 공동체는 세 신적 인격 사이에서만 사귐과 나눔이 존재하는 폐쇄된, 고립된 공동체가 아니라 사랑 가운데 삼위일체 하나님의 역사 속에 모든 창조세계를 참여시키고 포괄하는 개방의 공동체이다. 삼위일체 하나님은 지극한 사랑 가운데 자신의 공동체를 자신이 창조한 피조물을 향하여 열어 주신다. 이러한 맥락에서 삼위일체 신학은 다음과 같은 의미에서 기독교 사회윤리의 바탕이 된다.

> 서로 다른 문화, 인종, 성(gender)을 가진 사람들이 공동체를 형성하면서 정의롭고 자유로운 가운데 평화를 누리기를 바라는 기독교 희망은 하나님의 삼위일체적인 논리에 상응하는 것이다. 삼위일체 하나님에 대한 고백은 인간의 자유와 권리를 부정하는 모든 전체주의를 거부한다. 삼위일체론에 따르면 '사랑 가운데 있는 하나님의 존재'는 모든 성차별, 인종차별, 계층차별의 벽을 넘어서서 참된 공동체를 이루는 원천이 된다.[35]

이러한 맥락에서 삼위일체적 영성은 공동체적 영성이라고 할 수 있

---

[35] Migliore, 장경철 역, 『기독교 조직신학 개론』, 112.

을 것이다. 삼위일체 하나님이 페리코레시스 가운데서 신적인 자유, 평등, 연대성의 공동체를 이루어 나가시는 것처럼, 삼위일체적 영성은 우리들로 하여금 개인주의의 고립에서 벗어나서 자유, 평등, 연대성, 사귐, 환대의 공동체를 이루어 나가도록 초대한다. 삼위일체적 영성은 자유, 평등, 연대성, 사귐, 환대의 공동체를 이루어 나가는 원동력이 된다. 그리고 삼위일체 하나님의 신적 공동체가 피조물을 향하여 자신을 개방해 주시는 공동체인 것처럼, 삼위일체적 영성은 우리들로 하여금 특정의 공동체가, 특히 교회 공동체가, 세상과 분리되어 고립적으로 폐쇄된 공동체에서 벗어나도록 도와준다. 삼위일체적 영성에 기초한 공동체는 문화적·종교적 타자와, 소외되고 억눌린 자, 창조세계 등을 향하여 자신을 개방하는 공동체, 이들의 구속과 해방을 위하여 분투노력하는 공동체가 되도록 부르심을 받는다.

셋째로, 삼위일체 하나님에 근거한 기독교 영성은 사랑의 영성이다. 우리가 하나님을 삼위일체로 고백하는 것은 하나님의 삶이 본질적으로 자신을 내어 주는 사랑임을 전제로 하는 것이다. 복음서에서는 하나님을 여러 가지로 고백하지만 그 가운데서 삼위일체 하나님의 모습을 가장 잘 나타내 주는 것 중의 하나가 "죄와 죽음을 이기는 공감하는 사랑의 힘"(the power of compassionate love)으로서의 하나님이다. 공감한다는 것은 일차적으로 감정의 공유에서 시작된다. 그러나 하나님의 공감하시는 사랑은 단순히 같은 감정을 느낀다고 하는 차원을 넘어서서 다른 사람과 함께 고난을 당하는 것에까지 이르는 것을 지칭한다. 하나님은 피조물에 대한 사랑 때문에 피조물과 함께 또 피조물을 위하여 고난을 당하신다. 하나님은 세계의 구원을 위하여 예수 그리스도 안에서 고난을 당하신다. 그리하여 몰트만은 이러한 하나님의 모습을 "십자가에 달리신 하나님"이라고 칭하였다. 하나님은 자유 가운데서 피조물을 사랑하지만 자신의 마음대로 사랑하는 분이 아니다.

> 하나님은 세계와의 관계 속에서 상처받는 곳까지 이르는 데 심지어 시간성(temporality), 학대, 고난, 죽음의 깊은 곳까지 경험한다. 그것은 성부, 성자, 성령으로서 하나님이 본래적으로 자신을 내어 주며 끊임없이 사랑하는 살아 있는 분이기 때문이다. 이와 같은 삼위일체 하나님의 무한한 사랑은 그리스도의 십자가에 결정적으로 계시되어 있으며, 인간이 우정, 공감, 희생적 사랑, 포용적 공동체 등을 이루는 데에 그 원천과 힘이 된다.[36]

이러한 공감하시는 하나님의 모습은 십자가에서 가장 잘 나타나는데, 하나님은 십자가에 달리신 예수 그리스도의 고난에 공감하고 동참하며, 예수 그리스도는 십자가에서 인간의 고난에 공감하는 모습을 보여 주심으로 우리 인간들로 하여금 공감하는 인간(*homo sympatheticus*)으로서 살아가도록 명하신다.

따라서 삼위일체적 영성은 공감하는 사랑의 영성이라고 할 수 있다. 공감하는 사랑의 영성으로서 삼위일체적 영성은 일차적으로 감정적인

---

[36] Migliore, 장경철 역, 『기독교 조직신학 개론』, 115-116.

공감에서 시작하여 고난과 고통 가운데 있는 자들과의 연대 가운데서 함께 고난을 당하는 용기를 전제로 하는 영성이다. 이는 세상과 유리되어 고독 가운데서 존재하는 세상과 단절된 영성이 아니라, 세상 가운데서 고난의 현장에서 사랑으로 그 고난에 참여하고 연대하는 영성이며, 공감하는 사랑의 하나님을 본받아 살아가는 공감하는 인간이 지닌 영성이다.

넷째, 삼위일체 하나님에 근거한 기독교 영성은 양극화 또는 파편화를 아우르는 통전적 영성이다. 오늘의 영성과 교육에 있어서 문제점으로 나타나고 있는 파편성과 양극화에 대한 대안으로서 삼위일체적 영성은 다음과 같은 의미에서 통전적인 영성이라고 할 수 있다.[37] 먼저 삼위일체적 영성은 내면적인 동시에 외현적인 영성이다. 삼위일체 하나님의 신적 공동체는 자신의 영원한 뿌리인 "내재적인 삶"과 "세상과의 관계에서 드러난 외현적인 존재"는 상호모순되지 않고 상응한다.[38] 내재적 삼위일체(immanent Trinity) 또는 기원의 삼위일체(Trinity of origin)와 경세적 삼위

---

[37] 삼위일체론에 기초한 통전적인 기독교 교육에 대한 연구는 다음을 참고하라. 장신근, "통전적 기독교 교육의 모색: 삼위일체론적 모델의 기독교 교육을 중심으로," 「제6회 춘계신학강좌 자료집」, 2009년 4월 8일 장신대, 7-57.

[38] 김균진은 내재적 삼위일체와 경륜적 삼위일체 양자의 관계를 다음과 같이 진술한다. "그러므로 내재적 삼위일체와 경륜적 삼위일체는 서로 분리되어 생각될 수 없다. 오히려 '경륜적 삼위일체는 내재적 삼위일체요, 또 내재적 삼위일체는 경륜적 삼위일체이다'라고 우리는 생각해야 할 것이다. 그러나 이것은 전자가 후자로, 후자가 전자로 폐기됨을 뜻하지 않는다. 오히려 내재적 삼위일체는 경륜적 삼위일체의 초월적 근거이며, 경륜적 삼위일체는 내재적 삼위일체를 계시할 뿐만 아니라 내재적 삼위일체의 현실이라고 이해되어야 할 것이다." 김균진, 『기독교조직신학 I』(서울: 연세대학교출판사, 1984), 248.

일체(economic Trinity) 또는 보냄의 삼위일체의 상응에서 나타나는 것처럼, 삼위일체적 영성은 우리로 하여금 우리 자신의 내면적인 삶과 외적으로 드러나는 삶이 서로 모순되지 않고 조화를 이루도록 하는 영성이다. 이는 자아의 내면만을 중시하는 내향적 영성과 자아의 외부 세계에만 초점을 두는 외향적 영성 사이의 모순을 교정하는 영성이다.

둘째로, 삼위일체적 영성은 개인적 영성이며 동시에 공동체적 영성이다. 이는 개인과 공동체를 아우르는 영성을 의미하다. 삼위일체적 영성은 개인적 차원의 성숙과 사회적 차원의 개혁을 동시에 추구하는 영성이다. 삼위일체 하나님의 세 신적 인격이 각각 구분되는 정체성을 가지면서도 공동체를 형성하는 것처럼, 삼위일체적 영성은 하나 됨 속의 다양성, 다양성 속의 하나 됨을 추구하는 영성이다. 이는 개인주의적 영성 또는 전체주의적 영성의 왜곡을 교정하는 영성이다.

셋째로, 삼위일체적 영성은 능동적 영성이며 동시에 수동적 영성이다. 위에서 본 것처럼 삼위일체 하나님의 세 인격은 창조, 구속, 영화에 있어서 각각 행위자(actor)와 피행위자(receiver)로 나타난다. 성부는 창조, 성자는 구속, 그리고 성령은 영화에 있어서 행위자로서 삼위일체적 윤무를 능동적으로 인도해 나간다. 이때 다른 두 신적 위격들은 피행위자로서 사귐의 사랑과 상호내주를 통하여 그 윤무의 인도자에 의하여 이끌림을 받는 가운데 참여한다. 이러한 행위자와 피행위자 사이의 사귐과 상호내주의 관계는 *kataphatic*(채움, 유념, 계시)의 영성과 *apophatic*(비움, 무념, 신비)의 영성 사이의 통합으로 인도한다. 이는 개인이 하나님과의 관계에 있어서 하나님을 능동적으로 찾아나서는 영성과 하나님의 오심을 수동적으로 기다리는 영성, 양자를 통합하는 영성이다. 이는 현실주의적 또는 행동주의적 영성과 금욕주의적 영성 사이의 모순을 교정해 주는 영성이다.

넷째로, 삼위일체적 영성은 창조, 구속, 영화를 모두 아우르는 영성이다. "성부의 창조"는 창조주로서 성부 하나님의 주권과 피조물 공동체 속에 있는 인간의 위치와 책임을 강조하는 영성의 근거가 된다. "성자의 구속"은 십자가와 부활에 기초한, 그리스도의 구속의 사역에 대한 동참을 강조하는 영성의 근거가 된다. "성령의 영화"는 새 창조의 광채(radiance), 아름다움, 찬란함(splendor)을 예기하는 가운데 성령의 모으시고, 연합하게 하시고, 자유하게 하시는 사역을 종말론적으로 소망하며 이에 상응하는 삶을 살게 하는 종말론적 영성의 근거가 된다. 삼위일체의 구속의 역사에 있어서 이러한 창조, 구속, 영화가 분리되지 아니하고 페리코레시스 가운데 하나를 이루는 것처럼, 삼위일체적 영성은 위의 3가지 중에서 어느 한 가지만이 아닌 통합된 삼중성을 강조한다.

다섯째로, 삼위일체 하나님에 근거한 기독교 영성은 예배와 기도의 영성이다. 삼위일체 하나님에 대한 이해는 예배에서 시작되며, 예배로 끝난다. 초대교회에 있어서 삼위일체 하나님에 대한 이해가 형성된 자리는 철학적 지식이나 사변이 아니라 바로 예배의 자리였다. 이와 같이 오늘날도 우리가 삼위일체 하나님을 구체적으로 인식하고, 고백하고, 찬미하는 가장 일차적인 자리는 바로 예배이다. 예배를 통하여 우리는 삼위일체 하나님께 나아가서 성부, 성자, 성령, 하나님의 창조, 구속, 영화를 회상하고, 기억하고, 감사하고, 고백하고, 송축하고, 고대한다.

그리고 예배에서 우리는 삼위일체 하나님의 이름으로 강복을 받고 세상을 향한 파송을 받는다. 이에 더하여 예배는 삼위일체 하나님의 경륜적 역사를 통하여 나타난 창조, 구속, 영화에 대한 찬양이기도 하지만, 내재적 삼위일체 하나님의 다함없는 신비, 즉 인간의 이성과 능력을 넘어선 숨겨진 하나님(deus absconditus)의 궁극적인 섭리에 대한 수용과 찬양이기도 하다.

예배뿐만 아니라 기도 역시 삼위일체 하나님에 대한 인식, 고백, 간구, 찬미가 이루어지는 장소이다. 하나님은 삼위일체이시므로 우리의 기도는 우리들의 기도의 목적과 삼위일체 신적 위격의 사역에 상응하는 기도를 드려야 한다. 신약성경에서 예수는 주기도문을 통하여 "하늘에 계신 아버지"라고 기도하라고, 또한 야고보는 "온갖 좋은 은사와 온전한 선물이 위로부터 빛들의 아버지께로 내려온다(약 1:17)"고 가르친다. 삼위일체론은 성부 하나님이 창조 및 구원의 근거요 원천으로 역사하신다는 사실을 가르쳐 준다. 따라서 성부 하나님은 우리가 기도를 드리는 궁극적인 원천이며 기원이다. 우리는 기도를 통하여 성부 하나님께 나아가며, 그를 찬양하고, 그에게 감사하고, 우리의 필요를 간구하고, 우리의 잘못을 고백하고 용서를 받는다.

우리는 기도 가운데서 하나님의 자기 계시이신 성자 예수 그리스도를 통하여 하나님께 나아간다. 그런데 하나님의 모든 선함과 사랑, 희생, 의는 예수 그리스도를 통하여 모두 나타났다. 이러한 이유로 인하여 우리가 예수 그리스도를 통하여 하나님께 기도드릴 때 우리의 기도는 응답된다는 확신을 가지게 된다. 우리는 기도 가운데서 하나님의 말씀이신 그리스도를 통하여 성부 하나님께 나아간다. 그러나 우리는 성부에게만 기도드리는 것이 아니다. 우리는 또한 성자께서 이루신 사역과 지금 우리를 위한 그의 중보기도로 인하여 감사의 기도를 그에게 드린다. 우리는 또한 성자의 재림을 기다리면서 "장차 그 사건이 가져오게 될 모든 일로 인해서 미리 앞서 성자를 찬양할 수 있다. 이런 식으로 우리는 만유의 주님이신 성자께 공적으로 충성을 맹세하게 될 모든 피조물들의 선봉에 서서 미리 찬양을 드리는 찬양대가 된다."[39]

성령 하나님은 우리가 기도 가운데서 마음을 열고, 하나님의 은혜를 수용하고, 그 은혜에 응답하게 만든다. 특히 우리에게 향하신 하나님의 말씀은 성령의 역사를 통하여 과거에 머물러 있는 말씀이 아니라, 오늘날 우리를 위한 말씀으로 역사하게 된다. 성령의 역사를 통하여 우리는 진정한 기도를 할 수 있게 된다. 우리는 또한 "세계 속에서의 성령의 사역 분야들과 관련해서는 성령께 직접 간구할 수도 있을 것이다."[40]

이와 같이 예배와 기도는 삼위일체 하나님을 인식하고 경험하고 고백하는 장소로, 기독교 영성에 있어서 인간과 삼위일체 하나님 사이의 친밀하고 역동적인 교제가 일어나는 핵심적인 장으로서의 역할을 한다.

---

[39] Stanley Grenz, 신옥수 역, 『조직신학: 하나님의 공동체를 위한 신학』(서울: 크리스챤다이제스트, 2003), 131.
[40] Ibid.

제7장 영성에 대한 심리학적 접근

　기독교 영성에 대한 성경적·신학적 접근에 비해 심리학적 접근은 비교적 새로운 영역이며 논쟁의 여지도 많은 편이다. 여러 가지 문제점 가운데서 가장 많이 지적되는 것은 사회과학으로서 심리학이 종교에 대하여 가지고 있는 뿌리 깊은 환원주의적 가정이다. 그러나 이러한 위험성에도 불구하고 기독교 영성의 기본 전제들을 인정하는 가운데 영성에 대한 심리학적 접근이 이루어진다면, "인간 성숙"이라는 개념을 보다 객관적으로 기술하는 데 있어서 많은 도움을 얻을 수 있을 것이다. 특히 영성교육은 이러한 심리학적 접근으로부터 성숙을 목표로 하는 구체적인 방법론을 개발하는 데 많은 도움을 받을 수 있다. 이러한 맥락에서 여기에서는 영성에 대한 최근의 대표적인 심리학적 접근들 가운데서 발달적 접근과 성격유형(MBTI)적 접근을 다루고자 한다.

1. 영성에 대한 발달적 접근(developmental approach)

영성에 대한 발달적 접근은 인간 발달에 대한 이해를 기초로 총체적인 인간 발달 또는 인간의 성숙을 지향한다. 강희천에 의하면 이러한 입장은 다음과 같은 것을 전제로 한다. 첫째로, 영성을 신비적 차원이나 신학적인 영역에만 제한시키지 않고 모든 신앙인들의 삶 속에서 하나님의 임재를 감지하도록 하는 "관심과 의식의 확장"으로 보아야 한다는 것이다. 둘째로, 영성을 일상적인 삶으로부터의 순간적인 단절, 이탈, 분리로 볼 것이 아니라, 전체적인 인간을 바라보는 특별한 시각으로 이해해야 한다는 것이다. 셋째로, 영성을 전인적 인간상을 지향하는 특정의 훈련 과정을 통해 그 성숙을 기대할 수 있는 것으로 보아야 한다는 것이다.[41]

이러한 전제하에 영성에 대한 발달적 접근은 첫째로, 영적이고 초월적인 것에 대한 인간의 갈망은 소수의 사람에게 제한되어 있는 것이 아니라 "인간의 보편적인 욕구"라고 간주한다. 그리하여 발달적 입장에서의 영성교육은 신앙공동체 구성원들 모두가 공유할 수 있는 영적 경험을 찾아 나아가는 과정에 강조점을 둔다. 둘째로, 발달적 접근은 영성을 특정한 순간의 경험이 아니라 "인간 삶 속의 전체적인 모습들"을 포함하는 것으로 보기 때문에 각 개인들이 삶의 각 단계에서 직면하는 도전들에

---

[41] 강희천, "영성과 기독교교육," 『기독교 교육의 비판적 성찰』(서울: 대한기독교서회, 1999), 220-222.

대한 "자아 초월"과 "거룩함"을 지향하게 하는 학습과 성장의 지속적인 과정으로 본다. 셋째로, 발달적 접근은 전인적 인간상을 지향하므로, 자아 성찰적 자세, 의심하는 태도, 인지적 차원의 비판 행위 등과 더불어 혼돈, 불확실성, 무지 등과 같은 "앎의 결핍(a lack of knowing)에 대한 개방적 태도"를 통해서도 영적 성숙이 이루어져야 한다는 것을 강조한다.[42]

조안 콘(Joann Wolski Conn)은 이러한 전제하에 기독교 영성에 대한 발달적 접근을 시도한다. 발달적 접근은 기독교적 인간이해와 구조주의 발달심리학자들 사이의 인간 발달에 대한 대화를 전제로 한다.[43] 즉 콘은 성령의 역할을 전제하는 가운데 "기독교적 인간 성숙"(Christian maturity)의 개념을 "인간발달 차원의 성숙" 또는 "심리학적 차원의 성숙"(psychological maturity)과 연결시켜서 진정한 자아(true-self)를 이루어 나가는 과정으로 이해한다. 한편으로 기독교적 성숙은 그리스도 안에서 자아에 대한 지식을 소유하고 사랑 가운데서 타인들과 더불어, 타인들을 향하여 자신의 자아를 상실하는(losing one's self) 삶으로 이해된다. 다른 한편으로 심리학적 인간 발달의 차원에서 볼 때 성숙이란 보다 더 포괄적이고 복합적인 관계성을 지향하면서 점진적으로 통합되어 가는 자율(autonomy)과 연관하여 이해된다. 이러한 맥락에서 콘은 기독교적 관점에서 그리스도와 복음을 위하여 자신의 자아를 상실하는

---

[42] 강희천, "영성과 기독교교육," 220-222.
[43] 이상의 내용은 Joann Wolski Conn, "Spiritual Formation," *Theology Today*, 56:1 (1999), 93-97의 내용에 기초하여 서술하였다.

것과 인간 발달에 대한 심리학적 접근에 있어서 각 단계에서 나타나는 특정한 종류의 자아를 상실하는 과정은 서로 상응한다고 본다.[44]

콘에 의하면 인간 발달의 과정은 기본적인 욕구(basic desires)들을 중심으로 관점과 사랑의 원이 나선형을 그리면서 확대되는 것이다. 이러한 발달의 각 단계(phase)에 있어서 자아와 타인들에 대한 의미를 창조해 나가는 과정은 다름 아닌 독립에 대한 갈망과 관계성에 대한 갈망 사이의 역동적인 균형이 이루어져 가는 과정이다. 어떤 단계에서는 이러한 균형이 가정과 사회를 지향하기도 하고, 다른 단계에서는 더 많은 자율을 향한 독립이라는 측면에 에너지가 더 집중될 수도 있다. 그리고 어떠한 사람은 삶의 상황을 통하여 더욱더 포괄적이고 친밀한 관계성을 세워 나가기 위하여 성령에 의한 다른 종류의 분화(differentiation)로 이끌려 갈 수도 있다. 심리학적 발달의 각 단계는 기독교적 발달의 패턴과 아주 유사한 모습을 보여 준다.[45]

이러한 발달의 각 단계에서 공통적으로 나타나는 심리학적 패턴은 바로 개개인 자신의 자아 상실이다. 자아 상실이란 자기 자신과 타인을 더 많이 포괄하는 그러한 관계성의 수립을 위하여 자아가 자신의 자아됨의 현재적 방식에서 벗어나는 것을 뜻한다. 예를 들어 청소년에서 노년에 이르기까지 가장 많이 나타나는 자아는 대인 관계적(interpersonal) 자아인데, 여기에서 자아는 관계성을 소유하는 것이 아니라, 자아가 곧

---

[44] Joann Wolski Conn, "Spiritual Formation," 93.
[45] Ibid., 94.

관계성이다. 다시 말하자면, 이러한 경우에 개인은 전적으로 관계성에만 의존하여 자신의 자아에 대한 의미를 만들어 나아간다. 대인 관계적 자아에서는 자신의 가족, 친구, 교회 내의 동료들을 자신과 동일시한다. 그리하여 그들과 거리를 두고 객관적 대상으로 보고 비판할 능력을 가지지 못하게 된다. 한 개인이 발달하기 위해서는 이러한 소속된 자아(embedded self)에서 벗어나야 한다. 이를 위하여 자신의 두려움에서 벗어나고, 자신이 비판적 성찰 없이 받아들였던 핵심적인 의미들에 대하여 물음을 제기하고, 교회, 가정, 친구들의 세계가 새롭고, 불편하게(uncomfortable) 되어 가는 것에 대한 불안에서 벗어나야 한다. 다시 말하자면 이것은 과거에 다른 사람들의 시각으로 교회, 공동체, 가족, 세계를 보던 입장에서, 이제 자기 자신의 관점을 가지고 이들을 볼 수 있게 되는 것을 의미하는데, 이것은 영성식별(spiritual discernment)의 핵심적인 요소이다. 이것은 깊은 고통의 통로(passage)를 통과하는 과정이다.[46]

기독교 영성의 전통에서도 이와 상응하는 과정을 볼 수 있다. 십자가의 요한은 이를 "각성의 밤"(night of the senses)이라고 불렀는데, 이를 통하여 우리는 자신에 대한 지식을 소유하게 되고 자기를 수용하게 된다. 자신에 대한 지식을 소유하게 될 때 우리는 만족, 지위, 안전에 기초해 있던 하나님 사랑과 이웃 사랑에서부터 자유롭게 된다. 테레사의 아빌라(Teresa of Avila)는 내면의 성(interior castle)의 첫 번째 방이 바로 이러한 자기-이해의 방이

---

[46] Joann Wolski Conn, "Spiritual Formation," 94-95.

며, 우리가 아무리 많은 영적 진보를 이룬다 하더라도 이러한 자기-이해를 결코 포기해서는 안 된다고 말한다. 십자가의 요한에 의하면 영적인 흑암의 가장 유용한 열매는 바로 자기-이해이다. 자기-이해는 우리들의 은사들뿐만 아니라 두려움에 대한 관점, 그리고 우리들의 삶에 있어서 의미와 사랑을 확장하고 심화하는 것이다.[47]

기독교적 영성 전통에 의하면, 각 개인은 이와 같이 대인 관계적 또는 인습적(conventional) 자아에서 벗어나야만 거룩함을 이루어 나갈 수 있다. 영적 발달의 핵심적인 패턴은 이러한 인습적인 안전과 보장에서 벗어나서 모호함과 불안정의 흑암을 통과하는 과정이다. 이러한 과정에서 각 개인은 분별의 능력을 가지게 되는데, 이것은 흑암 가운데서 각 개인의 삶 가운데 계시는 하나님의 현존과 인도하심에 대한 내적 확신에 충실하는 것이다.[48] 이러한 점진적인 고통의 과정을 통하여 개인은 자신의 내적 권위, 즉 자신의 삶의 과정에서 경험한 하나님을 주장하게 된다.

콘은 마지막으로 심리학적 발달이론이 주로 남성의 경험에 기초해 있는 관계로 자아 지향적 인간(self-directed person) 또는 자율적 인간을 성숙한 사람으로 규정함으로써 자기-내어줌(self-surrender), 상처받기 쉬움(vulnerability)과 같은 영적 성숙에서 중요시되는 가치들을 수용할 때 어려움을 경험한다는 것을 주장한다. 그리하여 여성주의 심리학자들이 강조하는 친밀성(intimacy), 상호성(mutuality) 등을 기독교적 인간

---

[47] Joann Wolski Conn, "Spiritual Formation," 95.
[48] Ibid., 95.

성숙 및 심리학적 인간 성숙의 개념에 포함시킬 것을 역설한다.[49] 결론적으로 콘은 기독교적 인간 성숙 및 심리학적 인간 성숙이란 모두 진정한 자아(true-self)에 도달하는 과정이며, 그리하여 자신을 내어 줄 수 있는 자아(a self to give), 즉 우리 자신을 상실하는 자아를 소유하게 되는 것이라고 한다. 심리학적 용어로 이것은 본래적인 친밀성과 상호성을 위하여 자아를 상실하는 것이며, 기독교적 용어로는 그리스도와 하나님의 통치를 위하여 우리 자신의 자아를 상실한다는 것을 뜻한다.[50]

이상에서 살펴본 바와 같이 영성에 대한 발달적 접근은 "진정한 자아"라고 하는 개념을 주제로 기독교적 영성이해와 발달심리학적 이해 사이의 상관관계적인 대화를 시도한다. 그리하여 진정한 자아를 향하여 나아가는 과정을 인간 성숙의 과정이라고 보는 규범적인 입장을 제시한다.

2. 영성에 대한 성격유형(MBTI)적 접근

성격유형을 분류하는 여러 가지 방법들 가운데서 오늘날 가장 많이 활용되고 있는 것은 캐더린 브릭스(Katharine Briggs)와 이사벨 마이어스(Isabel Myers)가 칼 융의 성격유형을 토대로 만든 MBTI(Myers-Briggs Type Indicator, 마이어스-브릭스 성격유형)이다. 융에 의하면 인간의 성격

---

[49] Joann Wolski Conn, "Spiritual Formation," 96.
[50] Ibid., 96-97.

형태는 내향적인 사람-외향적인 사람(introvert-extrovert), 직관적인 사람-감각적인 사람(intuitive-sensing), 감성적인 사람-지적인 사람(feeling-thinking), 그리고 이해력이 뛰어난 사람-판단력이 뛰어난 사람(perceiving-judging) 등 4가지로 분류된다. 그리고 이러한 쌍으로 이루어진 유형들은 하나의 스펙트럼 속에 있는 것으로 간주된다. 이 같은 융의 성격유형에 근거하여 MBTI에서는 인간의 성격을 외향성(E)-내향성(I), 감각기능(S)-직관기능(N), 사고형(T)-감정형(F), 판단태도(J)-인식태도(P) 등 4쌍으로 이루어진 선호도를 기초로 하여 16가지의 성격으로 분류한다.

예를 들어 어떤 사람이 성격 검사를 통하여 외향성(E), 직관기능(N), 사고형(T), 판단태도(J)를 선호했다면, 그 사람의 성격은 ENTJ유형으로 표시된다.

MBTI는 성격유형 검사의 방법으로 시작되었지만, 기독교 영성분야에서도 많이 활용되고 있다. MBTI에 기초한 이러한 접근은 개개인이 가지고 있는 성격이 특정한 형태의 기도를 선호하거나 영성에 대한 접근 방법을 선호하는 경향에 영향을 미친다는 가정하에서 출발한다. 예를 들어 기도의 경우, MBTI는 그리스도인들 개인이 지닌 성격과 기도가 밀접한 상관관계를 가지고 있음을 알려 주는 역할을 한다. 찰스 키팅(Charles Keating)의 책 제목 *Who We Are Is How We Pray*[51]가 말해

---

[51] Charles J. Keating, *Who We Are Is How We Pray: Matching Personality and Spirituality* (Mystic, Conn: Twenty-Third Publications, 1987), 118.

주듯이 우리가 누구인가, 즉 우리는 어떠한 성격을 가지고 있는 사람인가 하는 사실이 우리가 기도하는 방식에 결정적인 영향을 끼친다는 것이다. MBTI에 기초한 개인의 기도 유형은 다음과 같이 분류될 수 있다.(다음쪽 표3: MBTI의 4가지 선호성[52] 참조.)

- ◆ 내향적인 성격: 자신 안에서의 기도 – 복합적인, 확증하지 않는, 개인 기도
- ◇ 외향적인 성격: 공개 기도 – 외적인 방향, 공동체 기도

- ◆ 직관적인 성격: 소망의 기도 – 가능성, 영적 연합, 묵상
- ◇ 감각적인 성격: 실제적인 기도 – 환경과의 접촉, 현실적 방향

- ◆ 감상적인 성격: 감정적인 기도 – 감정의 흐름, 개인적인 수용
- ◇ 지적인 성격: 이성적인 기도 – 지성에 의한 논리적 접근, 진리추구

- ◆ 판단하는 성격: 규칙적인 기도 – 모호하지 않음, 구조적인 것을 추구
- ◇ 이해하는 성격: 생기 있는 기도 – 모호함 수용, 몇 가지 접근 허용, 열광적[53]

MBTI는 이와 같이 개인의 성격과 이에 따른 기도 방식의 특성들을 기술해 주기도 하고, 동시에 이에 기초하여 각 개인의 기도가 한쪽으로

---

[52] 조옥진 편저, 『성격유형과 그리스도인의 영성』(서울: 생활성서사, 1996), 29.
[53] Kenneth D. Boa, 송원준 역, 『기독교영성: 그 열두 스펙트럼』, 533.

1) 어느 방향으로 나의 에너지가 더 잘 흐르는가? 이들은 다음의 두 태도로 불린다.

    외향성(E: Extroversion) ◀━━━▶ 내향성(I: Introversion)
          (에너지 방향, 원천, 주의집중)
    사람, 사물, 외부 ◀━━━▶ 관념, 반영과
    활동의 외적세계 ◀━━━▶ 사고의 내적세계

2) 나는 어떤 것을 인식할 때 어떤 과정으로 인식하는 것을 더 선호하는가? 이들은 다음의 두 인식기능으로 불린다.

    감각기능(S: Sensing) ◀━━━▶ 직관기능(N: iNtuition)
          (정보수집)
    오감(五感)을 통해 인식하게 됨   육감(六感)을 통해 인식하게 됨
    사실적이고 구체적인 사태파악과   양식(patterns)과 연합(association)
    실제의 경험을 통해 감각적인   을 통해 직관적인 방법으로
    방법으로 인식하게 됨   인식하게 됨

3) 무엇을 결정하고 어떤 견해를 내세울 때, 어떤 과정으로 판단하는 것을 더 선호하는가?

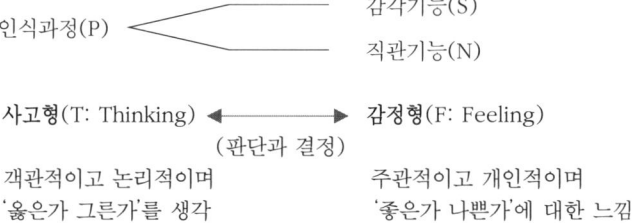

    사고형(T: Thinking) ◀━━━▶ 감정형(F: Feeling)
          (판단과 결정)
    객관적이고 논리적이며   주관적이고 개인적이며
    '옳은가 그른가'를 생각   '좋은가 나쁜가'에 대한 느낌

4) 나의 외부생활에서 판단기능을 더 선호하는가? 인식기능을 더 선호하는가? 이들은 다음의 두 생활태도로 불린다.

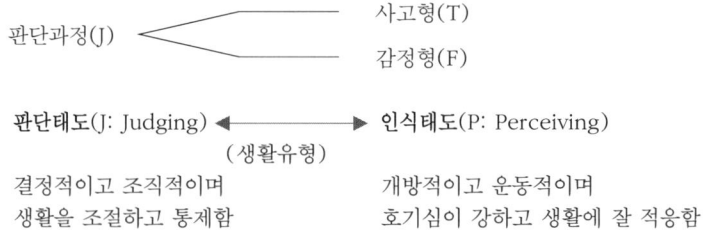

    판단태도(J: Judging) ◀━━━▶ 인식태도(P: Perceiving)
          (생활유형)
    결정적이고 조직적이며   개방적이고 운동적이며
    생활을 조절하고 통제함   호기심이 강하고 생활에 잘 적응함

표 3: MBTI의 4가지 선호성

치우쳐서 균형을 잃었을 때 이를 바로잡아서 균형을 이루어 나가는 역할을 한다. 그러나 동시에 MBTI를 활용하는 영성교육은 "우리의 기본적인 성격은 감옥이 아니라 출발점이다"[54]라고 하는 전제를 중요시한다. 그리하여 성격유형을 결정론적으로 보는 오류에 빠지지 않도록 경고한다.

영성에 대한 발달적 접근에서는 진정한 자아를 향하여 나아가는 과정을 인간 성숙의 과정이라고 보는 규범적인(normative) 입장을 제시하는 반면, MBTI와 같이 성격유형을 활용하는 접근은 기술적인(descriptive) 측면을 더 많이 지니고 있다고 볼 수 있다. 다시 말하자면 이러한 접근법은 영성형성 또는 교육에 있어서 영성의 목표를 규범적으로 제시하기보다는 개개인이 가지고 있는 성격유형에 따라서 어떠한 유형의 영성훈련 또는 교육 방법론이 효과적인지를 구체적으로 알려 주는 역할을 한다는 것이다. 이러한 맥락에서 볼 때, 심리학적 접근법이 환원주의의 오류에 빠지지 아니하고 기독교적인 전제를 인정하는 가운데서 사용된다면, 기독교 영성교육에 더욱더 풍성한 자원을 제공한다고 볼 수 있다.

여기까지 우리는 영성의 심리학적 전개에 대하여 살펴보았다. 이제 영성이 어떻게 역사적인 흐름 가운데에 각 시대 사람들의 관심이 되었는지 그 내용과 발전과정을 살펴볼 것이다.

---

[54] Keating, *Who We Are Is How We Pray*, 118.

제8장 영성의 역사적 전개

　우리가 앞서 살펴본 것처럼, 영성이라는 단어는 호흡(breath)을 동반하는 말이다. 호흡을 동반한다는 말은 영성이 생명과 밀접한 연관을 갖고 있음을 의미하는 것으로서 이는 당연히 하나님의 선물(gift)이다. 사실 인간 생활에 존재하는 가장 귀한 것들은 대개 위로부터 주어진 것들이다. 우리의 생명, 몸, 땅, 하늘, 공기, 물, 산, 꽃, 나무, 신앙, 그리고 영성까지 그렇다. 나열하려면 한도 끝도 없을 것들을 우리는 선물로 받아 누리며 살고 있다. 그러므로 하나님의 선물인 영을 받아 영성을 추구하는 삶은 어찌 보면 자연스러운 일이다. 그러나 인간은 선물을 선물로서 감사하게 받지 못하고 오히려 영성을 추구하기보다는 비영성적인 삶, 즉 감성적 경험중심주의, 자기중심주의, 다원-상대주의에 빠져 신음하고 있다. 이것이 오늘의 현실이다. 영성의 역사적 전개를 연구하기 전에,

먼저 전체적인 영성 역사의 그림을 이해하기 위하여 리차드 R. 포스터(Richard R. Foster)가 제공한 도표를 아래에 옮겨 놓았다. 포스터의 "교회사의 중대 전환점"(critical turning points in church history)을 중심으로 영성의 흐름도(flowchart)를 그린 것이다.

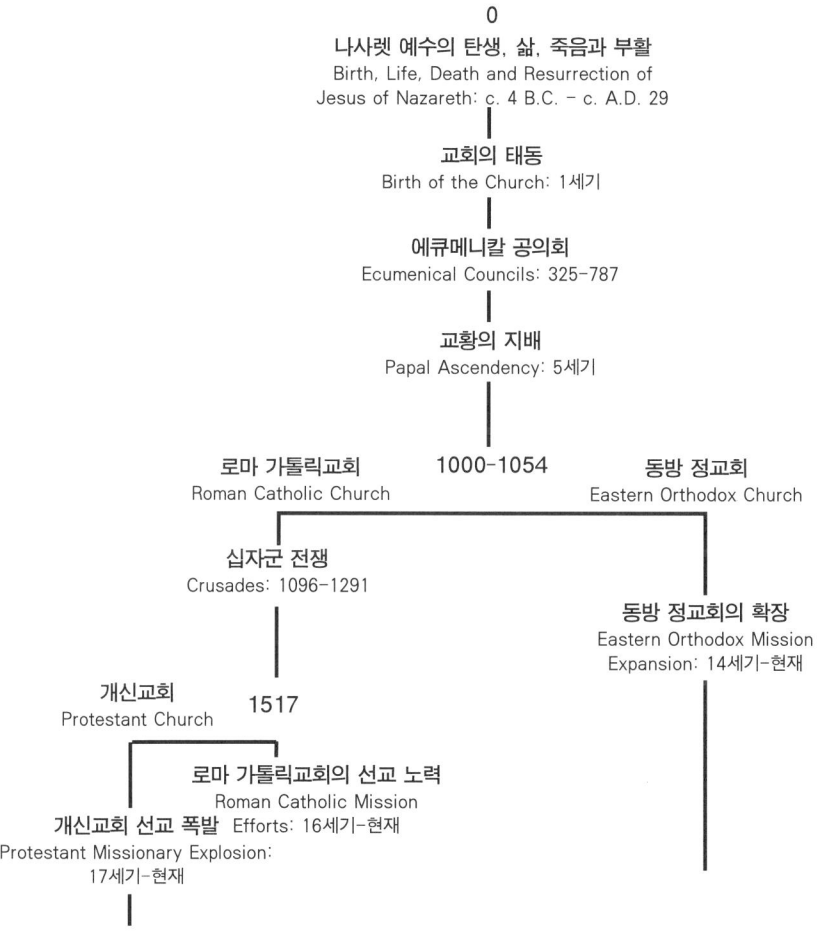

표 4: 교회사의 중대 전환점[55]

이 흐름도는 예수 그리스도를 영성의 출발점으로 잡았으며 그리스도의 탄생, 삶, 죽음, 그리고 부활을 시작으로 하여, 1세기에는 교회가 태동한 것을 보여 준다. 4세기에 시작되어 8세기까지 계속된 에큐메니칼 공의회 중, 5세기에는 교황이 교회를 다스리기 시작했음을 다루고 있다. 또한 서기 1000년과 1054년은 각각 로마 가톨릭 교회와 동방 정교회의 분립이 진행되었고, 이에 십자군 전쟁이 로마 가톨릭 교회에 의해서 시작되어 13세기까지 이르렀다. 로마 가톨릭 교회의 부패에 항거하고 새로운 개혁을 갈구하는 움직임이 종교개혁자들에 의해 1517년에는 가시화되어, 소위 개신교회가 로마 가톨릭 교회로부터 독립하게 되었다. 이후 로마 가톨릭 교회는 새로운 정화운동과 선교의 노력으로 16세기에서부터 오늘에 이르기까지 서서히 교세를 확장하고 있으며, 개신교는 17세기 이후 각국에서 폭발적인 성장을 이루었다. 한편 동방정교회도 14세기 이후 현재까지 꾸준히 그 명맥을 이어오고 있으며, 선교적 노력을 통해 교세를 확장하고 있다. 이것이 영성이라는 주제를 다루기 위해 살펴본 교회사에 있어서의 중대 전환점에 대한 큰 밑그림이다. 포스터는 이어 영성을 주제별로 다루었다. 소위 이미타치오(*Imitatio*)라고 부르는

---

[55] Richard R. Foster, *Streams of Living Water* (San Francisco: HarperSanFrancisco, 1998). 포스터는 교회사에 나타난 영성의 큰 줄기를 자신이 설정한 주제별 범주로 나누어 표현하였다. 이 책의 별첨(Appendix A, B) 부분을 자세히 보면 많은 도움이 된다. 특히 각 주요 흐름의 대표적인 인물에 대한 간략한 소개는 이 책의 별미라고 할 수 있다. Appendix A에서는 Lynda L. Graybeal과 함께 중대한 전환점에 관한 도표를 상세하게 설명하였으며, Appendix B에서는 각 시대별(초대교회부터 오늘날까지) 주요 인물들이 지녔던 영성의 특징을 적어 놓았는데 영성을 전체적으로 또한 세부적으로 이해하는데에 많은 유익을 준다고 판단된다.

'그리스도를 닮아 가려는 패러다임'을 첫 번째 주제로 다루었고, 관상 전통을 통하여 '기도 충만한 삶(prayer-filled life)의 발견'을 두 번째 주제로 다루었으며, 거룩함 추구의 전통을 통하여 '도덕적인 삶(virtuous life)의 발견'에 관한 것을 세 번째 주제로 다루었다. 또한 카리스마적 전통을 통하여 '성령 충만한(Spirit-filled life) 삶의 발견'에 관한 것을 네 번째 주제로 다루었으며, 사회정의 실현을 추구하는 전통을 통하여 '긍휼을 품는 삶(compassionate life)의 발견'에 관한 것을 다섯 번째 주제로 다루었다. 이후 복음주의 전통을 좇아 '말씀 중심의 삶(Word-centered life)의 발견'에 관한 것을 여섯 번째 주제로, 성육신 전통을 좇아 '성례전적인 삶(Sacramental life)의 발견'에 관한 것을 일곱 번째 주제로 다루었다.[56] 포스터의 이런 분류는 그의 영성에 대한 깊은 관심과 심층적인 연구를 위한 토대를 형성하는 데에 많은 도움을 줄 수 있다고 본다.

그러나 이 책에서는 포스터의 주제별 구분보다는 일반적인 시대별 영성의 주안점들을 인물 중심으로 다루었다. 그렇게 함으로써 영성이 과연 시대적으로 어떠한 모양을 가졌었는지를 살펴볼 수 있을 것이다. 이 책에서는 일찍이 기독교 교육학자 아이리스 컬리(Iris Cully)가 구분한 시대구분에 유해룡의 시대적 연구와 존 R. 타이슨(John R. Tyson)의 구분을 가미하여 신약성경과 영성, 초기 기독교와 동방교회의 영성, 중세기와 영성, 종교 개혁기와 영성, 그리고 현대와 현대 이후의 기독교와 영성으로 나누어 간략하게 살펴볼 것이다.

---

[56] Ibid., 1장부터 7장까지의 요약.

1. 신약성경과 영성

아이리스 컬리는 신약성경 시대의 영성에 관한 묘사를 예수 그리스도께서 "성령이 비둘기같이 자기에게 내려오심을 보셨다"(막 1:10)는 구절과 이후 "성령께서 그를 광야로 몰아내셨다"(막 1:12)는 구절로 시작하였다. 또한 누가복음에 나타난 예수께서 사명을 확인하시는 장면에 나타난 바, "주의 성령이 내게 임하셨으니 이는 가난한 자에게 복음을 전하게 하시려고 내게 기름을 부으시고, 나를 보내사 포로된 자에게 자유를, 눈 먼 자에게 다시 보게 함을 전파하며, 눌린 자를 자유케 하고, 주의 은혜의 해를 전파하게 하려 하심이라"(눅 4:18-19; 사 61:1-2)는 구절을 소개하며 과거 선지자들과 주의 종들이 선물로 받았던 성령의 기름 부음을 예수께서도 받았으며, 이를 통해 그의 사역이 시작되었음을 기록하고 있다. 컬리의 논리는 이것이다. 즉 하나님의 아들이신 예수께서 성령이 임하셨을 때 자신의 공생애를 시작하시고, "영과 진리로 예배할 것"을 가르치셨으므로(요 4:24), 하나님의 아들을 믿고 영생을 소유한 신앙인들은 "천부께서 구하는 자에게 성령"을 주실 것이기 때문에(눅 11:13), 성령의 지배를 받아 살아갈 것과 성령의 인도하심을 받아 세상에서 살며, 하나님이 명하신 사명을 수행해야 한다는 것이다.[57]

복음서와 더불어 사도행전에서는 성령께서 개인에게 뿐만 아니라

---

[57] Iris V. Cully, 오성춘, 이기문, 류영모 역, 『영적성장을 위한 교육』(서울: 한국장로교출판사, 1986), 88 이후.

신앙공동체에도 영을 불어넣어 주셔서 함께 떡을 떼고, 나누며, 서로를 돌아보는 생활을 했음을 증거하고 있다(행 2: 43-47). 그들이 성령과 함께하는 공동체가 되었을 때 서로 유무상통하며, 긍휼을 베푸는 삶을 실천함으로써 공동체 안에 강한 유대감(solidarity)이 형성되었고, 이로 말미암아 그들이 복음을 세상에 전하는 전도공동체가 되었던 것이다. 그리하여 스데반의 장렬한 순교가 복음전도 가운데 이루어졌으며(행 6), 빌립의 이방선교가 에디오피아 내시에게 복음을 전하는 것으로 나타났으며(행 8), 베드로에게는 고넬료의 사건을 통해(행 10), 바울에게는 마게도니아 사건을 통해(행 16) 복음이 유대인에게서 다른 민족에게까지 퍼져 나가는 전기가 되게 한 것도 모두 성령이 각 개인과 공동체에 임하여 역사한 까닭이다.[58] 그러므로 신약 시대의 영성은 성자 하나님이신 예수 그리스도께서 성령에 감동되어 그의 사역을 개시하신 것을 시작으로, 예수님의 제자들도 성령의 인도하심으로 영성을 갖게 되고, 이후 스데반, 빌립, 바울을 비롯한 수많은 성령의 사람들이 부르심을 받고 복음전파의 사명을 수행한 것으로 묘사될 수 있다. 이는 하나님의 성령이 예루살렘, 유대, 사마리아와 땅 끝까지 복음이 전파되게 하기 위하여 개인과 공동체를 통하여 일하셨음을 말해 주는 것이다. 부르심에 순종하여 성령의 인도하심에 따르는 개인과 신앙공동체를 통하여 하나님의 나라가 전파되었던 것이다. 성령의 역사는 복음전파와 함께 이루어졌다는 것이

---

[58] Iris V. Cully, 오성춘, 이기문, 류영모 역, 『영적성장을 위한 교육』(서울: 한국장로교출판사, 1986), 91-92에서 핵심 요약 및 해설 첨가.

이 시대 영성의 특징이다. 이 시대의 영성은 성자 예수 그리스도께서 성령의 인도하심에 순종하시고, 성부 하나님의 뜻을 죽기까지 받드신 사건이 그 정점을 이루고, 그의 제자들이 그리스도께서 부르심에 응답하시고 사역을 감당하신 그 길을 따라가는 제자의 도를 추구하는 것으로 대변된다. 그리하여 예수 그리스도를 구주로 모시고 그분의 길을 따라가는 제자의 삶(discipleship as following Jesus)을 사는 이들은 기독교 영성을 추구하는 것이다. 이들은 바울 사도가 천명한 것처럼, "성령을 따라 걷는" 사람들이며, 이른 바 "죄에는 죽고 예수 안에서 하나님께는 살아있는"(롬 6:11) 삶을 사는 사람들이다.[59]

예수 그리스도의 승천 이후, 원시 기독교공동체에는 그리스도의 재림(parousia)에 대한 갈망과 기대로 가득 차 있어서 종말론적인 공동체 생활을 통하여 영성을 추구하였다.[60] '그리스도의 몸'에 참여하는 성찬과 엄격한 훈련의 과정을 통해 세례를 주는 전통도 이때 생긴 것이라고 볼

---

[59] John R. Tyson, ed., *Invitation to Christian Spirituality* (Oxford: Oxford University Press, 1999), 1. 타이슨(Tyson)은 기독교 영성의 본질을 설명하면서 로마서 6장의 핵심을 요약하였다. 6:5의 "예수 그리스도와 연합한 자"들은 6:17의 "죄에는 더 이상 종노릇하지 않고" "마음으로부터 하나님 아버지께 순종하는" 사람이 되기를 추구한다는 사실을 강조하였다. 그는 또한 라너(Karl Rahner)의 영성에 관한 설명도 첨부하면서 성자 예수 그리스도는 성부 하나님과 비록 다른 역할을 갖고 있었지만, 한 마음 혹은 일체(single entity)로서 사역하신 것을 강조하였다. Karl Rahner, *The Practice of Faith: A Handbook of Contemporary Spirituality* (New York: Crossroad, 1986), 8. John R. Tyson, ed., *Invitation to Christian Spirituality* (Oxford: Oxford University Press, 1999), 1에서 재인용.

[60] Bradley P. Holt, *Thirsty for God: A Brief History of Christian Spirituality* (Minneapolis: Augsburg, 1993), 56-57.

수 있다. 이것이 신약성경과 영성에 대한 간략한 묘사이다.

2. 초기 기독교와 동방교회의 영성

놀랍게도 박해가 거듭되었던 기원 후 처음 몇 세기 동안에 영성에 관한 여러 저술들이 나타났다. 컬리는 바나바서, 순교자 이그나티우스서, 이레니우스의 저작들이 있었다고 자신의 글에서 소개하였다.[61] 어쩌면 박해가 거듭된 것이 결과적으로 크리스쳔들의 영성을 더 채찍질한 것이 아닌가 생각해 본다. 어떤 이들은 기독교가 콘스탄틴 황제에 의해 공인된 이후 오히려 그 정체성을 잃었다는 점을 지적하면서 '박해 없음이 곧 박해다'(No persecution itself is persecution!)라는 역설을 주장하기도 한다.[62] 아무튼 초기 기독교인들은 예수를 믿다가 발각되면 곧 '순교'의 위기에 처할 줄을 알면서도 철저한 금욕생활과 단순한 삶의 중요성을 강조하는 경향을 띠었다고 할 수 있다. 3, 4세기경에는 알렉산드리아의 클레멘트(Clement, c. 150-216)와 오리겐(Origen, c. 185-251)과 같은 학자들이 알렉산드리아의 학교를 중심으로 금욕생활과 소위 "하나님께 속한 일들"을 위하여 결혼과 일상생활로부터의 분리를 강조하는 가르침을

---

[61] Iris V. Cully, 『영적성장을 위한 교육』, 92 이후.
[62] 필자(김도일)가 미국 이민 생활 중 바이올라 대학원(Graduate School of Biola University)의 기독교 교육적 선교에 관한 과목을 택할 때(1990), 강의실에서 함께 토론했던 내용이다.

전하였다고 전해 온다. 특히 클레멘트는 기독교인의 영성을 촉진시킬 수 있는 이는 그리스도이시며, 그러기에 그분의 말씀에 귀를 기울여야 한다고 다음 글에서 강조하였다.

…… 하늘의 인도자이시며 말씀이시며 인간들을 구원에로 부르시기 시작하신 그분[예수 그리스도]은 스스로 권면하는 일을 행하신다. …… 그리하여 수용적인 마음 가운데 현재의 생을 향한 갈망과 장차 있을 생을 위한 갈망을 주입하신다. 그러나 말씀은 또한 동시에 치유하시고 상담하신다. 사실상 그는 그가 이미 설득하신 사람을 격려하시고, 특히 그의 수난으로 인한 치유를 제공하시면서 자신의 활동을 계속하신다.[63]

박해가 계속 되는 가운데 사막으로 도피하여 수도생활을 한 은거수사(隱居修士: anchorites)[64]도 적지 않았으며, 공동체 생활 속에서 수도생

---

[63] Clement of Alexandria, *Christ the Educator*, trans. Francis P. Wood, *The Fathers of the Church Series*, vol. 23 (Washington D.C.: Catholic University Press, 1954), 4. Iris V. Cully, 『영적성장을 위한 교육』, 94에서 재인용.

[64] 은거수사(anchorites)라는 용어는 '현실에서 물러나다'(anachoréo, I withdraw)라는 말과 허밋, 즉 '사막에 거하는 이'(hermits, èremîtai, desert-dwellers, Latin, eremitæ)라는 용어를 포함한다. 예수님의 공생애 시대에는 세례 요한과 같이 동굴에 은거하며 영성수련을 하였던 이가 여기에 속할 수 있으며, 이집트의 안토니(St. Anthony of Egypt, 286-356)와 같이 사막에서 영성수련을 하였던 이가 이런 범주에 속한다. Catholic Encyclopedia on CD-ROM, http://www.newadvent.org/cathen/01462b.htm 참고. 이런 이들이 교회 밖에서 수련을 하는 단독 수련자들의 효시가 되었다고 본다.

활을 계속한 공주수사(共住修士: cenobites)[65]들도 있었다. 니사의 그레고리(Gregory of Nyssa, 니사는 현재의 터키 지방, c. 330-95)[66]와 같은 영적 지도자들은 어두움에서 빛으로 향하는 과정을 영성적 투쟁이라고 규정하였으며, 이러한 고난의 터널을 통과하는 것이야말로 하나님이 기뻐하시는 완전을 향하는 영성생활이라고 가르쳤다. 특히 그레고리의 글들은 동방 기독교 영성발전에 많은 영향을 끼쳤다고 컬리는 기술하고 있다.[67]

---

[65] 공주수사(cenobites)는 수도원장(abbot)의 지시에 복종하며 정해진 공동체의 규칙을 지키며 영성수련을 하는 사람들을 말한다. Catholic Encyclopedia on CD-ROM, http://www.newadvent.org/cathen/01462b.htm 참고. 이런 전통이 결국은 오늘의 로마 가톨릭 교회 성직 체계나 수도원과 같은 공동체적 체계의 모체가 되었다고 본다.

[66] 니사의 그레고리는 그리스의 신학자이자, 동방교회의 교부였다. 그는 소위 무념적 영성(apophatic)을 추구한 이로서 예수 그리스도의 온전한 인성과 신성을 변호하려고 애쓴 학자였다고 McGrath는 기술한다. 그레고리는 플라톤의 '선'(the Good)에 관한 아이디어를 활용하여 아리아니즘(Arianism)이 팽배하던 시기에 기독교 신앙을 방어하는 데 힘썼다. McGrath, *Christian Spirituality*, 141 참고. 니사의 그레고리는 하나님을 단지 알 수 없는 분이라고 이야기 하는데 그치지 않고 한 걸음 더 나아가 이를 깨닫는 것은 거룩한 어둠 속으로 들어가는 것이라고 말한다. 말하자면 영혼은 끊임없이 하나님을 그리워하며 하나님을 알고자 끊임없는 소망을 내뻗고 있지만, 궁극적인 만족도 결정적인 합일도 없고, 영혼이 시간적 추이에서 벗어나 황홀한 결합을 이루는 탈혼 상태는 없다는 것이다. 단지 어둠 속으로 더욱더 깊이 빠져 들어갈 뿐이라는 것이다. 그레고리의 신비주의 영성에서 하나님을 따라가려 했던 그의 세계를 알려면 신비주의에 대한 약간의 지식이 필요하다. 신비주의라 불리는 사상은 시간이 지남에 따라 너무나 많은 분파가 생기므로 대부분 서로 공통점이 없음을 알 수 있다. 그럼에도 불구하고 신비주의를 정의하자면 "영혼의 깊은 곳에서부터의 하나님과의 연합"이라고 말할 수 있을 것이다. 신비주의(mysticism)라는 단어의 어원은 희랍어 "mystikos"에서 찾을 수 있는데, 이 말은 본래 '눈을 감다' 또는 '입을 다물다'란 뜻을 가진 "muein"이란 말에서 비롯되었다. 니싸의 그레고리(St. Gregory of Nyssa: 334-395)에 대하여 다룬 Geoffrey W. Bromiley, 서원모 역,『역사신학』(서울: 크리스챤 다이제스트, 1999), 200 이하를 참고하라.

[67] Iris V. Cully,『영적성장을 위한 교육』, 95-96.

그레고리는 인간의 능력으로는 도저히 하나님의 신비를 온전히 이해하거나 섭렵할 수 없음을 강조했던 학자였다.[68] 그의 '진리'(The Truth)와 '선'(The Good)에 대한 이해를 통한 하나님에 대한 갈망이 다음 글에 잘 드러난다.

인간된 우리가 '선'에 대하여 이해하려고 노력하고 받아들이려고 발버둥을 쳐도 우리의 지식적 한계로 인하여 그것이 실상은 불가능한 작업임을 깨닫게 된다. 오히려 인간은 이 위대하고 꼭 추구해야 할 '선'으로부터 점점 더 멀어져 가는 자신을 발견하며 슬픔을 경험할 수밖에 없다. 그건 우리의 마음이 그것을 온전하게 품을 수 없기 때문이다. 그러나 한때 인간은 이 '선'에 참여한 존재였다.(중략)[69]

동방교회에 발전된 영성도 기독교 영성발전에 한몫을 하였다. 사막에서 영성수련을 하고 다른 이들을 교육하던 이들을 거룩한 사람(holy man)으로, 아람어로는 압바(*abba*) 혹은 암마(*amma*)로 불렀다. 그들의 메시지를 담아 놓은 방대한 금언집인『교부들의 금언』(*Apophthegmata Patrum*)이라는 책이 전해져 온다. 4세기경에는 존 카시안(John Cassian, c. 365-435)이 자신의 책『영적인 담화』(Conferences)에서 압바 모세

---

[68] McGrath, *Christian Spirituality*, 141.
[69] "Longing for God" by Gregory of Nyssa, McGrath, *Christian Spirituality*, 141-2에서 재인용. 위에 인용한 글은 그레고리가 마태복음 5:1-11의 산상수훈(Beatitudes)을 중심으로 설교한 내용 중에서 따온 것이다.

(Moses)라는 영성가를 소개하였는데, 모세의 '마음의 청결'과 '생각을 조절하는 방법'에 관한 글이 우리의 관심을 자극한다고 유해룡은 기술하였다.[70] 당시 사막의 영성가들은 '침묵'과 '고독'을 중요하게 생각했으며, '회개의 마음'이 드러나기 전에는 결코 어떠한 가르침도 주지 않았다고 전해져 온다.

앞서 인용한 카시안의 글은 훗날 6세기경에 '베네딕트 규율'의 토대가 되었으며, 5-8세기 동방교회에는 소위 '예수의 기도'(Jesus' Prayer)가 그리스의 포티체(Photice)를 중심으로 발전했다. 예수의 기도는 "하나님의 아들 주 예수여 나를 불쌍히 여기소서"(Have mercy on me, Lord Jesus Christ, the Son of God.)라는 단순한 문장을 반복적으로 외우며 기도하는 것으로 단순한 기도 언어에서부터 시작하여 침묵으로 들어가며, 직관적인 인식으로 들어가는 귀중한 영성훈련의 수단이 되었다.[71] 여기서 '자비를 베푸소서' 라고 기도할 때 소위 키리에(*kyrie*)로 불리는 자비를 구하는 자세는 하나님을 경배하는 감정을 불러 일으켜서 무언의 기도로 들어가고, 무언의 기도는 침묵의 간구로, 간구는 경배로 심화되어 하나님의 임재 앞에 나아가게 하는 귀중한 영성개발의 수단이 된 것이다. 이러한 단순하면서도 반복적인 기도를 만들어 실천하게 된 동기는 "쉬지 말고 기도하라"(살전 5:17)는 말씀에 근거한 것이라고 컬리는 기술하였다.[72]

---

[70] 유해룡, 『하나님 체험과 영성 수련』, 150 이후 참고.
[71] Cheslyn Jones, Geoffrey Wainwright Yarnold, eds., *The Study of Spirituality* (New York: Oxford University Press, 1986), 175-84. 유해룡, 『하나님 체험과 영성 수련』, 156에서 재인용.

동방의 수도사 중에 빼지 말고 언급해야 할 인물은 여성 수도사 디오니시우스(Dionysius)이다. 그녀는 5세기경에 살았던 은거수사로서 성령을 통해 하나님을 향한 열망을 품고 지속적인 영혼의 상승과 신비를 추구하면 신화(神化: divinization)의 과정으로 들어갈 수 있다고 주장한 수사였다.[73]

마지막으로 어거스틴(Augustine of Hippo: 354-430)을 꼽지 않을 수 없다. 어거스틴은 누미디아(Numidia: 현재의 알제리아)에서 태어나 철저한 신앙의 어머니 모니카(Monica)에 의해서 양육되었으나 17세에 마니교에 심취하였고, 성적 욕망과 마니교의 영지주의적 철학에 빠져 한동안 세상적인 쾌락에만 몰두하였다. 그러던 중 386년 칠월에 "취하여 읽으라"는 담장 너머 아이들의 놀잇말에 이끌려 로마서(13:11 이하)를 읽던 중 회심의 경험을 한 후에 자신의 고향인 북아프리카로 가서 영성수련을 하였고, 이후 그는 안수를 받고 비숍이 되었다. 그의 『고백록』(Confessions)은 자신의 하나님을 만난 경험을 함축적으로 표현한 글로서, 영성교육을 위한 중요한 자료가 된다. 『고백록』의 주요 논제는 하나님과 인간과의 관계를 영적인 시각으로 정리한 다음의 문장에서 요약된다.

"하나님 당신께서 우리 인간을 당신을 위하여 만드셨고, 우리는 당신

---

[72] Iris V. Cully, 『영적성장을 위한 교육』, 97-98.
[73] Iris V. Cully, 『영적성장을 위한 교육』, 98.

안에서 안식할 때까지는 결코 어떠한 쉼도 없습니다."[74]

인간의 진정한 쉼과 기쁨은 오직 하나님의 품에 안길 때와 그분이 사랑하는 모든 사람들을 사랑할 때만 찾아온다는 단순 명료한 통찰은 훗날 많은 이들에게 지대한 영향을 끼쳤다.[75] 아래 인용한 글은 참된 기쁨의 원천에 대하여 고백적으로 적은 그의 『고백록』 제10권에서 발췌한 것이다.

> 내가 항상 기억하고 사랑하고 열망할 수 있는 행복한 삶을 과연 언제, 어디서 경험하였던가? 행복한 삶의 갈망은 나 자신 속에서나 주변의 몇 [거룩한 삶을 사는] 친구들에게서만 발견되는 것이 아니고, 모든 사람 가운데서 발견되어야 한다고 생각합니다. …… [또한] 진정으로 행복한 삶은 우리의 마음이 당신의 역사에 의하여 발원되고(caused by you), 당신께 뿌리를 박으며(grounded in you), 당신께 온전히 고정(set one's joy on you)될 때 시작됩니다. 그것이 진정한 기쁨이며, 다른 어떤 것도 그것에 견줄 수 없습니다. 만일 어떤 사람이 자신은 다른 곳에서 행복한 삶을 찾았다고 한다면 그것은 참된 것이 아닙니다.[76]

---

[74] 이를 McGrath가 인용한 영어 문장은 다음과 같다. "you have made us for yourself, and our hearts are restless until they find their rest in you." McGrath, *Christian Spirituality*, 144.

[75] 어거스틴의 고백록은 영성발전에 기여했을 뿐만 아니라, 훗날 기독교 심리학의 기초를 이루어 놓았다고 평가할 수도 있다고 본다. 왜냐하면 자기감정의 성찰적인 분석이 심리학의 토대가 되었다고 보는 견해가 많기 때문이다.

여기까지가 초기 기독교회와 동방교회의 영성에 관한 고찰이다. 이제 서방 기독교회와 영성을 살펴보자.

3. 중세기와 영성[77]

어반 홈즈에 의하면 많은 이들이 그레고리(Gregory the Great, 540-604)를 서방 기독교회 영성의 아버지로 부른다.[78] 그가 어떻게 그리도 명예로운 칭호를 얻게 되었을까? 그 이유는 그의 삶과 사역에서 잘 드러난다. 그레고리 1세로도 불리는 그는 처음에는 로마시장이 되었으나, 부친의 사후 상속받은 재산을 거의 자선사업 및 여러 수도원에 기부하고 지위를 버린 다음 베네딕트회[79]의 수도사(monk)가 되었다. 574년

---

[76] Augustine, "God as the Sole Source of True Joy," in Confession, 10. McGrath, *Christian Spirituality*, 144에서 재인용.

[77] 컬리는 이 시기를 서방 기독교회와 영성으로 나누었으나, 필자는 그것 보다는 중세기(The Medieval Era)로 보는 편이 더 합리적이라고 보았다.

[78] Urban Holmes, *A History of Christian Spirituality*, 48. Cully, 『영적성장을 위한 교육』, 99-100에서 재인용.

[79] 누르시아의 베네딕트(St. Benedict of Nursia, c. 480-547)는 그레고리 1세의 바로 전 세대 사람으로 529년 로마와 나폴리 중간에 있는 몬테카시노에 수도원을 세우고 계율을 제정하여 서유럽 수도원제도의 기반을 닦았다. 계율은 서문(序文)과 73장(章)으로 되어 있으며, 성무일과(聖務日課기도)의 규정, 수도원 내외의 생활과 행동의 규정, 수도자로서의 마음가짐 등이 빠짐없이 구체적으로 조문화(條文化)되어 있다. 계율의 요체(要諦)는 공동생활의 권장과 복종하는 정신으로 집약되어 있다. 때마침 전환기의 유동적 사회상황 가운데 놓여 있어서 금욕자의 무리를 수도원 안에 머물게 하고 조직화해서 중세 가톨릭교회의 골격을 지탱할 집단을 형성한 것은 매우 의의가 깊었다고 본다. 온라인 백과사전, http://kr.dic.yahoo.com,

에는 콘스탄티노플 주재 교황 사절(使節)이 되고, 587년 로마 수도원장(abbot)을 거쳐 교황 펠라기우스 2세 사후 랑고바르드족(Lombards)의 침입, 창궐한 전염병, 동서교회 분리문제 등으로 괴로움을 겪은 교회 지도자들에 의해 590년 교황으로 추대되어 604년까지 재직하였다. 즉위 후에도 전과 다름없이 일개 수사와 같은 생활을 계속하면서 스스로를 '신의 종의 종'(Servus servorum Dei)이라 하며 여러 대 동안 문란해진 교풍을 바로잡고, 또 교직매매 및 교직취임 뒤의 결혼을 금지했던 것으로 잘 알려져 있다. 그리고 『목양자법규』(牧羊者法規: Regula Pastoralis)[80]를 써서 성직자의 생활을 규정하고, 교회의 성가를 모으고 수정하여 『그레고리오 성가』(Gregorian Chant)를 편찬하여 교회음악에도 적지 않은 기여를 하였다. 594년 전도단 일행을 영국에 보내어 앵글로색슨족을 개종케 하고, 에스파냐의 교회도 아리우스파에서 정통파의 신앙으로 복귀케 하는 데 많은 기여를 했다. 많은 저술에 의한 종교적-문학적 영향도 커서, 최후의 라틴교부라고도 불린다.[81] 그의 영성적 공헌은 베네딕트회의 규칙을 보급 내지는 확산(diffusion)시킨 데에 있다고 해도 과언이 아니

핵심어: "베네딕트회" 참고. 기원과 정신에 대하여는 http://www.christdesert.org/noframes/scholar/benedict/benedict_homhttp://kr.dic.yahoo.come.html을 참고하라. (베네딕토회로 부르기도 한다.)

[80] 이 책은 영어로 *Pastoral Rule*로 번역되었으며 영성 진작을 위한 영혼 돌봄에 관하여 자세히 다루고 있다. 그레고리에게 있어서 "영혼을 돌보는 것은 예술 중의 예술이다"라고 Bruce Demarest는 인용하였다. Gregory, *Pastoral Rule*, I.1, in *The Nicene and Post-Nicene Fathers*, second series, vol. 12 (Grand Rapids: Eerdmans, 1979), 1. Bruce Demarest, *Soulguide* (Colorado Springs: NavPress, 2003), 46에서 재인용.

[81] 온라인 백과사전. http://kr.dic.yahoo.com. 핵심어: "그레고리우스 일세."

다. 어떤 이들은 그를 베네딕트회(Benedictine Order)의 공동창설자(co-founder)라고도 부른다. 어쨌든 그의 관심은 항상 교회의 안녕(well-being)에 있었으며, 그의 수도사적인 절제와 종교지도자들에게 요구한 엄격한 규범적 삶은 당시 교회의 개혁을 불러올 만한 획기적인 사건이었다.

베네딕트가 5, 6세기에 창설한 베네딕트회는 그레고리뿐만 아니라, 서방 기독교회의 수많은 지도자들에게도 영향을 미쳤다. 간략하게 그의 영성 사상을 소개하면, 그는 그리스도를 닮는 것이 그리스도인의 삶과 소명이라고 그의 글 『규율』(Rule)에서 아래와 같이 요약적으로 설명하였다.

> …… 우리 주님은 복음서에서 말씀하시기를 "그러므로 누구든지 나의 이 말을 듣고 행하는 자는 그 집을 반석 위에 지은 지혜로운 사람 같으리니 비가 내리고 창수가 나고 바람이 불어 그 집에 부딪히되 무너지지 아니하나니 이는 주초를 반석 위에 놓은 연고요." 그러므로 주님은 우리가 그 분의 계명에 따라 책임적인 삶을 영위함으로써 그분의 부르심에 날마다 응답하는 삶을 요구하신다.[82]

---

[82] Abbot Parry, O.S.B., trans., *The Rule of Saint Benedict* (Leominster, England: Gracewing Books, 1990), 3. John R. Tyson, ed., *Invitation to Christian Spirituality* (New York: Oxford University Press, 1999), 22에서 재인용. 베네딕트는 마태복음 7:24-25를 인용하였다.

서방 기독교회의 영성은 11세기와 14세기 사이에 수도원을 중심으로 발전되었다고 해도 과언이 아니다. 앞서 언급되었던 베네딕트회는 세월이 지나면서 점점 더 개인 기도를 강조하였으며 고독한 은둔생활을 강조하였다. 이들은 공동체 생활을 하였으면서도 대부분의 시간을 개인 기도처에서 보냈으며, 오직 공동예배를 위하여만 함께 모였다고 컬리는 기술하고 있다.[83]

크레르보의 버나드(Bernard of Clairvaux, 1090-1153)는 시스터시안 수도회(Cistercian Order)를 창설하였고, 이 수도회에 속한 수사들 역시 대부분의 시간을 개인적인 명상으로 보냈고 식사 및 공동 예배시간에만 한자리에 모였다. 사실상 시스터시안 수도회는 베네딕트의 규율을 엄하게 지키는 수도회였으며, 버나드는 하나님의 사랑에 초점을 맞춘 영성가로 많은 이들에게 영향을 미쳤으며 적어도 460개의 영성 상담을 위한 편지를 쓴 것으로 알려져 온다. 그는 영성수련을 위해 모여든 제자들에게 격려와 책망을 곁들인 가르침을 준 것으로 유명하다. 그는 제자들에게 "자기의 마음을 선생에게만 맞추는 이는 바보를 따르는 학도가 된다"고 일침을 가하여 학습자들의 마음에 불을 지폈다.[84] 버나드는 평생 영성수련에 자신을 바쳤으며, 수도원에서의 삶을 성경 묵상과 렉시오 디비나(lectio divina)로 영위했다. 버나드의 가르침을 이해하는 열쇠는 '갈

---

[83] Iris Cully, 『영적성장을 위한 교육』, 101.
[84] Bernard of Clairvaux, as quoted by Tilden Edwards in *Spiritual Friend* (New York: Paulist, 1982), 248. John R. Tyson, ed., *Invitation to Christian Spirituality*, 46에서 재인용.

망'(desire)이라고 키이쓰 비즐리 - 토프리피(Keith Beasley-Topliffe)는 주장하면서, 인간이 하나님을 향한 갈망을 갖는 이유는 인간이 하나님의 형상으로 만들어졌기 때문이라는 것이다. 버나드의 하나님에 대한 사랑과 갈망은 『아가서 설교집』(Sermons on the Song of Songs)과 『하나님을 사랑함에 관하여』(On Loving God)이라는 책에 잘 드러난다.[85]

서방교회와 영성을 다루면서 아씨시의 프란시스(Francis of Assisi, 1182-1226)를 언급하지 않는 것은 불가능하다. 그는 실로 전설적인 인물이었으며, 첫 번째 이탈리안 신비가(mystics)라고 보아도 무방할 것이다.[86] 프란시스에 설립된 수도회에 속한 수사들을 보통 탁발수사(托鉢修士, friars)[87]라고 불렀는데 이는 보통 수사(monk)라는 이름과는 약간의 차이가 있다. 수사들은 대개 수도원에서 생활하였지만, 탁발수사들은 일반 사람들과 같이 살면서 영성생활을 영위하던 이들이었다. 본래 유복한 집안에서 태어나 자라났던 프란시스는 하나님의 부르심을 받은 후

---

[85] Keith Beasley-Topliffe, ed., *Dictionary of Christian Spiritual Formation* (Nashville: Upper Room Books, 2003), 36-37. 버나드의 주요한 글을 보려면 다음의 책을 참고하라. Dennis E. Tamburello, *Bernard of Clairvaux: Essential Writings* (NP: Crossroad Publishing Company, 2000). Keith Beasley-Topliffe, ed., *Dictionary of Christian Spiritual Formation* (Nashville: Upper Room Books, 2003), 37에서 재인용.

[86] Richard J. Foster and James Bryan Smith, eds., *Devotional Classics: Selected Readings for Individuals and Groups* (San Francisco: HarperSanFrancisco, 2005), 295.

[87] friar라는 용어는 '형제'라는 뜻의 라틴어 frater에서 유래했으며, 프랑스어 frère를 거쳐 만들어진 것이다. 자세한 정보는 http://www.newadvent.org/cathen/06280b.htm 참고. Catholic Encyclopedia on CD-ROM, 핵심어: "friars."

완전히 다른 사람으로 거듭났다. 그는 "예수를 닮아 교회를 재건하라"는 부르심을 받고 자신의 모든 재산과 값비싼 옷을 부친에게 다 드리고 새 삶을 시작하여, 가난과 청빈을 벗 삼아 이웃 사랑을 실천하였으며, 1226년에 죽을 때까지 수도자의 삶을 영위하였다. 그는 너무도 그리스도를 닮기 원하여 애절하게 기도한 나머지 하나님은 그에게 그리스도가 가진 성흔(holy scar)과 흡사한 상처를 몸에 허락하셨다. 십자가를 매일 지고 사는 그의 삶은 많은 이들을 감동시켰으며, 심지어는 자연 속의 동물들과도 대화를 나눌 수 있을 정도로 신비한 체험을 많이 하며 소위 프란시스 수도회를 이끌었던 역사상 가장 사랑과 존경을 많이 받는 영성가로 남아 있다. 다음은 성 프란시스의 작은 꽃들(The Little Flowers of Francis)이라는 책 중, "영혼의 추수"(A Harvest of Souls)라는 글에 나오는 프란시스와 마쎄오 형제와의 대화 중 일부인데, 이 글에서 그가 하나님께로부터 받은 사명을 엿볼 수 있다.

하루는 프란시스가 마쎄오 형제에게 이르기를 클레어 자매와 실베스터 형제에게 기도하라는 메시지를 전하고 오라고 했다. 실베스터는 메시지를 받자마자 그 순간부터 기도에 전념하였다. 그는 기도할 적에 즉시 하나님의 응답을 받았다. 실베스터는 곧바로 마쎄오 형제에게 달려가 말하기를 "주님께서 말씀하시기를 '너는 프란시스에게 달려가 이렇게 말하라': 하나님은 프란시스 너를 부르실 때 너 자신만을 위하여 살라고 부르시지 않았고 많은 영혼들을 추수하라고 부르셔서 그들로 하여금 구원을 얻게 하려는 것이다." 이 일 후에 마쎄오는 클레어 자매에게 가서 그녀가 하나님께 받은 메시지는 무엇이냐고 물었다. 그때 그녀는 자신도 그렇거니와 자신과 함께 기도하던 친구들이 실베스터 형제가 하나님께 받은 메시지와 아주 동일한 메시지를 받았다고 증언하였다.[88]

동일한 시기에 또 다른 탁발 수도회가 설립되었는데, 그것이 바로 도미니칸 수도회(Dominican Order)였다. 이들도 프란시스 수도회 수사들과 마찬가지로 수도원 밖에서 사람들을 섬기는 일을 하였다.[89] 창설자 도미니크(Dominic, c. 1170-1221)는 스페인의 귀족으로 태어났으나, 발렌시아의 주교좌 성당학교에서 공부하고 사제가 되어 1199년 오스마 대성당 참사회원(參事會員)이 되었다. 1203년 친구인 디다쿠스와 함께 로마로 갔다가 돌아오는 도중에 남프랑스로 갔다. 당시 이 지방에 이단(異端) 카타리파(派)의 세력이 성하게 되자 교황 인노켄티우스 3세의 명령을 받고 1206년부터 1215년까지 카타리파의 일파인 알비주아파의 교화에 힘썼다. 이 사이에 도미니크회 조직의 중심이 짜여져, 1215년 로마의 라테란회의에 나가 교황에게 교단 설립허가를 구했고, 1226년 호노리우스 3세의 인가를 받았다. 강력한 의지와 실행력으로 13세기의 서유럽에 참신한 영적(靈的) 개혁을 이룩하였다.[90] 그가 1216년에 설립한, '청빈과 교육'을 근본으로 하는 설교 수도회가 바로 도미니칸 수도회

---

[88] Richard J. Foster and James Bryan Smith, eds., *Devotional Classics: Selected Readings for Individuals and Groups*, 296에서 재인용.

[89] Iris Cully, 『영적성장을 위한 교육』, 102.

[90] http://kr.dic.yahoo.com/ 온라인 백과사전. 핵심어: "도미니크"

이다. 이 수도회는 인간의 영혼 구제를 최대 목표로 삼고 신앙의 진리를 만인에게 전하기 위해 효과적인 방법으로 복음을 전하는 데 중점을 두고 있다고 알려졌다. 또한 설교자들이 신앙을 철저히 알고 그것을 충분히 설명할 수 있도록 교육하는 것으로도 유명하다. 복음의 세계적인 전파를 목표로 신학의 학문적 중요성을 유지하기 위해 파리 대학을 비롯하여, 쾰른-옥스퍼드 등의 명문대학에서 다방면에 걸친 깊이 있는 연구로 학문에도 크게 기여하였다. 이 회는 많은 학자들을 배출하였는데, 성 마그뉴스와 토마스 아퀴나스(1225-74) 등이 대표적 학자이며, 아퀴나스는 1243년에 도미니크회에 들어가 스콜라주의를 완성시켰다.[91] 도미니크의 글은 사실 별로 알려진 것이 많지 않지만, 오히려 이후 도미니칸 수도회의 일원이 된 아퀴나스[92]의 『기도에 관하여』(On Prayer)[93]라는 질의응

---

[91] http://kr.dic.yahoo.com/ 온라인 백과사전. 핵심어: "도미니크 회"(Dominicans Order)

[92] 아퀴나스(Thomas Aquinas)는 네이플스(Naples)에서 태어나 몬테 카시노(Monte Casino)에 소재한 베네딕트 수도회에서 교육을 받았다. 그는 네이플스 대학에서 성경과 아리스토텔레스, 그리고 피터 롬바르드에 관하여 연구하였으며, 대학 졸업 이후 도미니크 수도회에 입회하였다. 그후 파리에서 수학하였고, 꼴로뉴(Colgne) 대학에서 당시 저명했던 학자이며 도미니크 수사였던 알베르투스 마그뉴스(Albertus Magnus, 1200-80) 밑에서 수학하였다. 마그뉴스는 당시 만물박사(the universal doctor)로 알려졌던 박학다식한 학자였다. 아퀴나스는 마그뉴스라는 대 스승 밑에서 신학과 철학뿐만 아니라 자연세계의 원리를 통합하는 사상 체계를 수립하였으며, 훗날 파리 대학으로 건너와 박사과정을 마치었다. 그는 설교와 교수, 그리고 저술 활동을 끊임없이 수행하였으며, 설교와 가르침을 도미니크 수도회의 특징(hallmark)으로 만드는 데에 절대적으로 기여한 사람이다. 그의 사상은 *Summa Theologica*에 집대성되었으나 1256년에 집필을 시작한 이 책은 끝내 미완성으로 남아야 했다.

[93] Simon Tugwell, trans., *Albert and Thomas: Selected Writings*. Copyright 1988, by The Missionary Society of St. Paul the Apostle in the State of New York

답 형식의 글에서 도미니크의 사상이 꽃을 피웠다고 볼 수 있다. 다음은 아퀴나스의 기도에 관한 영성적 해석을 담은 글이다.

◆ 질문: 기도할 때 우리는 이 세상의 것들(temporal things)을 구해야 합니까?

◇ 답: 어거스틴이 말한 바와 같이, 합리적으로 갈망해도 좋은 것을 구하는 것은 합리적입니다. 그리고 이 세상의 것을 구하는 것도 이와 같은 원리에 속합니다. 만일에 우리가 이 세상의 것들을 우리 삶의 일차적인 목표 혹은 그것을 우리의 전부로서 구하지 않고 삶의 수단으로 구한다면, 그것이 우리의 이 세상에서의 삶과 육신적인 삶을 지탱하고 도덕적인 삶을 영위하는 데에 도구적인 역할(instrumental role)을 한다면 문제가 없다고 봅니다. 이에 관하여는 오래전 아리스토텔레스도 언급한 바 있습니다. 또한 어거스틴도 "우리가 원하는 것이 우리 자신의 영달을 위한 것이 아닌 육신의 건강을 도모하고 우리의 삶을 안전하게 지탱하기 위한 것이라면 문제가 없고, 오히려 우리가 다른 이들과 공존하는 삶에서 도태되지 않고 조화를 이루는 데에 필요한 것입니다."[94]라고 말한 바 있습니다.[95]

(476-89). 이 글은 본래 Thomas Aquinas, *Summa Theologica*, II, II, Question 83에서 가져온 것이다. John R. Tyson, ed., *Invitation to Christian Spirituality*, 173에서 재인용.

[94] Augustine, Epistles, 130.6.12-7.13. John R. Tyson, ed., *Invitation to Christian*

이와 같이 아퀴나스는 도미니크 수도회의 일원으로서 설교와 교수(teaching)의 진작에 크게 기여한 영성 학자이자 수사였다. 아퀴나스의 다음 세대로 잘 알려진 영성 학자는 독일의 투링기아(Thuringia)에서 태어난 마이스터 엑크하르트(Meister Eckhart, 1260-1327)이다. 그 역시 도미니크 수도회에 입회하였고, 파리 대학에서 석사 학위를 취득하였는데, 바로 이것이 계기가 되어 그에게 "Meister" 즉 Master라는 호칭이 붙게 되었다. 그는 어느 누구보다도 많은 설교문을 썼으며, 신비주의학파(The Rhineland Mystics)를 일으킬 정도로 독특한 영성에 관한 일가견을 가진 학자였다. 타이슨(John R. Tyson)은 그의 신비주의를 절충적(eclectic)이라고 평가하는 데, 그 이유는 엑크하르트가 멀게는 디오니시우스와 어거스틴을, 가깝게는 아퀴나스의 이론을 섭렵하고 취사선택하여 자신의 이론을 구축하였기 때문이라는 것이다. 그의 신비주의는 다분히 신플라톤주의(Neo-platonism)에 영향을 받은 것이어서 그는 인간의 영혼(soul) 속에서 하나님을 찾아야 한다고 주장한 영성 학자였다. 그의 이론은 다분히 파격적이어서 때로는 이단으로 정죄당하는 경우도 있었다고 타이슨은 기록하고 있다. 아마도 그의 범신론적이고 존재론적인 생각이 그를 이단의 범주로 넣게 하는 빌미가 된 것이라고 본다. 아무튼 그가 아퀴나스 이후 역사에 한 획을 그은 영성가라는 데에는 이견을 달 사람이 없을 것으로 사료된다. 다음에 인용하는 문장은 그의 영성사상을 보여 주는 글이다.

Spirituality, 176에서 재인용.
[95] John R. Tyson, ed., *Invitation to Christian Spirituality*, 172-6에서 핵심 요약 및 인용.

…… 인생이란 무엇인가? 하나님의 존재가 곧 나의 인생이다. 만일 나의 인생이 하나님의 존재라면, 하나님의 존재하심은 곧 나의 존재가 되어야 하고 하나님의 하나님 되심(is-ness)은 곧 나의 나됨(is-ness)이 되어야 한다. 더도 아니고 덜도 아니다.[96]

엑크하르트 이후에 우리가 꼭 살펴보아야 할 영성가는 노르위치의 줄리안(Julian of Norwich, 1342-c. 1423)이다. 줄리안은 영국의 신비주의자 중에서는 아마 가장 많이 알려진 사람일 것이다. 그녀는 노르위치의 베네딕트 수도원에서 수녀로서 살았다. 그녀의 성장 과정은 많이 알려진 것이 없으나 그녀의 책 『신성한 사랑의 계시』(Revelations of Divine Love)는 그녀를 영어를 사용하는 당대 최고의 영성 작가로 만들었다. 비록 전문 작가가 아니어서 표현이 거친 면도 없지 않지만, 성경과 교회의 가르침에 정통한 그녀의 전문가적인 자질은 어김없이 표현되어 많은 이들의 사랑과 존경을 한 몸에 받게 하였다. 그녀의 신학은 신비한 경험에 의거한 것이다. 삼십 세의 나이에 죽을 병에 걸렸다가 살아난 그녀는 병중에 예수 그리스도의 고난(Passion)에 동참하게 해 달라고 기도했다.

---

[96] 여기서 "is-ness"는 독일어 "Isticheit"를 타이슨이 영어로 번역한 것이다. 어쩌면 이 표현은 엑크하르트가 만들어 낸 것인지 모른다. Reprinted from Colledge and McGuinn, *Meister Eckhart*. Copyright 1981 by The Mission Society of St. Paul the Apostle in the State of New York. Paulist Press의 허락으로 사용하였다. "Sermon VI," on "The just will live for ever," (Wis 5:16), 185-9. John R. Tyson, ed., *Invitation to Christian Spirituality*, 177에서 재인용. 위에서 인용한 글은 엑크하르트의 *Eternal Generation of the Son*에서 타이슨이 가져온 것을 옮겨 적은 것이다.

그때 그녀는 다음과 같은 음성을 듣게 된다. "나는 네 기도의 주춧돌이니라."[97] 그녀가 기도 중에 들은 이 주님의 음성은 그녀로 하여금 인생의 어두운 순간(darkness)에 광명(light)을 발견한 것이었고, 흑사병(Black Plague)이 창궐했던 시대에 그녀로 하여금 많은 사람들을 위하여 희생적인 삶을 살게 한 원동력이 되었다. 줄리안의 영성신학을 한 마디로 요약하라고 한다면, 아마도 그것은 "기쁨"(joy)일 것이라고 포스터는 주장한다. "[주 안에서] 모든 것이 평안하고, 모든 것이 평안하며, 삶의 모든 것이 다 평안하다"라고 줄리안이 입버릇처럼 되뇌인 것을 지적하며, 그녀의 저작들은 "영국에서 후기 중세 신비주의의 가장 완벽한 열매"였다고 포스터는 증언하였다.[98] 다음의 인용은 줄리안의 예수 그리스도에 대한 체험을 표현한 글이다. 그리스도를 어머니(Mother)로 표현한 대목을 주목하여 보면 매우 흥미롭다.

……선으로 악을 이기신 예수 그리스도는 우리의 진정한 어머니시다. 우리는 그분으로부터 우리의 존재를 부여받았다. 그분으로부터 모성(motherhood)의 근원이 발원된다. [그분으로부터] 달콤한 사랑의 안보하심이 끊임없이 흘러나온다.[99]

---

[97] 포스터가 인용한 줄리안의 기도를 영문으로 표현하면, "I am the foundation of your praying."이 된다. Richard J. Foster and James Bryan Smith, eds., *Devotional Classics: Selected Readings for Individuals and Groups*, 73.
[98] Ibid.
[99] Reprinted from Walsh, trans., *Julian of Norwich*. Used by kind permission of Paulist Press. chs. 55-56, Longer Text, 295-99. 줄리안의 *Our True Mother*라는

이 시대에 마지막으로 다룰 영성가는 토마스 아 켐피스(Thomas á Kempis, 1380-1471)이다. 그는 독일 듀셀도르프 근교의 켐펜에서 태어나서 13세에 집을 떠나 네덜란드의 데벤터로 여행을 하였다. 그곳은 1376년에 그루트(Gerad Groote)[100]가 세운 공동체(The Brethren of Common Life)가 있던 곳이었다. 그곳에서 켐피스가 그루트의 깊은 영향을 받은 것 같다. 후세에 잘 알려져 있는 켐피스의 명저 『그리스도를 본받아』(The Imitation of Christ)가 그루트의 작품이라고 주장하는 설이 있을 정도로 켐피스는 그의 영향을 많이 받았다. 그루트가 설립한 공동체의 영성은 그리스도 중심적(Christocentric)이었다. 그곳에서 켐피스는 영성 훈련을 받았고, 결국 그만의 독특한 영성을 형성하게 되었다고 보인다. 그의 『그리스도를 본받아』는 적어도 네 가지의 내용을 담고 있다. 첫째는 영성생활에 관한 조언이다. 둘째는 내적 삶에 관한 조언이다. 셋째는 내적 삶의 위안(consolation)이다. 마지막으로, 넷째는 축복된 성례에 관한 기록이다. 이제 그의 책에서 그의 음성을 청취해 보자.

"나를 따르는 자는 어두움에 다니지 아니하고 생명의 빛을 얻으리라"(요 8:12)고 주님께서 말씀하신다. 그리스도께서는 우리가 그분의 삶

글을 인용한 것이다. John R. Tyson, ed., *Invitation to Christian Spirituality*, 193에서 재인용.

[100] 그루트는 안수집사, 즉 평신도로서 네덜란드 전역으로 다니며 설교를 했다고 전해 온다. 아래에 소개하는 자료는 아마도 켐피스가 그루트의 일기를 편집한 *The Following of Christ*를 본떠서 그의 책을 썼을 것이라고 주장한다. http://www.answers.com/topic/groote-gerard(Answers.com, 온라인 백과사전) 참고.

을 본받고 그분의 습관(기질: habits)까지를 본받기 원하신다. 만일 우리가 진정으로 마음의 실명(blindness)로부터 자유로워지고 빛으로 나아가기를 원한다면 말이다. 그러므로 우리의 제일의 노력은 예수 그리스도의 삶을 연구하는 것이 되어야 할 것이다.101

이제는 켐피스에서 종교 개혁기로 넘어가기로 한다. 종교 개혁기는 기독교 영성을 다루는 데 있어서 중요한 시기였다. 많은 영성가들이 있으나 여기서는 몇 주요 영성가를 중심으로 다루기로 한다.

4. 종교 개혁기와 영성102

일반적으로 종교 개혁기를 다룰 때, 종교개혁을 직접 주도한 인물들을 다루기 마련이다. 그러나 여기서는 종교 개혁과 수도원 개혁에 직간접적으로 영향을 끼치고 개혁적 영성을 실천한 인물들이 추구하던 영성을 선별적으로 다룰 것이다. 종교 개혁기에는 제노바의 **캐서린**

---

101 Reprinted from Thomas á Kempis, *The Imitation of Christ*, Bk. I, ch.. 1, from the Christian Classics Ethereal Library, http://ccel.wheaton.edu. John R. Tyson, ed., *Invitation to Christian Spirituality*, 195-6에서 재인용.
102 일반적으로 개신교에서 종교개혁 시대를 루터와 칼뱅의 시대를 중심으로 잡는다면, 여기서는 John R. Tyson의 책 *Invitation to Christian Spirituality*에서 잡은 시기적 구분을 따른다. 왜냐하면 그의 구분이 우리로 하여금 루터로부터 십자가의 성 요한에 이르는 중요한 영성가들을 다루는 데 더 합리적이라는 판단 때문이다.

(Catherine of Genoa, 1447-1510), 데시데리우스 에라스무스(Desiderius Erasmus, c. 1466-1536), **마틴 루터**(Martin Luther, 1483-1546), 마이클 새틀러(Michael Sattler, c. 1490-1527), 로욜라의 **이냐시오**(Ignatius of Loyola, 1491-1556; 이냐시오라고도 부름), 존 칼뱅(John Calvin, 1509-64), 바톨로매 드 라스 카사스(Bartholome de Las Casas, 1474-1566), 토마스 크랜머(Thomas Cranmer, 1489-1556), 아빌라의 **테레사**(Teresa of Avila, 1515-82), 그리고 **십자가의 요한**(John of the Cross, 1542-91) 등 중요한 인물이 많으나 여기서는 지면 관계상 굵은 글씨로 표현한 다섯 명만을 다루기로 한다.[103]

첫 번째 다룰 인물은 캐서린이다. 그녀의 이름은 Catherine Fieschi 이다. 캐서린은 부유한 귀족 집안의 딸로서 이탈리아 북서부 지방의 제노바에서 태어났다. 지성과 미모를 겸비했던 그녀는 어릴 때부터 심한 우울증과 정신 병력을 갖고 있었다. 그녀는 13세에 수도원에 들어가고자 시도했으나, 어릴 때의 병력으로 인하여 입회를 거절당했다. 그러다가 그녀의 부친이 1461년에 죽게 되어, 당시의 관습을 따라 그녀의 큰 오빠가 그녀의 정혼을 추진했고, 그녀는 삼촌이었던 울리아노 아도르노(Giuliano Adorno)와 나폴레옹 피에스키 주교의 주례로 결혼하였다. 그녀의 의지와는 상관없이 이루어진 결혼생활은 비참하기 짝이 없었다. 남편은 부도덕했고 학대를 일삼는 치한이었다. 그리하여 캐서린은 심한 고독과 우울증

---

[103] 여기서 수도원 개혁을 포함한 종교 개혁기로 나누고 몇 주요 영성가들을 선택한 것은 Tyson의 분류에서 힌트를 얻어 선택한 것임을 밝혀 둔다.

에 빠졌으며, 약 10년 동안 은거(seclusion) 생활을 할 정도로 철저하게 괴로운 생활을 하였다. 그러던 중 수녀였던 동생의 권유로 한 수도원장에게 고해성사를 고하게 되는 그녀는 사순절 기간에 하나님의 끝없는 사랑을 체험하게 되고, 자신의 죄성에 대한 자각에 이르게 된다. 거기서 그녀는 가슴이 찢어지는 경험과 자신의 모든 죄가 성령의 불에 타 버리는 급작스런 회심의 경험을 하게 된다. 이후 그녀는 세상의 대부분의 쾌락을 멀리했으며, "다시는 죄와 세상을 가까이 하지 아니하리라"는 결심을 하게 된다. 기도 중에 어깨에 십자가를 멘 그리스도께서 나타나 피와 물을 쏟고 계셨다. 그리스도의 피는 그녀가 보기에 온 집안에 흘러 넘쳤으며, 자신의 죄의 흉측함이 그대로 드러나는 느낌을 갖게 되자, 그녀는 이렇게 외쳤다. "주여, 만일 필요하다면, 저는 많은 이들 앞에서 저의 모든 죄를 낱낱이 고백하겠습니다." 이후 그녀는 자신의 죄를 고백하였다. 하나님께서 그녀의 모든 죄를 사해 주셨음에도 불구하고 그녀는 속죄하는 마음으로 이후 약 4년간 모든 고기와 입에 당기는 맛난 음식을 멀리했으며, 과일도 먹지 않았고 거친 모포(haircloth)만을 입고서 고행의 수련을 자청하였다. 4년간의 고행수련 이후 그녀는 당분간 아무것도 듣지 못했고, 보지도 못했으나, 하나님은 꼭 필요할 때면 그녀로 하여금 정신을 차리게 하시고 정상적으로 생활하게 하셔서 그녀는 다른 이들에게 짐이 되지 않았다. 이후 그녀는 맑고 투명한 영혼으로 선한 일을 베풀었고 가난한 이들의 친구가 되었다. 그녀가 제노바에서 일하던 단체를 Donne della Misericordia라고 불렀다. 다음은 그녀가 "순수한 사랑"(Pure Love)에 관하여 쓴 기도문이다.

신적인 사랑은 우리의 진정한 사랑이다. 그 사랑은 우리를 세상으로부터와 우리 자신으로부터 격리시키고 하나님과 연합되게 한다. 하나님의 사랑이 우리의 마음에 부어졌을 때, 어떤 세상의 것도 우리에게 문제가 되지 않는다. 하나님의 사랑은 우리로 하여금 죽음도 두려워하지 않게 한다. ……104

"사랑의 세 가지 규칙"(The Three Rules of Love)이라는 글에서 캐서린은 영성생활을 위한 원리를 이렇게 말했다. 첫 번째 규칙: "절대 나는 할 것이다. 혹은 나는 안 할 것이다"라고 말하지 마라. 두 번째 규칙: "내 것이라고 말하지 말고, 항상 우리의 것이라고 말하라." 세 번째 규칙: "절대 핑계대지 말고 항상 자신의 죄를 책망(accuse)할 준비를 하라."105 캐서린의 놀라운 변화는 그녀를 따르던 많은 이들의 삶을 변화시켰고, 이런 삶이 이탈리아 한구석에서 조용한 개혁의 불씨를 당기고 있었다고 사료된다. 이제 독일로 건너가 종교개혁의 실질적 발안자였던 루터의 영성을 살펴보자.

두 번째 다루는 영성가는 마르틴 루터이다. 누가 무엇이라고 해도 종교개혁의 선봉장(inaugurator)이었던 마르틴 루터는 법조가를 만들고

---

[104] Paul Gavin, trans., *The Life of Catherine of Genoa* (Staten Island: Alba House, 1964), "sayings," 65-68. John R. Tyson, ed., *Invitation to Christian Spirituality*, 209에서 재인용.

[105] Paul Gavin, trans., *The Life of Catherine of Genoa* (Staten Island: Alba House, 1964), "sayings," 68-71. John R. Tyson, ed., *Invitation to Christian Spirituality*, 210에서 재인용.

싶었던 부친의 열심과 희생으로 당시 최고의 교육을 받았다. 법과대학을 졸업한 그는 아버지의 심한 반대를 무릅쓰고 1505년 7월 에어푸르트(Erfurt)에 있는 어거스틴 수도원에 들어가게 된다. 또한 공부에 특출한 재주를 가졌던 그는 1512년에 신학박사학위를 취득하고, 비텐베르크(Wittenberg) 대학의 성서문학 교수가 된다. 대개 루터를 신학자요 교회 개혁자로 기억하고 있지만, 사실 루터는 기독교인들의 영성에 깊은 목회적 관심을 가졌다고 맥그래스는 증언한다. 그는 성도들이 어떻게 기도해야 하는지에 대한 글을 쓰기도 하였고 특히 성도와 그리스도와의 신비로운 연합(mystic union)에 대하여 기초를 놓았다고 볼 수 있다. 1520년에 쓴 『크리스천의 자유』(The Freedom of a Christian)에서 루터는 기독교 영성을 위한 신비로운 연합의 본질(nature)과 함의(implications)에 대하여 자세히 기록하였다. 이 글은 평신도 지도자들을 위하여 쓴 것으로 누구나 이해할 수 있도록 평이한 문체로 실제적인 이슈에 대하여 다룬 글이다. 루터는 누구이 그리스도와 연합하기 위해서는 '신앙'의 역할이 지대함을 강조하였다. 이는 중세기 신비론자들이 '사랑'을 강조한 것과는 대조가 된다.

신앙은 단순히 우리의 영혼으로 하여금 거룩한 하나님의 말씀이 은혜와 자유와 거룩함으로 충만하다는 것을 깨닫는 것이 아니다. 신앙은 그리스도와 우리의 영혼이 연합되게 한다. 마치 신부가 신랑과 하나가 되듯이 말이다. 바울이 에베소서 5:32에서 말한 것과 같이 이러한 결혼(marriage)으로부터 예수 그리스도와 우리의 믿는 자의 영혼은 하나의

몸이 된다. 그렇게 함으로써 그 둘은 모든 것을 함께 나눈다. 때로 그것이 어려움일지라도 말이다.[106]

루터의 신앙에 대한 강조는 그의 글 곳곳에서 나타나며 "우리의 공적이 아닌 그리스도께 대한 신앙"이 우리를 하나님과 연합되게 하는 것이라고 주장하는 바를 어렵지 않게 발견할 수 있다. 루터의 이런 신앙에 대한 자각과 강조가 종교개혁을 일으키게 되는 주요 원동력이 되었다고 주장하는 것에는 지나침이 없다고 본다.[107] 이제 루터와 동시대에 살았으나 다른 방향으로 영성을 발전시킨 로욜라 이냐시오의 영성을 살펴보자.

세 번째 우리가 다루는 영성가는 이냐시오이다. 이냐시오의 이름은 Inigo Lopex de Recalde였다. 그는 스페인 북쪽 지역에서 태어났다. 그는 성 안에서 자라났으며 귀족이었던 부모 밑에서 유복한 생활을 하였다. 26세가 될 때까지 이냐시오는 호전적인 운동(warlike sport)을 즐기던 '세상 사람'이었다. 1521년에 스페인과 프랑스가 전쟁을 벌였을 때 그는 출병하여 심하게 다치게 된다. 양쪽 다리를 심하게 다쳐 사경을 헤매던 그는 자신의 죄를 고백하게 되고 영적인 체험을 하게 된다.[108] 병상에서 독서와 명상에 몰두하던 그는 오랜 세월을 지나 회복되었고,

---

[106] McGrath, "Martin Luther on Union with Christ," *Christian Spirituality*, 158.
[107] John R. Tyson, *Invitation to Christian Spirituality*, 216 참고.
[108] Ibid., 245-46. 그가 자신의 삶을 그리스도께 헌신하게 되는 자세한 경과는 Tyson의 책을 참고하라.

긴 병상에서의 시간은 오히려 그에게 축복이 되어 결정적인 회심으로 그를 인도했다. 그에게 결정적으로 영향을 미쳤던 책은 루돌프(Ludolf of Saxony)의 『그리스도의 생애』(Life of Christ)였던 것 같다.[109] 독서, 성찰, 기도를 통하여 이냐시오는 자신의 생각과 태도, 그리고 내면생활을 온전히 그리스도의 지배에 복종하는 연습을 하였다. 그의 죄에 대한 철저한 고백과 영성훈련에 관한 생각은 『영신 수련』(Spiritual Exercises: 1522년에 써서 1548년에 출판되었다.)에 잘 나타난다.

다음에 적는 글은 우리의 죄에 대한 나의 묵상이다. 두 가지 서론적인 말과 준비를 위한 기도 후에 다섯 가지의 요점이 나오고, 그에 대한 총론이 나온다. ······
두 번째 서론: 이것은 내가 바라는 것들을 간구하는 것이다. 여기 내가 범한 죄에 대하여 나의 마음에 더 강렬하게 솟구쳐 오르는 슬픔과 눈물로 간구한다.

첫째 요점. 이것은 나의 죄에 대한 기록이다. 나는 주기적으로 매 해마다 내가 나의 삶에서 범한 죄를 나의 마음에 되새길 것이다. [내 삶을 주 앞에서 성찰함에 있어] 세 가지 영역이 나를 도와줄 것이다. (1) 나는 내가 살았던 삶의 자리를 다시금 회상할 것이다. (2) 나는 내가 대했던 주변 사람들과의 관계를 다시금 회상할 것이다. (3) 나는 내가

---

[109] McGrath, *Christian Spirituality*, 160.

일했던 나의 직분에 대하여 다시금 회상할 것이다. ······110

그의 영성은 죄에 대한 철저한 반성과 함께, 강한 육체적·정신적 훈련에 대한 강조로 특징지어진다. 그는 여기에서 한 걸음 더 나아가서 자기 점검(self-examination)도 강조하였다. 이냐시오에 있어 영성은 예수 그리스도를 닮아가는 과정으로서 기도, 명상, 그리고 예수 그리스도의 삶과 죽음과 부활을 깊이 묵상하는 것이 주된 핵심이다. 그는 1534년 8월 15일에 예수회(Jesuit Order)를 창설하였다.111 예수회는 이냐시오가 쓴 『영신 수련』을 규범서로 채택하였다. 이냐시오의 영성은 육체적 훈련과 정신적 훈련을 강조하였으며, 자기 성찰(self-examination)을 강조하는 것이다. 그에게 기독교는 예수 그리스도를 닮아 가는 것이었다.112 컬리에 의하면 이냐시오는 유럽에서 가톨릭 신앙을 회복시키기 위한 조직으로 예수회를 창설하였다. 회원들은 군대식으로 훈련을 받았으며, 선교와 교육에 강한 집념을 가졌던 것으로 유명하다.113 이냐시오의 영성은 현대 기독교 영성에 지대한 영향을 주었으며, 아직도 그의

---

110 이냐시오는 매일 철저하게 자신의 삶을 성찰하며 살았다. 또한 자신의 삶의 주변과 연관된 장소, 사람, 일에서 혹시 있었을 수도 있는 죄를 집요하게 찾아내어 회개하는 삶을 살았던 것으로 보인다. 위에서 인용한 글은 그의 "두 번째 영신 수련"에서 가져온 것이다. McGrath, *Christian Spirituality*, 161에서 재인용.

111 http://ko.wikipedia.org. On-line Encyclopedia, 핵심어: 이냐시오. Tyson은 1540년에 예수회가 창설되었다고 하는데 어떤 정보가 정확한 것인지는 분명치 않다. John R. Tyson, *Invitation to Christian Spirituality*, 245 참고.

112 Ibid., 244-45.

113 Iris Cully, 『영적 성장을 위한 교육』, 108.

정신이 살아 움직인다고 해도 과언이 아닐 것이다.

　네 번째 여기서 다루는 영성가는 아빌라의 테레사이다. 유해룡은 테레사와 성 요한을 깔멜수도회의 전통을 지닌 이들이라고 소개했다.[114] 테레사는 어린 소녀 시절부터 영성에 많은 관심을 가졌다고 전해 온다. 테레사로 알려진 그녀의 이름은 Teresa de Cepeda y Ahumada이며, 1535년 카밀라이트(깔멜) 수도원(Carmelite Convent of the Incarnation)에 들어갔다. 거기서 테레사는 침묵기도와 명상(recollection)을 가르친 오수나(Osuna)의 『셋째 영성의 기초』(Third Spiritual Alphabet)에 심취하였다. 수도원에서 크고 작은 영적 경험을 한 그녀는 1555년에 자신의 '두 번째 회심'을 경험하게 된다. 훗날 로마교회로부터 '기도의 스승'으로까지 영예로운 칭호를 받은 그녀는 실로 기도를 통하여 온갖 신비한 체험을 한 영성가이다. 그녀는 소위 "transverberation"[115](사랑의 화살에 심

---

[114] 유해룡, 『하나님 체험과 영성 수련』, 168. 깔멜수도회는 관상 경험을 중요시하는 전통을 지니고 있다. 유해룡은 "관상적인 경험 자체가 극히 내면적인 일이기 때문에 깊은 성찰과 이미 풍부한 경험을 가진 이들의 섬세한 안내가 있어야 한다"고 영성지도적인 측면에서 설명했다.

[115] 'transverberation'은 우리말로 적절한 단어를 찾을 수 없었다. 그래서 장신대 오방식 교수에게 문의하였더니, 다음과 같은 답변을 이메일로 보내 주었다. "transverberation은 *The life of Teresa of Jesus: The Autobiography of Teresa of Avila*의 29장 뒷부분에(뒤에서 두 번째 문단) 나오는 단어이다. 실제로 테레사가 쓴 자서전의 텍스트에는 없는 단어이고 편집자의 각주에 나오는 단어이다. 이 말은 테레사의 영적 경험을 표현해 주는 단어라는 뜻이다. 자서전 29장의 끝 부분에 보면 테레사는 천사가 금화살(사랑의 화살)을 쏘아 테레사의 심장을 관통하고 오장육부까지 꿰뚫는 경험을 하게 된다. 이 화살을 빼낼 때 자신의 심장마저 다 빼내는 것 같은 고통을 느끼지만 테레사는 하나님의 사랑으로 온통 불타오르게 되는 체험을 하게 된다. 엄청난 육체적 고통이 있었지만 영혼은 그 고통이 멈추기를 원하지 않고 하나님 이외의 것으로는 만족을 얻으려고

장이 관통됨)이라는 신비한 체험을 하였다. 테레사는 기도 중에 천사가 쏜 사랑의 화살(dart of love)이 심장에 꽂히는 신비한 경험을 하는데, 전해 오는 얘기에 의하면, 그녀가 1582년에 사망한 이후 장사를 지내었는데 그녀의 옷이 다 부패하였는데도 그녀의 몸은 부패하지 않았고 오히려 수도원 전체에 향긋한 향내가 진동하였다고 한다. 그녀의 심장은 몸에서 제거하여 투명한 병에 보관되었는데 놀랍게도 심장에는 선명한 화살 자국이 남아 있었다고 하며, 그녀의 심장은 오늘날에도 스페인의 깔멜 수도원(Alba de Tormes)에 보관되어 있다.[116]

아빌라의 테레사는 그녀의 저서『영혼의 성』(Interior Castle)에서 그녀 자신의 독특한 신비체험을 묘사하고 있다. 그녀는 깊은 묵상과 관상기도(the prayer of contemplation)로 하나님과 합일의 체험에 도달한다. 그런데 그녀는 합일에 이르는 과정을 일곱 단계인 일곱 궁방(宮房)으로 묘사하며, 결혼으로 묘사되는 하나님과의 합일은 제7궁방에서 이뤄진

도 하지 않는 특별한 하나님의 은총이었다. 이 은혜가 며칠간 거의 무아지경에서 아무것도 듣지도 보지도 못하고 오직 고뇌를 맛보고 싶었던 체험이다. 자서전 한국어판 번역에는 나와 있지 않은 용어이다. 실제로 테레사에 관한 여러 권의 영어 책에서도 index에 나와 있지 않은 용어이다. 의미적으로는 '심장을 관통한다'는 뜻으로 보면 될 것이다. 가톨릭교회에서는 테레사의 이 체험을 기념하는 날이 정해져 있으며, 1726년 교황 베네딕도 XIII에 의하여 8월 27일을 festival and office for the "Transverberation"으로 지정했다. 오늘 가톨릭교회에는 위의 단어를 표현하는 공식적인 한국어가 없는 것 같고 그저 "심장 찔리신 날"이라고 부른다고 한다"고 답변해 주었다. 종합적으로 볼 때, 이 영적인 경험은 그녀가 기도와 관상을 통해 하나님과의 합일을 경험하였다는 것을 말해 주는 하나의 예로 보면 크게 무리가 없을 것이다.

[116] 위의 글은 외국 사이트 http://maryschild.blogspot.com/2005/08/feast-of-trans-verberation-of-st-teresa.html에서 가져온 것이다.

다. 유대교 신비주의자들이 일곱 헤칼로트를 거쳐 메르카바에 이르는 길에 수많은 방해꾼들이 득실거리는 것처럼, 아빌라 역시 제7궁방에 이르는 길에 수많은 짐승들로 묘사되는 사탄 세력의 방해를 받는다. 그럼에도 불구하고 그녀는 하나님의 은총과 자신의 혼신의 노력으로 하나님과 결혼하는 제7궁방에 이른다. 제1궁방에서 제3궁방에 이르는 과정의 기도는 묵상의 적극적 기도(active prayer of meditation)이며, 이 과정은 그녀의 표현을 빌리자면, 마치 수원지의 물을 물통에 이끌어 들이는 것이며 그렇기 때문에 다소 힘이 든다. 제4단계는 기도 생활의 전환기로서, 개인은 기도 속에서 수동적이 되며 – 관상 기도의 시초이다 – 하나님께서 영혼을 내적 평온의 상태로 이끄는 것을 경험하게 된다. 제5-7궁방까지의 과정은 관상의 수동적 기도(receptive prayer of contemplation)로서, 그녀 자신의 표현으로는, 마치 물통이 수원지 안에 있는 것과 흡사하며 영혼은 영적 환희로 가득해진다. 그런데 그 어느 단계에서보다도 약혼식이 이뤄지는 제6궁방은 시련이 많다. 그래서 영이 내외적으로 시련을 겪는 이 단계를 "영혼의 어둔 밤"으로 묘사한다. 그리고 마지막 제7궁방은 하나님과 합일이 이뤄지는 결혼 단계로서 결혼은 치유와 전일성(wholeness)을 표현한다. 테레사는 자기 바깥으로 나오기 위해 자기 내부의 밀실로 들어간다. 다시 말해 그녀가 제7궁방에 들어가 하나님과 합일되는 목표는 세상으로 나아가기 위해서이다. 곧 섬김과 봉사의 삶을 위해서라는 것이다.[117]

---

[117] http://sgti.kehc.org/data/field/practice/kslee/21.htm 참고. "진정한 영성의 표지,"

타이슨(Tyson)은 테레사의 영성을 그리스도 중심적(Christocentric)이라고 주장하며 그녀의 "영적 결혼"(Spiritual Marriage)이라는 글에서 다음을 발췌하였다.

…… 그러면 이제 신적이고 영적인 결혼에 대하여 다루어 보자. 비록 영적 결혼이 우리의 일생에 완전하게 이루어지는 것은 아닐지라도 말이다. …… 어느 날 주님은 찬란함, 광명, 장엄함으로 우리에게 다가오신다. 마치 부활하신 이후에 다가오신 것처럼 말이다. …… 주님은 단순한 우리의 상상 속에 나타나시는 것이 아니라 우리의 지적 비전(intellectual vision) 가운데 홀연히 우리의 영혼 중심에 당신의 모습을 드러내신다. 마치 열두 사도들에게 나타나셨듯이 문을 통해 들어오시지 않고, "너희에게 평강이 있을 지어다"라고 말씀하실 때처럼 말이다.[118]

테레사의 영성은 놀라울 정도로 균형 잡힌 영성으로 보인다. 특히 그녀의 하나님께 대한 사랑과 믿음의 행위에 관한 실천적인 견해가 그렇다. 다음의 글에 그녀의 생각이 잘 드러나 있다.

『활천』(2000. 10). 테레사의 기도와 묵상을 통한 영성훈련의 내용은 앞서 소개한 유해룡, 『하나님 체험과 영성 수련』, 172-183을 참고하라.

[118] Teresa of Avila, *The Interior Castle*, Mansion VII, ch. 2. Translated and edited by E. Allison Peers, from the *Critical Edition of P. Silverio de Santa Teresa*, C.D(1959). Tyson, *Invitation to Christian Spirituality*, 259에서 재인용.

23. 마지막으로 나의 자매들이여, 이 충고로 나의 글을 맺고 싶습니다. 토대 없는 성루를 짓지 마세요. 왜냐하면 주님께 대한 사랑의 표현으로 이루어진 행위가 아무리 많더라도 우리 주님은 그 행위의 양에 대하여 크게 관심을 갖지 않습니다. 단지 우리가 할 수 있는 것을 [최선을 다하여] 하기만 한다면, 주님께서 우리로 하여금 힘을 주셔서 매일 더 많은 일이 이루어지도록 하신 답니다. 우리의 인생이 이 땅 위에서 존속하는 동안(어쩌면 우리가 생각하는 것보다 훨씬 더 그 인생이 짧을 수도 있을 겁니다.), 만일 우리가 지나치게 걱정하지 않고, 우리가 드릴 수 있는 모든 희생을 매일 드린다면 -내면의 삶과 외면의 삶을 포함하여- 우리 광대하신 주님께서는 당신이 하나님 아버지께 십자가 위에서 자신을 드려 우리의 내면과 외면의 삶을 하나로 묶어 주실 겁니다. 그렇게 함으로써 우리가 어떠한 수단으로 우리의 삶을 드리던지 간에 우리가 [하나님께 대한] 사랑으로 드린 것이라면, 우리의 인생을 실로 가치 있는 것으로 만드실 것입니다.[119]

테레사의 영성은 『완덕에 이르는 길』(The Way of Perfection)과 앞서 소개한 『영혼의 성』(Interior Castle)에 나타나는데, 주기도문에 의거한 기도와 명상의 방법을 적어 놓은 책이 전자라면, 영혼의 영성 진전의 과정을 궁방(courtyard)이라는 메타포를 사용하여 자세하게 적어 놓은

---

[119] St. Teresa of Avila, *The Interior Castle*, The Seventh Mansions, ch. IV. Translated by the Benedictines of Stanbrook (New York: Barnes & Noble Books, 2005), 201.

영성교육 지침서는 후자라고 할 수 있다. 그녀는 교회로부터 기도의 스승뿐만 아니라, 교회의 대학자 혹은 박사(Doctor of the Church)라는 칭호까지 얻을 정도로 대단한 학자였으며,[120] 우리가 배워 적용할 것이 무궁무진한 체험적 영성가라고 해도 과언이 아닐 것이다.

    이 종교 개혁기에 우리가 마지막으로 다룰 영성가는 십자가의 요한이다. 그는 스페인의 폰티베로스(Fontiveros, Castille)에서 태어났으며, 그의 원래 이름은 Juan de Yepes Y ÁLVAREZ이다. 1564년에 깔멜 수도원에 들어갔으며, 깔멜 대학을 다녔다. 당시 깔멜 대학은 가장 학문적으로 뛰어난 학교였으며 그는 거기서 스콜라 신학과 철학을 섭렵하였다. 1567년에 아빌라의 테레사를 만났으며, 그해에 수사로서 안수(ordination)를 받았다. 테레사처럼 십자가의 요한도 평생을 수도원 개혁(reform)에 바쳤다. 그러나 그의 개혁적 성향을 싫어하던 당시의 지도자들에 의해 그는 1577년 체포되어 똘레도(Toledo)에 소재한 깔멜 수도원의 독방에 감금되었다. 그로부터 8개월 후 그는 그곳에서 탈출하였고, 탈출할 때에는 감옥생활에서 지은 수많은 영적인 시를 갖고 나왔으며, 이 시들이 훗날 중요한 영성에 관한 저서의 토대가 된다. 그는 훗날『영성가』(Spiritual Canticle),『갈멜산에 오름』(the Ascent of Mount Carmel),『영혼의 어두운 밤』(the Dark Night of the Soul),『사랑의 타오르는 불꽃』(The Living Flame of Love) 등을 저술한다. 그중 대표작은 아무래도『영혼

---

[120] Gordon S. Wakefield, ed., *The Westminster Dictionary of Christian Spirituality* (Philadelphia: The Westminster Press, 1983), 374-375.

의 어두운 밤』이라고 볼 수 있다. 그는 본래 선천적으로 조용한 사람이었으며, 자신의 책이 출판되는 것을 한 번도 의도한 적이 없었던 것 같다.[121]

십자가의 요한은 철저하게 관상적이고 내면적인 영성을 추구하던 사람이었다. 감옥에서 엄청난 육체적 고통과 정신적 번민을 경험한 그는 시련 가운데에서 '하나님의 부재'(absence of God)를 체험한다. 그의 영적인 체험은 "깜깜한 밤"이라는 그가 사용한 메타포에서 그 힌트를 엿볼 수 있다. 왜 '밤'인가? 유해룡은 그 이유를 다음의 세 가지에서 찾았다. 첫째, 우리의 영혼이 하나님을 만나기 위해 영적인 여정을 나설 때는 이 세상의 모든 욕심을 끊어 버리고 자기를 부정해야 한다. 그러기에 이러한 부정과 끊음의 과정이 옛 품성을 가진 인간에게는 밤과 같이 느껴질 수밖에 없기에 밤으로 표현한 것이다. 둘째, 하나님께로 나갈 때는 인간의 이성이 아닌 믿음으로만 가능하기에 이성에 반하는 믿음의 길은 밤이 되는 것이다. 셋째, 하나님과의 합일에 이르는 과정에서 그 직전의 상태는 합일 시 드러나는 찬란한 광명에 비하여 밤일 수밖에 없으므로 밤인 것이다. 낮이 오기 직전은 밤이기에 그렇게 표현한 것이다.[122] 십자가의 요한의 신학은 "todo y *nada*" 즉, 전부(all)와 전무(nothing)라는 말로 요약할 수 있다. "todo"는 인생의 전 존재가 하나님 안에서만 성립된다는 의미이다. 그러나 우리가 하나님께 도달하기 위해서는 하나님께 속하지 않은 그 어떤 것도 절대적으로 포기 혹은 부정(nada)해야 한다.

---

[121] Gordon S. Wakefield, ed., *The Westminster Dictionary of Christian Spirituality*, 232.
[122] 유해룡, 『하나님 체험과 영성 수련』, 183.

사실 이러한 사상은 누가복음에서 예수 그리스도의 말씀에 기초한 것이다. "이와 같이 너희 중에 누구든지 자기의 모든 소유를 버리지 아니하면 능히 내 제자가 되지 못하리라."(눅 14:33) 그러므로 자신의 모든 것, 전 존재에 대한 포기는 때로는 종교적인 체험까지도 거부하고, 하나님께 대한 철저한 순종과 복종, 그리고 온전한 자기 부정을 의미한다. 요한의 생각은 그의 '밤'에 대한 개념에 녹아 있는데, 다음에 인용한 그의 글이 그의 영성신학의 핵심을 잘 요약해 준다.

> 영혼이 하나님을 더 가까이 할수록 [인간의 약함으로 인해] 캄캄한 어둠을 더 느끼고 어둠은 더 깊어지는 것, 태양에 바싹 가까이 하는 자가 제 눈의 약함과 부정함 탓으로 엄청난 빛을 감당치 못하여 아찔하게 캄캄해지는 것과 같은 이치이다. 하물며 무한하신 하나님의 영광스러운 빛은 인간 자연 본성의 이성을 초월하고 가까이 할수록 장님이 되고 어두워지는 것이다.[123]

깔멜 수도원을 개혁하는 데 앞장섰던 테레사와 요한의 영성은 현대 기독교 영성형성에 지대한 영향을 끼쳤다고 본다. 이제 현대 기독교 영

---

[123] John of the Cross, 『어둔 밤』(The Dark Night), 최민순 역(서울: 성 바오로 출판사, 1988), 제2편, 제16장, 11. 유해룡, 『하나님 체험과 영성 수련』, 184에서 재인용. 최민순의 번역에서 어색한 우리말을 부드럽게 표현하였다. 이와 유사한 내용을 참고하기 원하면 다음의 영역본을 보기 바란다. St. John of the Cross, *The Dark Night of the Soul* (New York: Barnes & Noble Books, 2005), 111.

성형성에 지대한 영향을 끼친 세 사람을 살펴보자.

5. 현대 이후 기독교와 영성

현대 이후 기독교를 어디서부터 잡을 것인지는 사실 명확하지 않다. 타이슨이 영성사를 기술한 것처럼, 종교 개혁기 이후에 수많은 영성가들이 출몰하였다. 세기별로 몇 명씩만을 거명하면 다음과 같다. 요한 안트(Johann Arndt, 1555-1621), 조지 허버트(George Herbert, 1593-1633), 프란시스 드 세일즈(Francis de Sales, 1567-1622), 제레미 테일러(Jeremy Taylor, 1613-67), 블레이즈 파스칼(Blaise Pascal, 1623-62), 필립 제이콥 스패너(Philip Jacob Spener, 1635-1705), 브라더 로렌스(Brother Lawrence, 1611-91), 웨슬리 형제(John Wesley, 1703-91; Charles Wesley, 1707-88), 조나단 에드워즈(Jonathan Edwards, 1703-58), 한나 모어(Hannah More, 1745-1833), 찰스 피니(Charles Finney, 1792-1875), 쇠렌 키에르케고어(Soren Kierkegaard, 1813-55), 호레이스 부쉬넬(Horace Bushnell, 1802-76), 칼 바르트(Karl Barth, 1886-1968), 디트리히 본회퍼(Dietrich Bonhoeffer, 1906-45), 시몬 웨일(Simone Weil, 1909-43), 토저(A. W. Tozer, 1897-1963), C. S. 루이스(C. S. Lewis, 1898-1963), 칼 라너(Karl Rahner, 1904-84), 마더 테레사(Mother Teresa, 1910-97), 토마스 머튼(Thomas Merton, 1915-68),[124] 헨리 나우엔(1932-96) 등과 같은 거장들이다. 그러나 여기서는 넓게 우리가 살고 있는 21세기와 그리 멀지 않은 현대

이후의 세 영성가들의 생각만을 선별적으로 다룰 것이다. 필자가 선택한 세 명의 영성가는 A. W. 토저, 토마스 머튼, 헨리 나우엔이다. 모든 자료를 참고할 수는 없었기에 제한된 지식과 자료를 중심으로 그들의 영성을 주요 사상의 인용과 함께 간략하게 다룰 것이다. 이들을 선택한 이유는 단순히 머튼과 나우엔은 가톨릭 수사이자 학자로서 오늘날 기독교 영성과 교육에 지대한 영향을 끼친 가톨릭 영성가이기 때문이고, 토저는 개신교 영성가로서 글과 설교를 통해 영성 진작에 많은 영향을 끼쳤고, 지금도 좋은 영향을 주고 있다고 판단되었기 때문이다.[125]

토저는 미국 펜실바니아 주의 뉴벅(Newburg)이라는 농촌에서 태어나 아름다운 전원에서 성장하였다. 그가 푸른 초장에서 성장한 것은 후일 자신의 영성개발에 지대한 영향을 끼치게 되었고 특히 그로 하여금 글과 설교를 통하여 자신의 영적 상상력을 마음껏 펼치는 데 "귀중한

---

[124] 머튼의 사상은 다음에 소개하는 온라인에도 아주 자세하게 설명이 되어 있다: http://www.merton.org/ 이 주소는 The Thomas Merton Society라는 머튼의 사상과 삶을 집대성해 놓은 공식 홈페이지로 연결된다.

[125] Tyson, *Invitation to Christian Spirituality*, chps. 4, 5의 Modern Spirituality와 Contemporary Spirituality에 나오는 인물을 중심으로 선별하였음을 밝혀 둔다. 단지 헨리 나우엔과 C. S. 루이스는 Tyson의 책에는 나오지 않으나, 그의 견해와는 상관없이 꼭 다루어야 할 인물들이라고 생각되어 필자가 첨가하였다. 맥그래스는 현대 영성가 세 명을 연구하였는데 그 세 사람은 다음과 같다: (1) 찰스 웨슬리(Charles Wesley, 1707-88), (2) 존 헨리 뉴먼(John Henry Newman, 1801-90), (3) 제임스 I. 팩커(James I. Packer, 1926-), McGrath, *Christian Spirituality*, 165-173 참고. 리차드 포스터(Richard Foster, 1942-)와 맥그래스도 다루려고 했으나, 지면 관계상 다음으로 넘기기로 하였다. 그는 아직 더 공헌할 시간도 있다고 판단했던 이유도 배제할 수는 없다.

자산"(invaluable asset)이 되었을 것이라고 한 자서전 작가는 기술하였다.[126] 1912년에는 온 가족이 오하이오 주의 애크론(Acron)으로 이사하여 그의 누이동생과 함께 Goodrich 농장에서 일하였다. 그곳에서 18세가 되기 전 토저는 삶을 뒤집어 놓을 만한 회심을 경험하게 된다. 이후 그는 기도모임에 참여하게 되었고, 곧 모임을 영적으로 이끄는 리더가 되었다. 초등교육(grammar school)밖에 받지 못한 그는 공식적인 신학교육을 전혀 받지 못했음에도 불구하고, 엄청난 지식욕을 가진 사람이어서 성경은 물론이고 교부들의 저술과 신비주의자들(mystics)의 글을 게걸스럽게(insatiably) 읽었다고 알려져 내려온다. 레이븐힐 같은 이는 토저 같은 영적 거인이 다시 등장할 것을 간절히 고대하면서 다음과 같이 말했다: "나는 토저 이후 그와 같은 [영적 거인]이 나오지 못할까 심히 두렵다. 토저는 대학에서 만들어진 재목이 아니라, 성령에 의해서 만들어진 사람이었다."[127] 23세가 되던 1920년에 토저는 CMA(Christian and Missionary Alliance)라는 교단에서 목사안수를 받고 웨스트 버지니아, 오하이오, 인디아나 주 등지에서 목회하였고, 시카고에서 39년간 목회에 전념하였고, 1959년에 마지막 목회지인 캐나다 토론토에서 설교목사로 부름을 받아 봉직하다가 1963년에 소천 받았다. 그는 생전에 두

---

[126] David J. Fant, *A. W. Tozer: A Twentieth Century Prophet*(Harrisburg, Pa.: Christian Publications, 1964), 11. Tyson, *Invitation to Christian Spirituality*, 401-402에서 재인용.

[127] Leonard Ravenhill, http://www.intouch.org/myintouch/mighty/portraits/aw_tozer_213610.html.

개의 명예박사학위를 받았으며, "하나님을 좇다 간 하나님의 사람"이라는 문구가 오하이오의 알콘 소재 묘비에 새겨져 있다.¹²⁸

토저가 쓴 30여 권의 책은 거의 다 영성과 크리스천의 삶에 관한 것이었다. 그는 복음주의적인 입장에서 자신의 생각과 신앙을 기술하였으나, 그가 젊은 시절에 섭렵한 초대 교부들의 저술과 고전적 영성은 그의 생각을 넓게 만들었으며, 그는 결국 복음주의 혹은 자신이 속했던 CMA라는 교단적 테두리 안에만 머물지 않았다고 가톨릭 신학자인 타이슨은 기술하였다.¹²⁹ 여러 저술 중 네 가지 주요 저서만을 들라면 다음의 책들이 될 것이다: 『하나님을 좇음』(The Pursuit of God, 1949), 『더 깊은 삶에로의 열쇠』(Keys to the Deeper Life, 1957), 『거룩함에 이르는 지식』(The Knowledge of the Holy, 1961), 『급진적인 십자가』(The Radical Cross, 2005),¹³⁰ 『신비로운 시에 관한 기독서』(The Christian Book of Mystical Verse, 1963).

토저의 자서전을 집필했던 데이빗 J. 팬트(David J. Fant, Jr.)는 *The Pursuit of God*에 대하여 다음과 같이 기술하였다: "토저는 문자 그대로 *The Pursuit of God*을 그의 무릎으로 써 내려갔다. 아마도 그것이 이 책이 왜 그리도 능력이 넘치며 축복의 통로가 되는지를 잘 설명해 줄 것이라고 본다." 토저 자신이 위의 책을 소개한 글에 그의 생각이 녹아 있다.

---

[128] "A. W. Tozer - Man of God." 그의 삶은 한 마디로 "하나님을 추구하는 삶(A life in pursuit of God)"으로 축약될 수 있는데, 바로 이것이 진정한 영성이 아닌가 싶다.
[129] Tyson, *Invitation to Christian Spirituality*, 402.
[130] Tozers의 저서가 실린 리스트를 원하면 A. W. Tozer, *The Radical Cross* (Camp Hill, Pennsylvania, 2005), 149-150를 참고하라. 또한 www.christianpublications.com에서도 그에 관한 자료를 볼 수 있다.

이 책은 하나님의 굶주린 자녀들이 하나님을 만날 수 있도록 돕기 위해 쓰여졌다. 여기서 내가 발견한 것은 이전의 영성가들이 발견한 것이며 새로운 것은 거의 없다. 이전에 하나님을 갈망했던 이들은 내가 발견한 것보다 훨씬 더 깊이 그리고 더 멀리 거룩한 신비의 세계로 들어갔다. 그러나 만일 나의 불이 비록 크지는 않으나, 실재하는(real) 불이기에 [이 책을 읽는 이들은] 이 불에 자신들이 갖고 있는 촛대를 갖다 대어 불을 붙일 수 있을 것이다.[131]

토저는 마음에 하나님을 향한 갈망을 가득 품고 살던 사람이었다. 토저의 영성은 창조주 하나님과 피조물인 인간과의 관계를 정립하는 것에서 시작된다고 볼 수 있다. 다음의 글이 그것을 증명해 준다: "본질적으로 [피조물인] 인간과 그의 창조주 사이의 올바른 관계를 회복(restoration)하는 것이 구원(salvation)이다. 구원은 바로 창조주-피조물 관계를 정상으로 되돌려 놓는 것이다."[132] 피조물인 사람이 이 땅 위에서 하나님의 성품을 추구하면서 사는 것이 지극히 어려운 일임을 그는 잘 알고 있었다. 그는 자신의 책 *The Pursuit of God*에서 다음과 같은 그러한 영적 투쟁에 대해 설명하였다.

---

[131] 잘못 읽으면 마치 토저의 책을 선전하는 것으로 느낄 수 있으나, 토저의 이 글을 갈급한 마음과 영으로 읽으면 그의 가감 없고 순수한 영성이 느껴진다. A. W. Tozer, *The Pursuit of God* (Camp Hill, Pennsylvania: Christian Publications, Inc., 1982), cover story.

[132] A. W. Tozer, *The Pursuit of God*, 99.

[영성을 추구하는] 기독교인이 늘 당면하고 고민하는 내면의 평강을 해치는 최대의 적은 우리 삶을 두 영역 즉, 거룩한 것과 세속적인 것으로 나누려는 습관이다. 이 두 영역은 영적으로나 도덕적으로 서로 온전히 일치하지 않을 때 서로 두 영역이 나누어져 있는 것처럼 보이기 때문이다. 그리고 늘 우리는 당장 생활에서 급박하게 필요한 것에 압박을 받기 때문에 거룩한 영역과 세속적인 영역을 넘나들면서 살기 마련이다. 그러기에 [이런 과정 속에서] 우리의 내면은 파괴되기 일쑤이다. 그러기에 통합된 삶을 살기보다는 갈기갈기 찢어진 삶을 살기가 너무 쉽다. 우리의 문제는 예수 그리스도를 따르고자 하는 사람도 영적인 삶과 여태 살아오던 자연적인 삶(the natural), 이 두 삶의 영역에서 동시에 거주한다는 사실에 기인한다. 아담의 후손인 우리는 땅에 속한 육신적인 삶의 한계에 얽매이게 되어 있다. 왜냐하면 우리는 육신적인 성품의 병적인 약점을 물려받은 후손이기 때문이다. …… 그러므로 예수께 속한 사람은 열심히 노력하고 영혼을 잘 간수하여 성령에 속한 삶의 습관을 습득해야 한다. [그렇게 함으로써 육신에 속하였으나 성령을 따라 사는 삶을 배우게 되는 것이다.][133]

영성을 추구하는 크리스천의 길을 토저는 다음과 같이 설명하였다. 첫째, 광대하신 하나님께 초점을 맞추고 사람에게나 다른 이의 업적에

---

[133] A. W. Tozer, *The Pursuit of God*, 117-128에 나오는 토저의 생각을 Tyson이 요약하여 자기의 말로 쓴 것을 필자가 번역한 것이다. Tyson, *Invitation to Christian Spirituality*, 402-403. [ ] 속의 글은 필자가 토저의 생각을 풀어 쓴 것이다.

초점을 맞추지 말라(시 40:16). 둘째, 땅에 속한 지체를 죽이라(골 3:5).[134] 셋째, 예수 그리스도를 닮는 데에 초점을 맞추고 단순한 삶을 추구하라(빌 3:14).[135] 토저의 타협 없는 영적 메시지는 오늘날 영성형성을 위하여 그리스도를 닮아 가려는 수많은 사람들에게(필자를 포함하여) 가슴을 찌르는 비수가 되어 회개하지 않고는 도저히 견딜 수 없는 도전을 준다.

토저보다 조금 뒤에 태어난 토마스 머튼은 실로 짧은 인생을 살다가 하나님의 품으로 갔다. 그가 하나님의 품에 안겼을 때, 그의 나이는 겨우 53세였다. 그의 부모는 둘 다 예술가였으며, 그들은 파리의 한 미술학교에서 만나 결혼하였다. 프랑스에서 태어난 그는 청소년 시기까지 꽤 부산한(rambunctious) 아이였다. 미국 콜럼비아 대학에 다니던 중 가톨릭 교인이 되었고, 1941년에는 미국 켄터키 주 소재 겟세마네 수도원(Abbey of Gethsemani)[136]에 들어갔다. 거기서 그는 27년간을 지내면서 영성수련을 하였고 지속적인 회심을 경험하였다. 자아에 대한 새로운 이해에서 시작하여 정치적인 영역에 대한 개안(開眼)까지 이르게 된 그는 인종갈등과 세계

---

[134] 토저는 골로새서 3:5의 말씀을 해석하면서 '땅에 속한 지체를 죽이라'에 쓰여 있는 'mortify'라는 단어를 'mortuary' 즉, 영안실이라는 라틴어 어원과 연결하여 주석하였다. 옛 사람에 속한 습관을 죽이는 것이 새로운 영, 즉 그리스도께 받은 영을 살리는 길이라는 것이다. A. W. Tozer, *Success and the Christian*, 이용복 역, 『이것이 성공이다』(서울: 규장, 2005), 103-104.

[135] A. W. Tozer, *Success and the Christian*, 이용복 역, 『이것이 성공이다』, 89-107의 핵심 내용을 요약한 것이다. 이 책은 1994년에 Christian Publications, Inc.에서 출간된 책의 번역본이다.

[136] 머튼이 입회한 수도원은 당시 가장 금욕적인 영성을 추구하던 곳으로써 소위 트래피스트(Trappists)로 알려진 수도원(Order of Cistercians of the Strict Observance)이었다.

평화에도 깊은 관심을 갖게 되었다. 1960년대에는 인권운동에 참여하였고 비폭력 정신을 바탕으로 사회악에 항거하였다. 앞서 영성의 정의에서 살펴본 것에 의하면 머튼의 자아에 대한 인식에 바탕한 깊은 영성에로의 추구와 사회악에 대한 끊임없는 비폭력적 항거를 추구했던 영성은 미시적 영성과 거시적 영성의 교과서적인 조화로 사용될 만한 예라고 볼 수 있겠다. 이뿐 아니라, 머튼은 1968년에 들어 선불교와의 대화도 활발하게 이끌어 달라이 라마(Dali Lama)와의 회합도 갖게 되었다. 그러던 중 방콕에서 그는 불의의 사고를 당해 그만 감전사(electrocution)로 짧은 인생을 마치게 되었다. 바로 이때가 머튼이 겟세마네 수도원에 들어간 지 27년째 되던 해였다고 전해져 온다.[137] 머튼의 가장 유명한 책은 아마도 그의 자서전인『칠층산』(The Seven Storey Mountain)일 것이다. 이 책은 적어도 15개국 언어로 번역되어 수많은 독자에게 읽혀졌다. 그 외에도 머튼은 60여 권의 방대한 양의 책을 저술하였다.[138]

　머튼의 영성생활을 어떤 단어로 묘사할 수 있을까? 아마도 "여정"(journey)이라는 단어로 그의 영성성장의 과정을 표현할 수 있을 것이다. 그는 자신의 자서전에서 자신의 영성여정의 출발을 "등정을 시작함"(to begin the climb)이라는 메타포를 사용하여 다음과 같이 적었다.

---

[137] 이 기록은 Bellarmine University에 있는 Thomas Merton Center에서 만든 웹페이지에서 따온 것이다. http://www.merton.org/ 참고.
[138] 그의 책과 논문에 대한 정보는 다음의 책을 참고하라: Thomas Del Prete, *Thomas Merton and the Education of the Whole Person* (Birmingham, Alabama: Religious Education Press, 1990), 182-84.

십일월이 시작되었을 때 나의 마음은 온통 한 가지 생각으로 가득 찼다: 세례를 받고 교회가 가르치는 초월적인 삶에로 마침내 여정을 시작하는 것 말이다. 많은 대화와 독서와 연구를 했음에도 불구하고, 나는 아직도 여전히 비참하고 배고픈 상태로 남아 있으며 내 속에서 무언가가 일어날 것 같은 느낌에 사로잡혀 있다. 난 지금 높은 곳으로 올라가는 문턱 위에 나의 발을 올려놓고 있다. 일곱 갈래로 둥글게 층이 진 연옥의 험하고 가파른 산이 나의 앞에 놓여 있다. 그것은 내가 이전에 상상조차 하지 못했던 광경이다. 그리고 나는 내가 곧 기어 올라가야 할 그 등정에 대하여 생각조차 하지 못하고 있었던 것이다.……

가장 중요한 것은 등정을 시작해야 한다는 것이다. 세례는 [그 등정의] 출발점이다. 그리고 그것은 하나님이 우리 인간에게 내려 주시는 가장 자비로운 [은혜]이다. 나는 이전에 비록 조건적으로 세례는 받은 적이 있지만, 하나님의 자비가 나의 과거 23년 동안의 암흑의 세월에 범했던 모든 죄를 단번에 삼켜 버리시고 세례반(洗禮盤, font)의 물속에 내가 속세에서 지은 모든 죄로 인해 받아야 할 형벌을 익사시켜 버리시기를 바라는 마음으로 나는 여기 새로운 출발점에 [다시] 서 있다. 그러나 나의 연약함, 인간의 본성과 악한 습관의 자취는 여전히 남아 있어 내가 투쟁하고 극복해야 한다.[139]

---

[139] Thomas Merton, *The Seven Story Mountain* (NP: Harcourt Brace & Company, 1948 & 1976), 221-225에서 부분적으로 발췌.

머튼의 영성은 그의 관상(contemplation)에 대한 정의에서 찾을 수 있다. 관상은 삶을 이루는 필수불가결한(integral to life) 요소이며, 특히 기독교적 관상은 하나님을 만나고 이해함과, 자신의 존재 목적과 세상 속에서의 삶을 지탱하는 데에 근본적인 도구가 된다고 머튼은 이해하였다. 타이슨에 의하면 머튼의 이 관상에 대한 넓고도 깊은 이해는 일반적으로 이해되어 왔던 관상과 관상적인 삶 사이에 존재했던 벽(wall)을 허무는 귀중한 통찰이다. 머튼은 실로 관상을 기독인의 존재 중심(heart)에 놓았으며, 모든 기독교인들의 삶을 새롭게 활성화시키는 데에 기여했던 것이다.140 그러면 머튼의 언어로 관상에 대한 그의 이해를 살펴보자:

관상이란 무엇인가? 관상은 인간의 지적이고 영적인 삶에 있어서 지고한 표현이다. 관상은 자신이 살아 있음을 온전히 깨어 있어, 온전히 능동적으로, 온전히 이해하는 삶 그 자체이다. 관상은 영적인 경이로움(wonder)이다. 관상은 존재와 삶의 성스러움에 대한 자연발생적인 경외심(awe)이다. 관상은 존재에 대한 자각(awareness)이며, 생에 대한 감사(gratitude)이다. 관상은 결코 자신을 드러내지 않으시고, 초월적이시며, 무한정으로 풍요로우신 근원(the Source: 하나님)으로부터 솟구쳐 오르는 존재와 생의 현실을 생생하게 실감(realization)하는 것이다.141

---

140 Tyson, *Invitation to Christian Spirituality*, 418.
141 Thomas Merton, *New Seeds of Contemplation*(NP: New Directions Publishing Corp., 1972), 1 이후. Tyson, *Invitation to Christian Spirituality*, 421에서 재인용.

머튼은 영성 수련의 목적을 온전한 인간이 되는 것에 두었다. 그는 특히 교육에 깊은 관심을 갖고 온전한 인간상 형성을 위한 방편으로서 관상의 중요성을 일깨워 주었으며, 전인적인 인간(whole person) 형성 이야말로 진정한 교육의 목적이라고 주장하였고, 조금 더 확대 해석하면, 바로 그것이 영성수련의 목적이라고 주장할 것이라고 본다.

나는 교육이란 그저 지식을 전달하는 것을 넘어서야 한다고 믿는다. 교육이란 전인 즉, 통전적인(전인적인) 인간 형성(the formation of the whole person)을 위한 것이라고 확신한다.[142]

머튼의 수많은 저작은 아직도 후학들과 수련생들에 의하여 계속 연구되고 있으며, 마치 깊은 광산의 보석을 캐는 것과 같이 한도 끝도 없는 그의 영적 통찰은 우리로 겸허하게 한다.

서문에서 언급한 것처럼 교파를 초월하여 가장 큰 영향을 끼친 영성가는 헨리 나우엔일 것이다. 나우엔은 1932년 홀랜드의 Nijkert에서 태어나 1964년에 미국으로 건너 왔다. 그리고 위에서 언급한 저명한 대학에서 심리학을 가르치다가 1986년부터 1996년까지는 정신적 장애를 지닌 이웃들의 친구로 살다가 심장마비로 하나님의 품으로 갔다. 그가

---

[142] Thomas Merton이 Mary Declan Martin에게 보낸 편지(May 1, 1968)에서 발췌한 글이다. Thomas Del Prete, *Thomas Merton and the Education of the Whole Person*, 13에서 재인용.

남긴 책은 『제네시 일기』(Genesee Diary), 『상처받는 치유자』(The Wounded Healer), 『열린 두 손으로』(With Open Hands), 『데이브레이크 공동체로 가는 길』(The Road to Daybreak), 『모든 것을 새롭게』(Making All Things New), 『마음의 길』(The Way of the Heart), 『예수 이름으로』(In the Name of Jesus), 『영적 발돋움』(Reaching Out)을 비롯한 수많은 저작들이 있다. 우리말로도 여러 책들이 번역되어 많은 이들의 영적 지침서가 되고 있다. 그의 생애는 이미 간략하게 언급한 바 있기에 여기서는 그의 영성에 대하여 핵심만을 살펴보자.

나우엔의 영성에 대하여 리차드 포스터는 다음과 같이 소개하였다: "고독을 우리의 삶에 초대하는 것"(Bringing solitude into our lives).[143] 실로 그는 고독의 삶을 우리에게 소개하였고, 그 고독 속에 하나님과 대화하는 법을 가르쳐 준 영성의 선생님이었다. 그가 말하는 고독은 화려함을 감춘 사치스러운 고독이 아니었다. 그가 말하는 고독은 환경이나 학위나 명예로부터 얻어지는 화려함으로부터 자신을 멀리하는 그런 고독을 넘어서는 것이다. 나우엔이 말하는 고독은 자신의 실존을 벌거벗은 몸으로 바라보고, 있는 그대로 자신을 창조주 앞에서 솔직하고 담백하게 비추어 보는 고독이다. 고독에 대하여 나우엔은 다음과 같이 설명한다.

고독이 없이 영적인 삶으로 나가는 것은 실제로 불가능하다. 고독은

---

[143] Richard Foster & James Bryan Smith, eds., *Devotional Classics: Selected Readings for Individuals and Groups* (San Francisco: HarperSanFrancisco, 2005), 80.

하나님을 위한 시간과 자리로부터 시작한다. 오직 그분과만의 시간과 자리 말이다. 만일 우리가 하나님이 계신 것과 우리의 삶 속에서 그분이 활발하게 활동하신다는 것 즉, 인도, 가르침, 치유 등을 행하시는 하나님이라는 사실을 믿는다면, 우리는 하나님께 시간과 장소를 따로 떼어 놓아 드리되, 결코 나누어지지 않은 우리의 주의를 집중시켜야 한다. 예수께서 말씀하시기를, "너는 기도할 때에, 골방에 들어가 문을 닫고 서, 숨어서 계시는 네 아버지께 기도하여라. 그리하면 숨어서 보시는 너의 아버지께서 너에게 갚아 주실 것이다."(마 6:6, 표준새번역)[144]

나우엔은 또한 누구보다도 상처받은 이들에게 대하여 긍휼히 여기는 마음(compassion)을 가진 사람이었으며, 자신이 예일대와 하버드대, 그리고 노틀담 대학과 같은 명문대학에서 가르치는 것을 뭇사람들에게 미안하게 생각하였다. 말년에 하버드 대학에서 캐나다의 Daybreak 정신 지체우 공동체로 들어갈 때도 그러한 마음을 실천하기 위하여 모든 세상의 명예와 지위를 다 버린 이타적인 영성의 발로와 다시금 벌거벗은 피조물로 돌아가려는 동기에서 그러한 선택을 하였다. 그의 그러한 생각은 다음의 글에 잘 나타난다.

나는 다시금 의문을 품는다. 어쩌면 우리 모두는 슬픔이 우리를 강하게

---

[144] Henry Nouwen, *Making All Things New*, Richard Foster & James Bryan Smith, eds., *Devotional Classics: Selected Readings for Individuals and Groups*, 81에서 재인용.

때리고 우리의 마음을 너무도 깊이 쑤셔 팔 때 의문을 가질 수밖에 없는 것이다. 왜 그런 일들이 일어나는 걸까? 하나님의 영광을 드러내기 위하여? 인생의 덧없음을 다시금 기억하게 하기 위하여? 아니면 슬픔을 지니고 사는 사람들로 하여금 더 깊은 영성의 세계로 들어가게 하기 위하여? 이 모든 질문들에 대하여 '그렇다'고 말하기는 참으로 어렵다. 특히 우리의 인생이 어두운 터널을 통과하고 있을 때는 더욱 그렇다. …… 때로 우리는 우리의 통곡이 치유의 기회가 되도록 허락하라는 [부드러운 주님의] 초대를 받는다. 그리고 우리의 슬픔이 변하여 춤(dancing)이 되게 하시는 그 초대 말이다. 누가 축복받은 자라고 우리 예수께서 말씀하셨던가? 바로 "애통해 하는 자"(마 5:4)라고 말씀하시지 않으셨던가? …… 우리는 궁극적으로 우리의 상한 심령이 다시금 춤을 출 수 있도록 하는 치유의 기회를 잡을 수 있다. 그 춤은 또다시 고통이나 죽음이 찾아온다고 해도 두려워하지 않고 영원히 지속되는 소망과 함께 사는 법을 배움으로써 출 수 있는 것이다.[145]

나우엔은 고독을 통하여 자신의 존재를 하나님 앞에서 발견하고, 하나님의 하나님 되심을 날마다 인정하고 확인하며, 부르심에 대한 재확인의 작업이 중요함을 역설하였다. 그렇게 함으로써 왜 자신이 이 세상에 태어나서 살아야 하는지 무엇을 위하여 존재하는지에 대한 답을 찾아가

---

[145] Henry Nouwen, *Turn my Mourning into Dancing: Finding Hope in Hard Times* (Nashville, Tennessee: W Publishing Group, 2001), xiv-xvi.

는 영성을 위한 여정에 있음을 가르쳐 주었다. 더 나아가서 피조물 된 인간이 이 세상에 존재하며 창조주 하나님을 기쁘시게 하며, 그 창조된 목적에 따라 사는 실천적 삶의 기본은 이웃을 위하여 존재하는 것을 확인하는 것임을 다시금 일깨워 주었다. 그것이 바로 이웃의 아픔을 긍휼히 여기고 그 아픔에 자연스레 동참하는 것이다. 그러나 이러한 작업은 자신이 먼저 하나님 앞에서 고통과 절망을 통해 찾아오는 불청객, 슬픔과 애통함을 열린 마음으로 맞이하는 데서 시작된다는 것이다. 애통하는 자에게 평안을 주시고, 절망에 빠져 고난의 나락에서 신음할지라도 그 가운데서 우리 각자를 치유하시고 회복시켜 그 가운데서라도 춤을 추며 인생의 아픔마저 껴안을 수 있는 성숙한 지경에 이르게 하는 것은 하나님 안에서의 자기됨을 발견하고, 모든 인생의 희로애락을 통하여 역사하시는 하나님의 섭리를 믿음과 소망 가운데서 받아들이는 데서 찾아온다는 영성의 핵심적이며 본질적인 진리를 많은 후배들에게 글로 설명하고 삶으로 보여 준 이가 바로 헨리 나우엔이다.

　이로써 신약성경과 영성, 초기 기독교와 동방교회의 영성, 중세기와 영성, 종교 개혁기와 영성, 그리고 현대와 현대 이후의 기독교와 영성으로 나누어 간략하게 살펴보았다. 이제 제3부에서는 삼위일체와 교회교육과의 관계를 정립하여 오늘날 우리에게 필요한 영성교육의 실천을 위한 연구를 계속하여 보자.

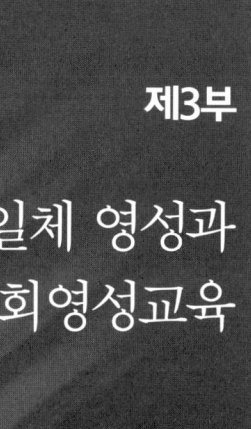

제3부

삼위일체 영성과
교회영성교육

제9장 현대 기독교 교육 이론들과의 대화

　본 장에서는 삼위일체 영성교육 모델을 구성해 나가기 위하여 현대 기독교 교육의 여러 이론들과의 대화를 시도하려고 한다. 이를 위하여 현대 기독교 교육의 여러 대표적인 이론들을 1) 성부 하나님에 기초한 모델, 2) 성자 예수 그리스도에 기초한 모델, 그리고 3) 성령 하나님에 기초한 모델 등 크게 3가지의 범주로 분류하여, 각 모델의 입장에서 교회 영성교육을 위한 가능성을 탐색하려고 한다. 여기에서 한 가지 주의할 점은, 이러한 시도는 각 모델들이 제시하는 영성교육 자체를 분석하고 평가하는 것이 아니라는 것이다. 오히려 여기에서는 다음과 같은 3가지 질문에 대한 대답을 시도함으로써 각 모델들이 가진 핵심적인 신학적·교육적 전제에 기초하여 영성교육을 전개할 때 어떠한 형태의 영성교육이 가능할 것인지를 3가지의 형태로 분류하고 평가하려고 한다.[1] 3가지의 질문은 다음과 같다. 1) 각 모델이 지닌 기본적인 신학적·교육학적 전제와 이에 기초한 영성의 의미는 무엇인가? 2) 각 모델에 기초한 영성교육의 목적, 내용, 교사의 역할, 방법, 간학문적 방법(interdisciplinary method) 등의 특징은 무엇인가? 3) 각 모델에 기초한 영성교육의 장단점은 무엇인가? 그리고 각 모델에 대한 평가를 기초로 하여 이들이 지닌 약점들을 보완할 수 있는 대안적인 통합적 모델로서 삼위일체 영성교육을 제시하고자 한다.

1. 성부 하나님에 기초한 창조의 영성모델과 영성교육

1) 기본적인 신학적·교육학적 전제와 이에 기초한 영성의 의미

20세기 초에 태동한 미국의 종교교육운동(religious education movement)은 1) 19세기의 부흥운동(revivalism), 2) 19세기의 자유주의 신학(liberal theology), 3) 존 듀이(John Dewey)를 비롯한 20세기 초반 미국의 진보주의 교육사상 등을 배경으로 태동되었으며, 조지 앨버트 코우

---

[1] 여기에서 한 가지 기억해야 할 사실은 종교교육운동이나 기독교교육운동 등이 어느 특정한 한 가지 형태의 영성만을 추구하는 것은 아니라는 사실이다. 다시 말하자면 이들을 창조, 구속, 변형이라고 하는 두드러진 특징에 의하여 편의상 분류할 수는 있지만 그 속에서는 또한 여러 가지 다양한 형태의 영성적 특징들을 발견할 수 있다는 것이다. 예를 들어 예수 그리스도의 구속의 영성에 기초한 기독교교육운동에서는 구속의 영성이 가장 특징적으로 나타나지만 그 속에서는 변형의 영성도 또한 발견된다는 것이다.

(G. A. Coe), 소피아 파스(Sophia. L. Fahs), 해리슨 엘리어트(Harrison Elliot) 등과 같은 인물들을 통하여 계승되고 체계화되었다. 첫째로, 종교교육운동은 19세기의 청교도 부흥운동에 대한 비판과 깊이 연관되어 있다. 18-19세기 동안 진행되었던 미국의 청교도 부흥운동과 이의 영향을 강하게 받은 주일학교 운동은 그리스도인 개개인의 회심의 필요성과 중요성을 강조하였으나 회심에 이르기까지 또한 그 이후에 이어지는 교육에 대해서는 거의 관심을 두지 않았다. 이에 대하여 회중교회의 목사였던 호레이스 부쉬넬(Horace Bushnell, 1802-1876)은 자신의 유명한 저서인 『기독교적 양육』을 통하여 당시 주일학교에서 강조되던 개인주의적인 감정적 회심위주의 교육에 반대하면서 칼뱅의 가정 언약공동체 이론과 유아세례의 신학적 해석에 기초하여 아동에게 있어서 기독교적 양육의 중요성을 역설하였다.[2] 부쉬넬의 이러한 기독교적 양육이론은 후에 종교교육운동에서 강조되었던 아동의 지속적인 성장의 필요성에 대한 교육적·신학적 기초를 마련해 주었다.

둘째로, 종교교육운동은 자유주의 신학의 강력한 영향하에 전개되었다. 19세기 자유주의 신학은 19세기 말과 20세기 초의 과학적 정신과 전통적인 기독교 신앙을 화해시키기 위하여 노력을 기울였다. 자유주의 신학자들은 종교와 모더니티의 조화를 믿었고 신적 영역과 세속 영역 사이의 조화를 추구하였다. 그리하여 이들은 진화와 발전에 대한 믿음을 기초로 세계와 인간을 아주 낙관적인 시각으로 바라보았다. 당시에 유토

---

[2] Horace Bushnell, 김도일 역, 『기독교적 양육』(서울: 장로회신학대학교출판부, 2004).

피아적 사회의 건설을 꿈꾸었던 "사회복음 운동"(social gospel move-ment)과도 밀접한 연관을 가지고 사회개혁에 대해서도 낙관적인 입장을 견지했다.³ 자유주의 신학은 다음과 같은 점에서 종교교육운동에 대한 신학적 기초를 제공해 주었다고 할 수 있다. 1) 세속문화에 대한 수용성, 특히 커리큘럼에 있어서 예술·과학으로부터의 통찰력에 대한 개방성, 2) 종교적 삶에 있어서 회심·중생보다는 성장과 연속성의 강조, 3) 교리와 신조보다 종교적 경험에 대한 강조, 4) 하나님 이해에 있어서 외적인 권위에 의한 접근보다는 좀 더 내적인 영감에 대한 강조, 5) 근대성서 비평학 원리의 수용 등이다.⁴

셋째로, 종교교육운동은 진보주의 교육사상의 영향을 강하게 받았다. 진보주의 교육사상은 19세기 말 아메리칸 드림의 신화를 통하여 산업화 사회를 이룩하려는 운동, 특히 박애주의(humanitarian)적 특징과 민주주의적 이상을 가지고 "미국사회를 변화시키는 가장 최고의 방법은

---

³ Charles Hopkins에 의하면 사회복음운동은 다음과 같은 특징을 가지고 있었다. (1) 지상에 현실적으로 오고 있는 하나님 왕국의 윤리적 이념을 강조. (2) 개인의 가능성(잠재력)을 실현할 수 있는 유일한 길은 사회재건에 있다. (3) 사회적 죄악을 규정하고 죄의 염세적 의미를 보다 경시하는 경향이 있다. (4) 이 세계와 내세 사이의 연속성을 인정하고, 하나님 나라의 도래를 위한 하나님의 방법은 점진적 성장(발전)에 의한 것으로, 불가피한 진보의 확신 위에 서 있다. (5) 개혁을 위한 실제적 방법을 구체적으로 제공하지 않으면서 현존하는 사회질서에 대한 예언자적 비판 입장에 선다. C. H. Hopkins, *The Rise of the Social Gospel in American Protestantism* 1865-1915(New Haven, CN: Yale University, 1940), 320-322. 고용수, 『관계 이론에 기초한 만남의 기독교교육 사상』(서울: 장로회신학대학교출판부, 1994), 24-25에서 재인용.

⁴ Mary Boys, *Educating in Faith: Maps and Visions* (Kansas City: Sheed & Ward, 1989), 46.

교육이다"라는 슬로건을 내건 운동이었다. 이 운동은 사회개혁, 교육을 통한 개혁·교육개혁 등을 주장하였다. 대표적 인물은 듀이였는데, 그는 일반학교를 사회개혁의 도구로 보고 "학교는 사회를 움직이는 지렛대이다"라고 주장하였다. 듀이에 의하면 학교는 그 방향에 있어서 사회적이어야 하며, 그렇게 함으로써 학생들에게 민주주의가 시행됨에 있어서 필요한 과정을 가르칠 수 있는 것이다. 학교는 단순히 사회를 반영해서는 안 되며 그것을 변혁시켜야 한다. 공동체 삶(community life)을 배양하는 장소로서 학교는 예술, 역사, 과학정신으로 충만해야 한다. 만약 학교가 삶과 연관되어 있다면, 학교의 모든 가르침은 반드시 삶과 상관관계적(correlated)이어야 한다. 그는 커리큘럼과 방법에 있어서 수동적·기계적·획일적 교육에 대하여 활동·그룹 참여 등과 같은 대안적 방법들을 제시하여 학생들의 욕구를 적극적으로 고려하는 아동중심의 교육을 역설하였다.[5]

이러한 진보주의 교육은 종교교육운동에 지대한 공헌을 하였다. 첫째로, 진보주의의 행함과 앎(doing and knowing)의 상호관계성에 대한 강조는 종교교육운동에서의 행동에 의한 학습(learning by doing)으로 이어졌고, 경험적 학습이 지닌 효과를 강조하였다. 듀이는 이러한 것에 기초하여 시카고 대학에 실험학교를 설립하였다. 둘째로, 진보주의의 아동중심의 교과과정은 종교교육운동에서 교리위주, 내용위주의 교과과정이 아닌 상황과 학습자의 욕구와 함께 시작되는 교육과정의 강조로

---

[5] Mary Boys, *Educating in Faith*, 47.

이어졌다. 셋째로, 진보주의자들은 회심보다는 부쉬넬의 양육이론처럼 전인적인 아동(the whole child)과 형성(formation)을 중시하였는데, 종교교육자들은 이러한 것을 위하여 심리학을 전적으로 채용하였다. 또한 이들은 교육의 이중적 성격 즉 정치적 행위와 종교적 행위로서의 교육에 대한 의식을 강하게 가지고 있었다.[6]

이러한 의미에서 코우, 파스, 엘리어트 등에 의하여 주도되었던 종교교육운동에서는 성부 하나님에 기초한 창조의 영성이 두드러진다고 할 수 있다. 여기에서는 성부 하나님의 창조(최초의 창조)와 그 가운데서 나타나는 보편성 또는 규칙성(regularity)과 같은 창조질서에 초점을 맞춘다. 이는 성경과 예수 그리스도를 통하여 나타나는 하나님의 특별계시보다는 하나님의 창조에 근거하여 자연과 역사, 인간의 이성과 경험을 중시하는, 즉 자연계시를 통하여 나타나는 하나님의 뜻을 더 많이 강조하는 영성이라고 할 수 있다. 이러한 의미에서 창조의 영성에 기초한 영성교육은 학습자로 하여금 하나님과의 관계에 있어서 초월적인 경험보다는 자연과의 만남과 일상의 삶 속에서의 여러 경험을 통하여 하나님을 경험하고 만나도록 격려하는 영성교육의 특성을 지니게 된다.

2) 영성교육의 목적, 내용, 교사-학생, 방법, 간학문적 방법

영성교육이 이러한 종교교육운동이 지향했던 창조의 영성에 기초할

---

[6] Mary Boys, *Educating in Faith*, 48-49.

때 그 목적은 학습자들로 하여금 창조세계에 나타난 하나님의 뜻을 인식하고 경험하게 하며, 인간에게 내재된 신성 또는 영성을 개발하여 이끌어 내고 성숙한 인격으로 나아갈 수 있도록 계속적인 성장을 지원하며, 이러한 성숙한 인간들로 하여금 사회를 재구성(reconstruction)하도록 돕는 것이라고 볼 수 있다. 이러한 목적을 달성하기 위한 영성교육의 내용은 성경·전통·교리와 같은 것보다는 자연을 통하여 나타나는 하나님의 계시 또는 학습자의 경험이 그 중심을 이루며, 학습자들이 자신들의 경험을 재구성하는 과정을 격려한다. 교사는 영성교육이 이루어지는 과정에서 일방적인 영적 권위자가 아니라, 학습자의 영적 여정의 안내자로서 학습자의 영성을 일깨우기 위한 보조자의 역할을 감당한다. 학습자는 자연·역사·사회·경험 등에 나타나는 하나님의 모습과 뜻을 추구해 나가는 가운데 이성적·실험적·경험적 방법들을 통하여 영성을 형성해 나간다. 창조의 영성에 기초한 영성교육의 경우 간학문적인 방법론에 있어서는 자연과학, 사회과학, 특히 심리학과의 대화를 매우 강조한다. 신학적 원천과 비신학적 원천들 사이의 대화에 있어서 여기에서는 구속의 영성과는 대조적으로 후자가 더욱 강조된다. 창조의 영성이 강조되는 영성교육은 영성에 대한 심리학적 접근에서 나타나듯이, 자아에 대한 심리학적 발달이해와 기독교적 발달이해 사이의 대화를 강조한다.

3) 창조의 영성에 근거한 영성교육의 장단점

창조의 영성에 기초한 영성교육에서는 인간의 일상경험, 자연에 나타난 계시, 사회변혁 등에 대한 폭넓은 관심을 가진다. 특히 여기에서는 창조세계를 통하여 나타난 하나님의 계시에 많은 관심을 가진다. 이러한 의미에서 자연이 심각하게 파괴되고 착취당하는 오늘의 세계에서 창조의 영성에 기초한 영성교육은 하나님의 계시의 자리로서 자연의 소중함 그리고 인간과 자연의 연속성을 재인식할 수 있도록 한다. 또한 인간의 경험에 대한 강조로 인하여 현실의 삶 가운데서 겪는 다양한 경험들을 영성형성의 원천 가운데 중요한 한 부분으로 삼을 수 있다는 장점을 가진다. 특히 창조의 영성에 기초한 영성교육은 영성에 대한 인간의 보편적인 욕구를 진단하고 기술하는 데 유용한 접근이라고 할 수 있다.

그러나 이러한 장점에도 불구하고 창조의 영성에 기초한 영성교육은 인간, 사회, 자연에 대한 지나친 낙관적인 견해로 인하여 그 가운데서 나타나는 심각한 모순, 죄성, 부정적인 모습들과 같은 창조의 어두운 측면들을 간과할 위험성도 있다. 예를 들어 하나님과 인간 사이의 만남에 있어서 우리가 겪는 "영혼의 어두운 밤," 역사 속의 인간의 집단적인 죄, 진화에서 나타나는 도태로 인한 약자와 희생자들 등을 간과할 가능성이 있다는 것이다. 여기에서는 창조의 연속성 또는 규칙성, 하나님의 내재성 등은 강조되고 있으나, 하나님의 초월성에 대한 인식의 약화, 자연계시에 대한 강조로 인한 기독교적 정체성 또는 독특성의 약화 등이 문제로 지적될 수 있다. 또한 진화론적인 입장으로 인하여 인간과 자연의 관계에 있어서 연속성을 지나치게 강조함으로써 이들 사이의 비연속성이 간과될 위험성이 나타난다고 할 수 있다.

2. 성자 예수 그리스도에 기초한 구속의 영성모델과 영성교육

1) 기본적인 신학적·교육학적 전제와 이에 기초한 영성의 의미

성자 예수 그리스도에 기초한 구속의 영성모델은 제임스 스마트(James D. Smart)와 쉘튼 스미스(Shelton Smith), 캠벨 와이코프(Campbell Wyckoff), 하워드 그라임즈(Howard Grimes), 엘머 홈릭하우젠(Elmer Homrighausen) 등에 의하여 1940년대 중반부터 1960년대 초기까지 전개되었던 "기독교교육"(Christian education)운동과 깊이 연관되어 있다. 이 모델의 신학적인 가정은 19세기 말과 20세기 초 유럽과 미국을 휩쓸었던 자유주의 신학에 대한 반동 내지 비판으로 시작된 신정통주의 신학과 이와 맥을 같이하는 라인홀드 니버(Reinhold Niebuhr), 월터 호튼(Walter Horton), 존 베네트(John Bennett) 등이 주도한 기독교 현실주의(Christian realism)에 기초해 있다. 자유주의 신학이 지녔던 인간과 사회에 대한 낙관적인 인간관은 제 1,2차 세계대전을 통한 문명의 파괴와 대량학살, 미국의 경제 대공황, 핵무기의 등장과 세계정치의 양대 축의 하나로서 공산주의 출현 등을 통하여 무너지기 시작하였다.

기독교교육운동의 기초가 되었던 신정통주의는[7] 기독교 현실주의와

---

[7] 1920년대부터 태동하기 시작한 유럽의 신정통주의 신학은 역사주의, 부르주아 문화의 위기, 제1차 세계대전, 도스토예프스키와 같은 예언자적 인물의 발견, 루터 르네상스, 성경의 새로운 세계, 그리고 키에르케고르의 사상 등과 같은 다양한 요소들의 영향하에 형성되었다. James Livingstone, 김귀탁 역, 『현대기독교 사상사 (하)』(서울: 은성, 1993), 120.

더불어 바로 이러한 역사적 상황 가운데서 인간과 사회에 대한 자유주의 신학의 순진하고(naive) 낙관적인 가정들을 비판하면서, 종교교육운동에 대한 대안을 추구하던 기독교교육운동에 신학적 토대를 마련해 주었다. 신정통주의 신학운동은 다양한 특징들을 가지고 있지만, 그 가운데서 몇 가지 핵심적인 것만 살펴본다면 다음과 같다.[8] 1) 하나님의 주권성에 대한 신학의 강조, 2) 계시의 강조, 3) 그리스도의 말씀 사건을 인간과 역사 전체를 향한 하나님의 창조적 은총사건으로 보는 시각, 4) 인간을 낙관적인 존재로만 보지 않고 동시에 타락한 존재로 보는 시각, 5) 사회의 점진적인 발전론에 대한 거부 등이다.

바르트의 초기 신학과 특히 깊은 연관성을 가지고 있는 신정통주의 신학은 1940년대와 50년대 미국에서 전성기를 누렸으며 위에서 언급한 스마트, 스미스, 홈릭하우젠과 같은 기독교교육운동을 주도했던 학자들의 교육이해에 결정적인 영향을 끼쳤다. 이 책의 공동저자인 김도일은 신정통주의 신학의 토대에 기초한 기독교교육운동을 주도했던 학자들에 대하여 다음과 같이 언급하고 있다.

그들이 되찾고자 했던 것은 신학과 성경에 관련해서 잃어버렸던 전통인데, 이것은 한편 그들의 입장에서는 잃어버렸던 권위(authority)를 되찾는 것이었다. 그들의 관점은 코우가 종교교육의 초점으로 여겼던 사회적 관심과 사회변혁으로부터 신앙공동체 내의 각 개인에게로 옮겨

---

[8] 은준관,『교육신학』(서울: 대한기독교서회, 1976), 158-159.

지게 되었다. 스마트 외의 학자들은 성경과 신학의 역할을 강조하는 전통에 강조점을 둠으로써 개인의 변혁을 꾀했던 것이었다.[9]

신정통주의 신학의 강한 영향을 받은 기독교교육운동은 따라서 자유주의에 기초한 종교교육과는 대조적으로 사회과학보다는 신학을 교육의 단서로 간주하였고, 인간의 경험이 아닌 하나님의 말씀으로서 성경을 기독교교육과정의 중심으로 회복시켰으며, 예수 그리스도의 사건과 그의 구원이 중심을 이루는 복음을 기독교교육의 기초로 제시했으며, 구속공동체로서 교회를 기독교교육의 핵심적인 장으로 강조하였다.

이러한 의미에서 기독교교육운동에서는 성자 예수 그리스도에 기초한 "구속의 영성"이 두드러진다고 할 수 있다. 구속의 영성에 기초한 영성교육은 창조의 영성에 근거한 영성교육과 여러 가지 점에서 대비를 이룬다. 즉 구속의 영성에 기초한 영성교육은 자연을 통한 진화, 성장, 발전, 그리고 자연을 통하여 나타나는 하나님의 계시보다는 인간에게서 나타나는 죄성과 모순 그리고 예수 그리스도를 통하여 나타난 하나님의 구원의 사건이 더욱더 강조되고 있다. 구속의 영성에서 성자 예수 그리스도는 자유주의 신학에서 생각하듯이 인류의 도덕성의 완성자가 아니라 인류의 구원자로서의 모습이 더욱 강조되며, 그의 삶과 죽음, 부활 등이 지닌 독특성이 영성교육의 주제와 구성원리를 제공한다.

---

[9] 김도일, 『교육인가, 신앙공동체인가?』(서울: 한국장로교출판사, 1998), 98.

2) 영성교육의 목적, 내용, 교사-학생, 방법, 간학문적 방법

구속의 영성에 기초한 영성교육의 목적은 "예수 그리스도 안에서 말씀하시는 하나님과의 대면을 통한 그리스도의 신실한 제자 양육과 교회적 헌신의 개발"이라고 할 수 있다. 창조의 영성이 시민직(citizenship) 양육에 관심을 기울이는 반면 구속의 영성은 제자직(discipleship) 양육에 더 많은 노력을 기울인다. 내용에 있어서 구속의 영성에 기초한 영성교육은 예수 그리스도를 통하여 나타난 하나님의 구원의 사건이 그 중심을 형성한다. 교사와 학생에 대한 이해에 있어서 구속의 영성에 기초한 영성교육은 학생을 구원을 필요로 하는 죄인, 하나님과의 초월적인 만남을 필요로 하는 존재로 본다. 또한 교사는 학생들이 성육신하신 말씀이신 그리스도를 통하여 하나님과 대면할 수 있도록, 즉 그들 자신이 죄인임을 깨달을 수 있도록, 하나님의 말씀을 선포하고 전달하는 자, 그리고 신학적 지식을 지닌 자로 간주된다.[10] 교육방법에 있어서는 성서에 나타난 하나님의 말씀을 전달하고 전수하는 차원이 강조되며 강의와 설교 등의 방법이 많이 활용된다. 간학문적 방법에 있어서 구속의 모델은 신학과 신학 외 학문들 사이의 대화에 있어서 비판적 상관관계(critical correlation)보다는 제임스 로더(James Loder)가 주장하는 "비대칭적 양극의 일치"(unsymmetrical bipolar unity)의 원리에 더 가깝다고 할 수 있다.

---

[10] 여기에서 하나님의 말씀은 바르트가 제시한 삼중적 형태의 말씀, 즉 1) 성경을 통하여 계시된 하나님의 말씀, 2) 계시의 말씀으로서 예수 그리스도, 그리고 3) 선포된 말씀으로서의 설교 모두를 포함한다.

여기에서는 신학이 다른 학문들과의 대화를 시도함에 있어서 신학적인 것 또는 기독교적인 것의 존재론적 우위를 주장한다.[11]

3) 구속의 영성에 근거한 영성교육의 장단점

예수 그리스도의 구속의 영성에 기초한 영성교육은 예수 그리스도 안에 나타난 하나님의 계시에 영성교육의 중심을 둠으로써 기독교적 정체성을 아주 뚜렷하게 부각시킬 수 있다. 이는 오늘날의 영성에 대한 다양한 접근 속에서 나타나는 여러 가지 혼란을 방지하고 기독교적 영성의 정체성을 뚜렷하게 제시할 수 있다는 장점이 있다. 그리고 여기에서는 하나님의 말씀을 교육하는 장으로서 교회의 중요성이 강조되고 있다는 점에서 교회를 위한 영성교육에 있어서 중요한 위치를 차지한다. 그러나 구속의 영성에 기초한 영성교육은 창조의 영성에 기초한 영성교육에서 나타나는 자연에 대한 관심 또는 자연에서 나타나는 하나님의 뜻, 그리고 인간의 현실경험에 대하여 무관심할 위험성이 있다. 이러한 의미

---

[11] 제임스 로더(James Loder)와 드보라 헌싱어(Deborah Hunsinger)는 켈케돈 신조에 나타난 예수 그리스도의 신성과 인성의 관계에 대한 바르트의 해석에 기초하여 "용해될 수 없는 차별화," "분리될 수 없는 일치성," "파괴될 수 없는 순서"라는 3가지 원리에 기초하여 신학과 일반 학문 사이의 대화관계의 원리를 찾아낸다. James Loder, *Transforming Moment: Understanding Convictional Experience* (San Francisco: Harper & Row, 1981), *The Knight's Move: The Relational Logic of the Spirit in Theology and Science* (Colorado Springs: Helmers and Howard, 1992), *The Logic of the Spirit* (San Francisco: Jossey-Bass, 1998), Deborah van Deusen Hunsinger, 이재훈, 신현복 역, 『신학과 목회상담』(서울: 한국심리치료연구소, 2000).

에서 이 모델은 영성교육에 있어서 기독교적 정체성의 차원은 강화될 수 있으나 세계와의 관계성의 차원이 약해지는 문제점을 가질 수 있다.

3. 성령 하나님에 기초한 변형의 영성모델과 영성교육

1) 기본적인 신학적 · 교육학적 전제와 이에 기초한 영성의 의미

성령 하나님의 변혁에 기초한 영성모델은 개인적인 변형에 중점을 두는 유형과 사회적 변형에 초점을 두는 유형 등 2가지로 나눌 수 있다. 전자는 주로 개인적이며 은사주의적인 경향을 띠는 유형이며, 후자는 사회적 변형을 추구하는 해방신학적 경향을 띠는 유형이다. 여기에서는 후자에 주로 초점을 맞추고자 한다. 이에 해당하는 기독교교육학자 또는 종교교육학자들로는 레티 러셀(Letty Russell)과 다니엘 쉬파니(Daniel Schipani)가 있다.[12]

해방신학은 성령 하나님의 변혁에 기초한 영성모델에 신학적 기초를 제공한다. 해방신학은 유럽의 여러 신학전통과 라틴 아메리카와 제3세

---

[12] Letty Russell, 정웅섭역, 『기독교교육의 새 전망』(서울: 대한기독교서회, 1973); Daniel Schipani, *Religious Education Encounters Liberation Theology* (Birmingham, AL: Religious Education Press, 1988). 그리고 『기독교적 종교교육』(서울: 한국장로교출판사, 1993)에 나타난 토마스 그룹(Thomas Groome)의 초기 교육 사상에서도 이러한 경향이 강하게 나타난다고 할 수 있다. 이와는 조금 다른 방향에서 성령의 변형적 차원을 강조하는 기독교 교육학자는 위에서 언급한 로더이다.

계의 불의하고 빈곤한 사회·경제적 상황을 변혁하기 위한 노력 가운데서 태동한 신학이다. 해방신학은 특히 바르트와 본회퍼 이후의 유럽의 정치신학에 큰 영향을 받았으며, 동시에 역사와 사회를 향한 하나님의 예언자적 심판의 선포와 신약에 나타나는 하나님의 의의 종말론적 성취로서의 하나님 나라를 강조한다. 구체적으로 1968년 콜롬비아의 메델린에서 개최된 가톨릭의 제2차 남미 주교회의를 해방신학의 역사적인 시발점으로 보고 있으나, 그 역사적 배경은 16세기 이래 유럽 제국주의와 식민주의로 인한 남미 지배에서부터 그 뿌리를 찾을 수 있을 것이다. 구스타보 구티에레츠(Gustavo Gutierrez), 후안 세군도(Juan Luis Segundo), 호세 보니노(Jose Miguez Bonino), 루벰 알베스(Rubem Alves) 등과 같은 신학자들에 의하여 기초가 놓이고 체계화된 해방신학은 강단에서 이루어진 신학이 아니라, 억압과 소외가 만연하는 삶의 현장에서 태동되었으며, 남미의 "기초 공동체"가 바로 이와 같은 해방을 향한 실천적 행동의 출발점의 역할을 하였다. 이러한 의미에서 해방신학은 하나님 나라 또는 하나님의 통치의 비전하에 불의한 사회의 경제와 정치체제의 변혁을 지향하는 아래로부터의 신학이며, 그리스도인들에게 올바른 인식(ortho-doxy)뿐만 아니라 올바른 실천(ortho-praxis)의 중요성을 강조하는 신학이라고 할 수 있다.

브라질의 교육학자인 파울로 프레이리(Paulo Freirre)는 이러한 해방신학의 직접적·간접적 영향하에, 해방신학적 가정에 기초하여 자신의 의식화 교육이론을 전개시켰다. 그의 의식화 교육이론은 넓은 의미에서 성령 하나님의 변혁에 기초한 영성모델에 교육적인 기반을 제공한다고 볼 수 있다. 프레이리는 교육의 궁극적인 목표를 인간해방으로 보았으며, 동시에 교육을 사회변혁의 수단으로 보았다. 그는 교육이란 정치적인 것이며 결코 중립적인 것이 아니라고 보았다. 프레이리는 해방의 교육은 억압의 세력을 극복하기 위한 헌신이며 이를 통하여 사회를 재구성한다고 주장하였다. 그의 교육의 출발점은 인간화를 위한 개인의 "존재론적인 소명"(ontological vocation)이며, 개인의 인간화를 부정하는 여러 세력에 대한 인식이다. 그는 은행저축식 교육에 반대하여 문제제기식 교육(problem-posing education)을 주장하였다. 이는 불의한 현실에 대한 대안적 의식을 불러일으키고 이를 통하여 사회의 변형을 시도하는 교육이다. 문제제기 교육에서는 교사가 질문에 대한 모든 답을 가진 것으로 보지 않으며 따라서 대화를 지향한다. 대화식 교육은 다음과 같은 전제를 가진다. 1) 대화가 박탈된 개인은 억압을 받고 있다. 2) 대화는 해방의 과정이고 실천의 과정이다. 3) 대화에 참여할 때 개인은 해방된다. 4) 대화는 두 사람 이상을 필요로 한다. 5) 더 많은 사람이 대화하기 위해서는 공동체가 필요하다.[13] 해방신학과 프레이리의 의식화교육이 해방신학적 기독교교육에 미친 영향은 1) 상황 속에 존재하는 교회에 대한 새로운 이해, 2) 인식론적 회심에 대한 재발견, 3) 기독교교육의 총체적 목적으로서 하나님의 나라, 4) 변형적 프락시스에 대한 강조, 5) 대화와 문제제기식 교육방법의 제시 등이다. 첫째로, 해방신학은 해

---

[13] 남경태, "해제: 왜 지금 페다고지를 다시 읽어야 하는가?" 『페다고지』(서울: 그린비, 2002), 250.

방신학적 기독교교육에 기초 공동체로서, 그리고 "컨텍스트 가운데 존재하는 백성으로서의 교회" 개념을 제시해 주었다. 이러한 교회에 대한 역사적이고 상황적인 이해는 기독교교육을 위한 구체적인 컨텍스트를 형성한다. 교회를 억눌림과 억압과 같은 구체적인 상황 가운데서 존재하는 것으로 봄으로써 기독교교육이 진공 상태에서 이루어지는 중립적인 것이 아니라 철저히 가치 지향적임을 인식하게 해 준다.[14] 둘째로, 해방신학은 해방신학적 기독교교육에 있어서 "인식론적 회심"이라는 개념을 새롭게 발견해 주었다. 이는 하나님의 계시가 "억눌린 자와의 만남을 통하여 또한 그들을 향한 헌신을 통하여 주어진다는 것"[15]을 뜻한다. 이는 해방신학은 해방신학적 기독교교육으로 하여금 인식론적 회심을 통한 하나님의 계시이해를 강조하게 만들었다. 셋째로, 해방신학은 해방신학적 기독교교육으로 하여금 하나님의 통치를 기독교교육의 총체적인 목적으로 재인식하도록 해 주었다. 즉 해방신학의 관점에서 볼 때, 기독교교육의 총체적인 목적은 사람들로 하여금 기독교적 신앙의 삶 가운데서 성장하게 함으로써, 그리고 이들이 교회 공동체 가운데서 회심과 제자직에로의 부름에 실존적으로 응답함으로써, 하나님의 통치의 복음을 전유(appropriation)하게 하는 것이다. 여기에서 교회는 자유, 정의, 평화를 위한 신실한 제자직과 사회변형을 추구해 나가고 하나님을 알고 사랑하며 인간해방과 온전성을 양육해야 할 소명을 가진 공동체이다.[16]

---

[14] Daniel Schipani, "Liberation Theology and Religious Education," *Theologies of Religious Education* (Birmingham: Religious Education Press, 1995), 301.

[15] Ibid., 302.

넷째로, 해방신학과 프레이리의 의식화교육은 해방신학적 기독교교육에게 변형적 프락시스의 개념을 제공해 주었다. 변형적 프락시스는 개입, 사회분석, 신학적 성찰, 그리고 장기간의 변화를 지향하는 목회계획 등을 통하여 이루어진다.[17] 다섯째로, 해방신학과 프레이리의 의식화교육은 해방신학적 기독교교육에 대화와 문제제기식의 교육방법을 강조하도록 했다. 이는 기존의 사회질서와 가치를 비판 없이 은행 저축식으로 전달하는 방법과 대조를 이루며 변형적 프락시스와 밀접하게 연관되어 있다.

이러한 의미에서 해방신학적 기독교교육에서는 성령 하나님에 기초한 "변형의 영성"이 두드러진다고 할 수 있다. 여기에서 변형은 인식론적 차원과 실천의 차원 모두를 포함한다.

변형의 영성에 기초한 영성교육은 창조의 영성에 근거한 영성교육과 구별된다. 후자가 창조에 나타난 보편성과 규칙성을 강조함으로써 피조물 가운데 나타나는 모순과 죄성을 제대로 인식하지 못하는 반면, 전자는 인간의 사회·경제·정치 구조 속에 나타나는 집단적이고 구조적인 죄의 편재성을 비판적으로 인식하고 이에 대한 변형의 프락시스에 헌신

---

[16] Daniel Schipani, "Liberation Theology and Religious Education," *Theologies of Religious Education* (Birmingham: Religious Education Press, 1995), 304.

[17] 1) 개입이란 불의와 억압의 상황에서 실제적이고 살아 있는 헌신과 참여를 뜻한다. 2) 사회분석은 이해의 폭넓은 구조 속에 이러한 참여의 경험을 위치시키는 것이다, 3) 신학적 성찰이란 신앙과 프락시스에 관하여 중요하고 의미 있는 물음에 초점을 맞추는 것이다. 그리고 4) 목회계획은 장기간의 변형을 지향하는 목회계획을 뜻한다. Schipani는 이러한 단계를 행동-성찰 사이의 변증법적 관계가 이루어지는 "프락시스의 나선형"(spiral of praxis)이라고 부른다. Schipani, "Liberation Theology and Religious Education," 311.

할 것을 강조한다. 또한 변형의 영성에 기초한 영성교육은 구속의 영성에 근거한 영성교육과 대비를 이룬다. 즉 구속의 영성에 기초한 영성교육에서는 인간에게서 나타나는 실존적인 죄성과 모순 그리고 예수 그리스도의 삶과 죽음을 통하여 나타난 하나님의 구원의 사건이 강조되고 있다. 반면에 변형의 영성에 기초한 영성교육은 죄의 집단성과 정치·경제적 구조의 모순 속에 있는 사회를 변형적인 프락시스를 통하여 해방시켜 나가려는 노력이 강조되고 있다. 따라서 이 모델에서 영성은 하나님과의 실존적인 만남을 통한 내적인 변화의 차원을 넘어서서 사회적·구조적 변혁의 프락시스를 실천하는 능력으로 이해된다.

2) 영성교육의 목적, 내용, 교사-학생, 방법, 간학문적 방법

성령 하나님의 변형의 영성에 기초한 영성교육의 목적은 억압, 착취, 모순 가운데 있는 불의한 사회적 구조의 변혁을 위하여 헌신하는 그리스도인의 양육이라고 할 수 있다. 내용에 있어서 변형의 영성에 기초한 영성교육은 억압, 착취, 모순 가운데 있는 불의한 사회적 구조를 비판적으로 바라볼 수 있는 분별의 영성의 형성 및 역사를 통하여 나타난 하나님의 해방의 사건들과 현재의 불의와 억압의 현실을 상관관계시키는 해석의 영성, 그리고 이에 대한 대안적 사회를 건설해 나가는 데 투신하는 실천적 영성의 형성을 포함한다. 변형의 영성에 있어서 교사는 지식의 전달자 혹은 전수자가 아니라 학생들로 하여금 불의한 현실을 비판적으로 바라볼 수 있게 도와주며, 이러한 현실을 변혁시켜 나가는 과정에 참여하도록 촉진하는 사람이다. 학생은 은행식 교육에서 나타나는 지식의 축적자가 아니라, 불의한 현실에 대한 비판적인 문제의식을 가지고 변혁의 실천에 참여하는 자로 간주된다. 교수 방법에 있어서 변형의 영성에 기초한 영성교육은 행동-성찰-행동의 프락시스적인 방법을 많이 사용한다. 간학문적 방법에 있어서 이 모델은 해방의 실천을 지향하는 성경적·신학적·기독교적 전통에 나타나는 해방의 프락시스와 사회변혁사상과 사회변혁운동에서 나타나는 해방의 프락시스 사이의 비판적 상관관계(critical correlation)를 중시한다.[18]

3) 변형의 영성에 근거한 영성교육의 장단점

자유주의 신학의 창조영성에 근거한 영성교육이 창조에 나타나는 규칙성과 보편적 원리를 강조하면서 피조물의 모순과 죄성을 간과한 것과는 달리, 성령 하나님의 변형의 영성에 기초한 영성교육은 창조 가운데서 나타나는 죄성과 왜곡, 모순 등을 밝혀 내고 이에 주목한다는 점에서 전자가 지닌 한계성을 보완해 준다는 장점을 가지고 있다. 동시에 변형의 영성에 기초한 영성교육은 학습들로 하여금 구속의 영성이 빠질 수 있는 개인주의화를 극복하고 사회의 구조, 체제, 생태계에 이르기까지 변형의 프락시스를 확장시켜 나갈 수 있도록 격려한다. 그러나

---

[18] "비판적인 프락시스 상관관계 모델"이라고 불리는 이 모델에 관하여는 다음을 참고하라. Matthew Lamb, *Solidarity with Victims: Towards a Theology of Social Transformation* (New York: Crossroad, 1982).

변형의 영성에 기초한 영성교육은 성령 하나님의 변형시키시는 역사가 먼저 인간에게 주어지는 은혜와 선물임을 망각할 때, 변형을 인간의 노력에 의해서만 성취하는 것으로 오해할 가능성이 높아진다. 그리하여 해방을 위해 헌신하는 자들에게 무거운 짐을 지울 가능성이 많아진다.

4. 삼위일체 영성과 영성교육

삼위일체 하나님에 기초한 삼위일체 영성과 영성교육은 이 책의 제6장에서 밝힌 것처럼 하나님을 "새로운 삶의 원천(source)이며 중보자(mediator)이며 능력(power)"으로 고백하면서 "천지를 창조하신 놀라운 창조주이시며, 각자 자기 길로 가 버린 세상을 구원하는 종된 구속주이며, 인간의 삶의 새로운 시작을 가능하게 하고 새 하늘과 새 땅을 앞당겨 실현하시는 변화의 성령이시다"라는 고백을 다시 한 번 확인한다.[19] 그리고 이에 기초하여 위에서 논의된 3가지 모델이 지닌 한계점들을 보완하면서 이들 모델이 지닌 장점들을 삼위일체 하나님의 순환적이고 상호침투적인 존재원리에 근거하여 균형적으로 통합한다. 순환적이고 상호침투적인 존재원리에 근거한 균형적 통합이라 함은 교회영성교육이 창조, 구속, 변형이라는 3가지 구성원리 가운데서 어느 한 가지에만 기초하여 이루어지는 것이 아니라, 3가지 모두를 균형 있게 고려하는 가운데 목적,

---

[19] Daniel Migliore, 장경철 역, 『기독교 조직신학 개론』, 99.

내용, 과정, 방법 등이 계획되고 실천된다는 의미이다. 삼위일체 세 신적 인격들이 삼위일체의 역사라고 하는 신적인 드라마에서 각각 특정한 시간(창조, 구속, 변형)에 주역의 역할을 맡고, 다른 두 신적 인격들도 상호 내주를 통하여 여기에 함께 참여하는 것처럼, 삼위일체 하나님에 기초한 삼위일체 영성과 영성교육은 창조, 구속, 변형이라고 하는 3가지의 초점을 중심으로 순환하는 가운데서 이루어진다.

이러한 삼위일체 하나님에 기초한 삼위일체 영성과 영성교육이 더욱 더 요청되는 이유는 현대 기독교교육 또는 종교교육의 역사가 이러한 3가지로 대표되는 흐름들 사이의 갈등으로 이어져 옴으로써 온전히 균형 잡힌 시각을 제공하지 못했기 때문이다. 물론 각 시대를 통하여 나타난 도전들에 대한 응답으로 인하여 각각의 흐름들이 지닌 강조점들이 달라졌으나, 세계화와 포스트모던 시대의 영성교육은 이러한 분열된 시각을 극복해 나가야 할 과제를 안고 있으므로 이러한 통전적인 접근이 반드시 필요하다고 할 수 있다.

창조, 구속, 변형이 동시에 강조되는 영성교육은 학제 간의 대화에 있어서도 비신학적인 원천(resources)들의 우선성에 대한 강조(창조모델), 신학적인 원천들의 우선성에 대한 강조(구속모델), 기독교적 해방의 프락시스와 비기독교적 해방의 프락시스 사이의 비판적 대화에 대한 강조(변형모델) 등을 특징으로 하는 각각의 방법론을 대화관계 속에 있는 것으로 보고, 상황에 의하여 이러한 3가지의 강조점이 달라질 수 있는 것으로 간주한다. 이에 대한 자세한 논의는 생략하고, 여기에서는 다만 학제 간의 대화에 있어서 위의 3가지 강조점 가운데서 특정한 한 가지에만 구속되지 아니하고 이러한 대화가 이루어지는 상황과 목적에 따라서 각각의 강조점이 바뀔 수 있다는 사실, 즉 이들이 순환관계를 이룬다는 사실만을 지적하고자 한다.[20]

---

[20] 이에 대하여 다음을 참고할 것. 장신근, "공적실천신학의 구성을 위한 연구: 삼위일체-의사소통적 모델을 중심으로," 2004년 12월 전신협(KAATS)교수 연구논문, http://www.kaats.org

제10장 교회영성교육 모델

본 장에서는 제9장에서 논의된 삼위일체 영성에 근거한 교회영성교육의 모델을 제시하고자 한다. 이를 위하여 교회영성교육과 삼위일체 교회영성교육이 무엇인가를 정의하고 이를 토대로 삼위일체 교회영성교육의 구성원리, 목적, 교육과정 및 교수-학습과정, 교사와 학생, 그리고 삼위일체 교회영성교육의 한 가지 실례로써 영해(靈解, spiritual literacy) 능력을 배양하는 영성교육 등을 제시하려고 한다.

1. 교회영성교육과 삼위일체 교회영성교육의 정의

이 책이 지향하는 논지의 일관성(coherence)을 위하여 앞서 우리가 내린 영성과 영성교육에 관한 정의를 여기에서 다시금 상기할 필요가 있다. 영성이란 "내면적으로는 하나님과의 긴밀한 관계와 거룩한 성품을 추구함으로써 성자 예수 그리스도를 믿는 성부 하나님의 자녀로서의 자기 정체성을 확립하는 것이며, 이러한 추구의 과정 가운데서 늘 성령 하나님의 인도에 귀를 기울이고 인도하심에 순종하는 삶을 사는 것이며, 외현적으로는 공동체 내에서 자신의 위치와 사명을 늘 상기하는 가운데 사랑과 봉사를 실천함으로써 신앙공동체의 안녕과 사회 속에서 신앙인이 어떻게 처신하여야 하나님의 뜻을 조화롭게 이루어 드리는지와 공적인 기관인 교회가 어떻게 활동하여야 사회에 공헌할 수 있는지에 대한 의식을 갖고, 신앙공동체에 속해 있는 각 신앙인이 작게는 다른 사람들과의 관계를 고려하며, 크게는 사회와 지구촌 전반의 상황을 깨어 있는 가운데 직시하고 분석하여 자신의 사명을 찾아 자기가 존재하는 목적을 따라 주체적인 삶을 추구하는 것이다. 또한 영성은 인간관계 속에서 평화를 추구하고, 신앙공동체의 번영과 존재목적의 성취를 위해 자신을 희생하며, 사회와 지구촌의 모든 생태와 사람들의 필요를 채워 주고, 사회의 정의를 구현하기 위하여 노력하며, 잘못된 사회체계를 바로잡는 데 주력하며, 망가져 가는 생태환경의 복원과 조화를 위하여 연합하여 함께 존재하며, 일하는 삶을 추구하는 것"이다.

그리고 영성교육이란 "오늘이라는 주어진 삶의 자리에서 학습자들로 하여금 하나님의 선물인 거룩한 성품을 추구하도록 돕기 위하여 안으로는 하나님과의 긴밀한 관계를 추구하여 예수 그리스도를 주로 고백하는 하나님의 자녀로서 자기 정체성을 갖게 하고, 밖으로는 신앙공동체 내에서 조화롭게 살고, 사회에서 주어진 사명을 실천하여 신앙인의 주체성을 발휘하는 삶을 살게 가르치는 것"이다. 영성교육에 대한 이러한 정의 속에는 전통적인 "영성훈련"(spiritual exercises)이라고 하는 용어에서 나타나는 "훈련"의 개념을 교육적 관점에서 확대·체계화하여 재해석(재개념화)하려는 시도가 포함되어 있다.[21] 전통적으로 교회에서 많이 사용되어 온 영성훈련이라는 용어 속에는 반복성, 일방향성, 개인적 관계중심, 일정한 수준의 도달 등과 같은 개념들이 많이 포함되어 있다.[22] 훈련이라는 개념은 보다 더 광범위한 상위의 개념인 교육이라는 용어 속에 포함된다고 할 수 있다. 이런 의미에서 영성교육은 전통적인 영성훈련의 개념보다 더욱더 포괄적이라고 할 수 있다.

영성교육과 유사한 용어들 가운데에는 기독교 영성학 또는 영성신학에서 많이 사용되는 "영성지도" 또는 "영적 지도"(spiritual direction)라는 용어가 있다.[23] 이것은 그 의미나 범위에 있어서 상당히 많은 부분 영성교육 이라고 하는 용어와 중복된다고 할 수 있다. 그럼에도 불구하고 영성

---

[21] 전통적인 의미에서의 영성지도를 영성교육의 입장에서 재개념화하려는 시도는 다음을 참고할 것. 강희천, "제4장: 영성과 기독교교육," 『기독교교육의 비판적 성찰』(서울: 대한기독교서회, 1999), 203-284; 조은하, "제4장: 전통적 영성지도의 재개념화: 영성훈련에서 영성교육으로," 『통전적 영성과 기독교교육』(서울: 한들출판사), 129-168.

[22] 이러한 의미에서 강희천은 교육을 "동일한 최종적 상태로 모든 학습자들을 동화시키려는 작업이 아니라, 타고난 다양한 유형의 잠재능력을 최대한 계발하도록 도와주는 행위를 포괄하는 개념"으로 정의한다. 강희천, "제4장: 영성과 기독교교육," 245.

[23] 영성지도는 학자들에 따라서 "영적 지도(spiritual direction)," "영적 안내(spiritual guidance)," "영적 우정(spiritual friendship)," "영적 산파술," "멘토링(mentoring)," 또는 "영성형성(formation)" 등과 같이 다양하게 지칭되고 있다. 오방식, "영적 지도," 정원범 편, 『영성, 목회, 21세기』(서울: 예영커뮤니케이션, 2006), 214-215.

교육은 "교육"이라는 체계적이고, 장기적이고, 지속적인 관점에서 영성에 접근한다는 의미에서 영성지도의 개념과 차이가 분명히 존재한다고 할 수 있다.

이러한 전제하에서 삼위일체 영성교육이란 "교육목회의 입장에서 성부 하나님의 창조사역, 성자 예수 그리스도의 구속사역, 성령 하나님의 변형사역에 기초한 삼위일체 영성의 형성을 지향하면서 지역교회의 회중이라는 구체적인 맥락 가운데서 이루어지는 기독교 교육적 접근이다."[24] 이 책에서는 이러한 관점에서 교회영성교육의 목적, 교육과정 및 교수-학습, 교사, 그리고 교회영성교육의 한 가지 실례로서 영해(靈解, spiritual literacy) 능력을 배양하는 영성교육 등을 제시하려고 한다.

2. 삼위일체적 교회영성교육 모델의 구성

1) 교회영성교육의 목적

삼위일체 교회영성교육의 목적은 "포스트모더니즘과 세계화의 시대로 특징되는 오늘의 시대를 살아가는 교회와 그곳에 속한 회중들로 하여금 창조, 구속, 변형을 통하여 나타나는 삼위일체 하나님의 존재방식과

---

[24] 참고로 손원영은 영성교육을 넓은 의미에서 "기독교 교육의 구성요소들을 현대적 영성이해의 관점에서 비판적으로 성찰"하는 것이라고 정의한다. 손원영, 『영성과 교육』(서울: 한들출판사, 2004), 7.

삶을 개인적이고 공동체적인 차원에서 인식하고, 경험하고, 이를 실천하는 삶을 살아갈 수 있도록 돕는 것이다." 지적·정서적·의지적 차원으로 구성된 이러한 목적에는 다음과 같은 요소들이 포함되어 있다. 첫째로, 삼위일체 교회영성교육은 영성교육이 이루어지는 "시대의 상황과 도전"을 진지하게 고려한다. 오늘의 시대는 앞에서도 밝혔듯이 감성적 경험중심주의, 자기중심주의, 다원주의, 상대주의 등을 특징으로 하는 포스트모더니즘과 세계화의 시대이다. 영성교육은 시대의 상황과 유리되어서 행해지는 것이 아니라 철저하게 시대의 도전과 위기들을 고려하는 가운데서, 이들을 향한 응답 가운데서 이루어진다. 따라서 삼위일체 교회영성교육은 영성에 대한 개인주의적이고 자아도취적이며 탈세계적인 접근을 거부한다.

둘째로, 삼위일체 교회영성교육은 "개인적 차원"을 고려한다. 여기에서 개인은 자신을 삼위일체적 형상(*imago trinitas*)을 따라서 지음 받은 자로, 그러나 동시에 죄와 타락으로 인하여 훼손된 이러한 형상을 회복해 나아가야 하는 존재로 인식한다. 따라서 영성교육은 먼저 개인적인 차원에서 하나님의 삼위일체적 형상을 회복하는 자로서 살아가는 과정을 돕고 격려하는 교육이다.

셋째로, 삼위일체 교회영성교육은 "공동체적 차원"을 고려한다. 여기에서 공동체적 차원이란 먼저 삼위일체 하나님의 공동체인 교회이다. 삼위일체 교회영성교육은 일차적으로 이러한 교회공동체에서 이루어진다. 그러나 이것은 삼위일체 하나님의 신적 공동체와 마찬가지로 폐쇄된 공동체가 아니라 "세상을 향하여 개방된 공동체"이다. 삼위일체 하나님의 신적 공동체가 다함없는 사랑 가운데 세계를 향하여 자신을 열어 주는 것처럼, 교회도 세상을 향한 "공적 공동체"(public community)로서 자기 자신을 세상을 향하여 개방한다. 삼위일체 교회영성교육은 이러한 공적 공동체로서의 교회가 이 세상에서 자신을 개방하고 그곳에 참여하여 삼위일체적 삶을 실천할 수 있도록 지원하는 교육이다. 삼위일체 교회영성교육의 공동체적 차원은 또한 생태공동체에 대한 책임으로까지 확대된다.

2) 교회영성교육의 교육과정 및 교수-학습

삼위일체 교회영성교육은 1) 창조의 영성형성, 2) 구속의 영성형성, 3) 변형의 영성형성 등과 같은 3가지를 교육과정의 중심 내용으로 삼는다. 첫째로, 창조의 영성형성이란 성부 하나님의 창조와 그 가운데서 나타나는 질서에 초점을 맞춘 것으로, 창조를 통하여 인간에게 주어진 영성을 개발하여 이끌어 내고 성숙한 인격으로 자랄 수 있도록 계속적인 성장을 지원하는 것을 뜻한다. 특히 여기에서는 창조세계를 통한 하나님과의 만남에 강조점을 둔다. 따라서 창조세계를 통하여 나타나는 하나님의 계시를 중요하게 간주하면서 이를 통한 영적 성숙을 지향한다. 예를 들어 창조세계에 나타난 하나님의 아름다움에 대한 경험을 통한 창조영성의 형성이 바로 그러한 것이다.

둘째로, 구속의 영성형성이란 성자 예수 그리스도 안에서 나타난 하나님의 구원의 계시에 초점을 맞춘다. 인간은 삼위일체 하나님의 형상으로 창조되었으나 죄와 타락으로 이러한 형상이 훼손되었고 예수 그리스도의 구속을 통해서 인간의 죄와 소외의 문제가 해결됨을 인식하는 가운데서 삼위일체 영성교육은 개개인이 우선 이러한 예수 그리스도를 통하여 이루어지는 하나님과의 화해를 인식하고 경험할 수 있도록 돕는다. 여기에서는 계시된 말씀으로서의 예수 그리스도의 삶과 죽음, 부활 등이 가장 중요한 영성형성의 내용을 형성한다. 특히 성육신을 통한 그의 섬김의 실천은 구속의 영성에 있어서 중요한 내용을 구성한다.

셋째로, 변형의 영성형성이란 인간의 사회·경제·정치 구조 속에 나타나는 집단적이고 구조적인 죄의 편재성을 지적하고 하나님의 나라에 대한 비전하에 이에 대한 변형을 위한 노력에 헌신하는 것을 지칭한다. 여기에서는 죄의 집단성과 정치·경제적 구조의 모순 속에 있는 사회를 변형적인 프락시스를 통하여 해방시켜 나가려는 노력이 강조된다. 영성은 사회적·구조적 변혁의 프락시스를 실천하는 능력으로 이해된다. 변형의 영성형성이란 또한 그리스도인들로 하여금 예수 그리스도의 제자인 동시에 이 세상을 살아가는 시민으로서 공적인 영역들을 대화, 토론, 협상, 상호적 이해를 통하여 하나님의 통치라고 하는 비전하에서 공공의 선을 지향하는 영역으로 형성시켜 나가고 동시에 변형시켜 나가는 노력에 헌신하는 것을 뜻한다.

이상의 3가지 중심 내용을 가진 삼위일체 교회영성교육 과정이 실시될 때 다음의 사항들이 잘 고려되어야 한다. 첫째로, 삼위일체 교회영성교육은 삼위일체적 통전성을 지향하는 교육이다. 삼위일체적 통전성이란 먼저 앞에서 본 것처럼 영성교육의 내용과 원리에 있어서 창조, 구속,

변형의 역사가 분리되지 않고, 대화 가운데서 균형적으로 이루어지는 교육을 뜻한다. 이와 더불어 삼위일체적 통전성이란 영성의 초월성과 내재성, 개인과 공동체, 유념적(kataphatic) 차원과 무념적(apophatic) 차원 등이 영성교육과정에 균형 있게 반영되는 것을 의미한다. 그리고 학제 간의 대화에 있어서도 앞에서 지적한 것처럼 비신학적인 원천(resources)들의 우선성에 대한 강조(창조의 영성모델), 신학적인 원천들의 우선성에 대한 강조(구속의 영성모델), 기독교적 해방의 프락시스와 비기독교적 해방의 프락시스 사이의 비판적 대화에 대한 강조(변형의 영성모델) 등과 같은 한 가지의 강조점만을 가지는 것이 아니라 상황과의 관련성 속에서 순환적인 강조가 이루어진다.

둘째로, 삼위일체 교회영성교육은 명시적(explicit)·암시적(implicit)·영/부재(null)의 교육과정 등 3가지 종류의 교육과정을 모두 고려한다. 첫째로, 명시적 교육과정은 성서에 나타나는 영성, 기독교영성의 역사 등과 같은 내용을 구체적이고 직접적인 교수방법을 통하여 가르치는 것을 뜻한다. 둘째로, 암시적 교육과정은 교회 공동체가 가지고 있는 에토스(ethos), 예전, 삶의 양식, 상호적인 사회화 과정 등을 통하여 이루어지는 영성교육을 뜻한다. 셋째로, 영/부재의 교육과정은 가르치지 않음으로써 영향을 끼치고 있는 교육과정인데, 삼위일체 교회영성교육에서는 영/부재의 교육과정의 중요성도 동시에 인식한다. 예를 들어 영성교육의 내용에 여성들과 소외된 자들의 삶의 경험이 전혀 고려되지 않을 때, 삼위일체 교회영성교육에서는 이러한 것을 회복시켜 나간다.[25] 이러한 과정은 때로는 기존의 질서를 위협하는 위험한 기억으로 간주되기도 한다.

셋째로, 삼위일체 교회영성교육의 창조, 구속, 변형이라는 3가지 중심 내용은 시간적인 관점에서 볼 때 교회력의 순서에 따라서 교육된다. 교육과정에서 위의 3가지 내용은 물론 여러 가지 방법으로 배열될 수 있으나 교육목회의 입장에서 교회력의 순서를 따라서 시행될 때 가장 균형적으로 이루어진다고 본다. 즉 대림절, 성탄절, 주님의 수세주일, 사순절, 부활절, 오순절 성령강림주일, 삼위일체주일, 왕이신 그리스도주일, 기타 비절기 기간 등과 같은 교회력의 순서에 따라서 교육과정을 배열할 때 영성교육의 내용과 절기 사이의 조화가 잘 이루어질 수 있을 것이다.[26]

넷째로, 삼위일체 교회영성교육은 공간적으로 창조, 구속, 변형의 3가지 중심내용을 온라인과 오프라인 모두를 통하여 교육한다. 전통적인 오프라인에서의 교육뿐만 아니라, 사이버 공간이 중요한 교육의 공간으로 자리 잡고 있는 오늘의 현실을 진지하게 고려하면서, 온라인에서의 영성교육도 동시에 이루어져야 할 것이다. 특히 언어폭력, 포르노, 생명경시, 상업주의 등으로 심각하게 오염되어 가고 있는 사이버 공간을 위한 영성형성은 오늘의 영성교육에 있어서 가장 중요한 과제 중의 하나가 아닐 수 없다.

다섯째, 삼위일체 교회영성교육은 문화적으로 기독교 전통의 영성

---

[25] 영/부재의 교육과정에 대하여 다음을 참고하라. Elliot Eisner, *The Educational Imagination: On the Design and Evaluation of School Programs*, 3rd ed. (New York: Macmillan, 1994), Maria Harris, 고용수 역, 『회중 형성과 변형을 위한 교육목회 커리큘럼』(서울: 한국장로교출판사, 1997).

[26] 교회력에 나타나는 절기와 비절기 기간에 대한 자세한 내용은 다음을 참고할 것. 주승중, 『은총의 교회력과 설교』(서울: 장로회신학대학교출판부, 2004).

과 한국 또는 아시아의 전통적 영성과의 만남과 대화를 지향한다. 이는 한국인 또는 아시아인이면서 동시에 그리스도인인 우리가 한국 또는 아시아의 풍부한 영적 전통과의 비판적인 만남을 통하여서 기독교 영성을 더욱 풍성하게 가꾸어 나갈 수 있도록 하기 위한 노력이다. 예를 들어 한국과 아시아의 문화와 사상 가운데 나타나는 풍부한 생태영성의 전통과 기독교적 생태전통 사이의 대화는 아주 유익한 결과를 서로에게 줄 수 있다고 본다.

여섯째, 삼위일체 교회영성교육은 인간의 발달단계 또는 생애주기를 진지하게 고려하고 이들과 대화를 시도한다. 앞에서 살펴본 바와 같이 영성은 심리학과의 대화를 통하여 유익한 많은 것을 얻을 수 있다. 물론 심리학이 신학이나 종교에 대하여 환원주의적인 자세를 버리고 대화적인 자세를 가질 때 이러한 것이 가능할 것이다. 인간발달에 대한 심리학적 통찰력은 삼위일체 교회영성교육의 대상자를 이해하는 데 있어서 아주 중요한 도구가 된다. 이는 인간의 발달단계 또는 생의 주기를 통하여 나타나는 각 단계 또는 주기 동안의 특성을 잘 이해할 수 있도록 해 줌으로써, 이에 적합한 영성교육의 방법을 제시하는 데 아주 유용한 도움을 제공해 준다.

삼위일체 교회영성교육은 창조, 구속, 변형의 영성형성을 위한 교수-학습 방법을 제시함에 있어서 다음의 사항을 진지하게 고려한다. 첫째로, 삼위일체 교회영성교육은 교수-학습 방법을 제시함에 있어서 인격적 관계성, 참여, 공감, 연대성 등에 기초한다. 삼위일체 교회영성교육에 있어서 교수-학습의 방법은 내용과 유리되지 아니하고 서로가 서로를 지시해 준다. 즉 삼위일체 하나님의 인격적 관계성, 참여, 공감, 연대성을 내용으로 하는 영성교육의 방법은 철저히 인격적 관계성, 참여, 공감, 연대성이 반영된 방법을 사용해야 한다는 것이다.

둘째로, 삼위일체 교회영성교육은 교수-학습 방법을 제시함에 있어서 기독교 영성이 지니고 있는 개인적인 차원과 공동체적 차원을 동시에 고려한다. 흔히 영성교육을 개인적인 차원에서만 바라보는 입장과는 대조적으로 삼위일체 교회영성교육은 그 내용뿐만 아니라 교수-학습 방법에서도 개인적인 측면과 공동체적인 측면 모두를 포함하며, 양자가 계속적으로 상호작용한다는 사실을 강조한다. 예를 들어 리차드 포스터(Richard Foster)가 제시하는 내면의 훈련들(묵상훈련, 기도훈련, 금식훈련, 공부훈련), 외면의 훈련들(단순화훈련, 고독훈련, 순종훈련, 섬김훈련), 공동훈련(고백훈련, 예배훈련, 인도훈련, 경축훈련)과 같은 것은 이러한 양자를 잘 고려한 방법들이라고 할 수 있다.[27] 그리고 노만 샤우척(Norman Shawchuck) 등에 의하여 제시된 "본회퍼의 공동체 삶을 위한 수양회 모델"과 같은 경우에도 개인적인 차원과 공동체적인 차원이 잘 조화된 영성훈련 프로그램이라고 할 수 있다.[28]

셋째로, 삼위일체 교회영성교육은 교수-학습 방법을 제시함에 있어서 기독교 영성이 지니고 있는 유념적(*kataphatic*) 차원과 무념적(*apophatic*)

---

[27] Richard Foster, 편집부 역, 『영적성장을 위한 제자훈련』(서울: 보이스사, 1991).
[28] 부록 II "본회퍼의 공동체 삶을 위한 수양회 모델," Norman Shawchuck, Rueben Job, & Robert Dorherty, 오성춘, 황화자 역, 『영성훈련 지침서』(서울: 대한예수교장로회총회출판부, 1991), 119-214.

차원을 동시에 고려한다. 유념적 차원은 흔히 명상법이라고 불리며 종교적 상상을 양육하는 영성교육방법으로 자신을 비우면서 수동적으로 하나님의 임재를 침묵 가운데서 기다리기보다는 하나님의 활동을 머릿속에 혹은 눈앞에 그려 보는 보다 적극적인 노력을 통하여 하나님에 대한 미래적 전망을 얻어 내고 하나님의 뜻을 이해하려는 방법이다. 이는 주로 어거스틴과 그레고리 대제를 비롯한 서방교회에서 많이 사용되었다.[29] 이러한 것은 제5장에서 살펴보았던 것처럼 성서에 나타난 영성에 대한 다양한 이미지들과 상징들을 활용하여 영성교육의 참여자들에게 상상력을 키워 줌으로써 하나님의 뜻을 분별하는 데 도움을 주기 위한 방법이다.[30] 무념적 차원은 자아를 비우는 영성교육방법으로 1) 언어기도로 시작하여 점차 무언의 기도로, 2) 간구의 형태에서 경배의 형태로, 3) 자아의식으로부터 시작하여 궁극적으로는 하나님 의식의 방향으로 나아가게 하는 경험을 획득하게 하는 방법이다.[31] 예를 들어 *Lectio Divina*의 경우 이 두 가지 차원 모두에서 사용될 수 있다.[32]

넷째로, 삼위일체 교회영성교육은 교수-학습 방법을 제시함에 있어

---

[29] Urban Holmes, 김외식 역, 『목회와 영성』(서울: 대한기독교서회, 1988); 강희천, "제4장: 영성과 기독교교육," 232-233에서 재인용.
[30] 이와 연관하여 다음을 참고하라. 장신근, "바울서신에 나타난 분별교수사역과 세계화 시대의 영성교육," 『21세기 포스트모던 시대와 기독교교육』(장신대기독교교육연구원, 근간 예정).
[31] Holmes, 김외식 역, 『목회와 영성』; 강희천, "제4장: 영성과 기독교교육," 232에서 재인용.
[32] 양금희, "기독교교육적 '읽기'로서의 'Lectio Divina,'" 『장신논단』 제20집, 2003, 412-442 참고.

서 기독교 영성과 심리학 사이의 대화를 시도한다. 예를 들어 이 책 제7장에서 다루었던 개인의 성격유형(MBTI)을 활용한 방법,[33] 9가지의 영적 기질을 활용한 방법,[34] 인간발달의 단계에 의한 방법[35] 등은 개인의 성격과 기질 그리고 인간발달에 대한 지식과의 대화를 통하여 영성교육 방법을 위한 보다 더 객관적·경험적·보편적 도구를 제공해 준다.

3) 교회영성교육에서 교사와 학생

삼위일체 교회영성교육에서는 먼저 교사가 지닌 다양한 역할을 강조한다. 전통적인 영성훈련의 개념에는 교사의 기능을 이해함에 있어서 티모디 라인즈(Timothy Lines)가 제시하는 10가지 교사상 가운데서 "부모와 코치"의 훈련역할(training roles)은 많이 강조되고 있으나, 기타 다양한 교사상들은 크게 부각되지 않았다.[36] 이에 반하여 삼위일체 교회영

---

[33] 이 책의 제7장: 영성에 대한 심리학적 접근을 참고하라.
[34] Gary Thomas는 개인의 기질을 9가지로 분류하고 다음과 같이 각각에 상응하는 영성형성의 통로 또는 방법을 제시한다. 1) 자연주의 영성: 야외에서 하나님을 사랑한다. 2) 감각주의 영성: 오감으로 하나님을 사랑한다. 3) 전통주의 영성: 의식과 상징으로 하나님을 사랑한다. 4) 금욕주의 영성: 고독과 단순성으로 하나님을 사랑한다. 5) 행동주의 영성: 참여와 대결로 하나님을 사랑한다. 6) 박애주의 영성: 이웃 사랑으로 하나님을 사랑한다. 7) 열정주의 영성: 신비와 축제로 하나님을 사랑한다. 8) 묵상주의 영성: 사모함으로 하나님을 사랑한다. 9) 지상주의 영성: 생각으로 하나님을 사랑한다. Gary Thomas, 윤종석 역, 『영성에도 색깔이 있다』(서울: CUP, 2003).
[35] Joann Conn, *Spirituality and Personal Maturity* (Mahwh, NJ: Paulist Press, 1989) 참고.
[36] Timothy Lines, *Functional Images of Religious Educator* (Birmingham: REP,

성교육에서는 교육이라는 보다 넓은 관점에서 "부모와 코치"의 훈련 역할뿐만 아니라 "과학자와 비평가"의 평가 역할(evaluating roles), "이야기꾼과 예술가"의 말하는 역할(telling roles), "비전 제시가와 혁명가"의 인도하는 역할(leading roles), "치료자와 목양자"의 섬김의 역할(service roles) 등과 같은 나머지의 다양한 교사상들을 모두 포괄한다. 이러한 훈련, 평가, 이야기, 인도, 섬김 등과 같은 다양한 교사의 역할 외에도 돌봄, 우정, 지원 등과 같은 기능들도 여기에 포함될 수 있을 것이다. 그리하여 영성교육의 내용, 방법, 현장 등의 차이에 따라서 다양한 교사상들이 등장하게 된다.

이처럼 다양한 교사상을 고려하는 가운데, 삼위일체 교회영성교육에서는 이미 영적으로 완성의 단계에 들어선 자가 아니라, 학생과 더불어 영적인 성숙의 여정을 함께하는 "동반자와 같은 존재로서의 교사상"이 가장 많이 강조된다. 여기에서 동반자라는 개념은 교사와 학생 사이의 차이점을 무시하는 것이 아니다. 교사와 학생은 영적 성숙이라는 목표를 향하여 함께 나아가는 존재이지만, 그 여정에서 더 많은 경험을 가지고 있고 혹은 좀 더 빨리 그 여정을 시작함으로써 그 여정의 지형에 익숙한 사람으로서의 교사상을 여기에서 말하고 있는 것이다. 이러한 의미에서 앞에서 지적한 "멘토" 또는 "산파"와 같은 교사상이 삼위일체 교회영성교육에서 중요한 상으로 간주되는 것이다. 영적인 성숙을 향해 함께 나아가는 자로서, 인생의 여정에 대한 더 많은 경험과 지형에 익숙

1992), 504-506.

한 사람으로서 교사는 학생들에게 공간을 마련해 주고 또한 그들을 격려하고, 도전을 주고, 지원하는 역할을 감당하는 것이다. 교사는 또한 이러한 여정에서 자신의 영적 성숙을 위해서도 계속적으로 노력을 해 나가는 자이다. 이 여정에서 교사와 학생은 상호적인 인격적 관계 속에서 함께 영적 성숙을 향해 나아간다.

4) 교회영성교육의 실례: 영해(靈解, spiritual literacy) 능력을 배양하는 영성교육

마지막으로 교회영성교육의 구체적인 실례로서 프레더릭 브루셋과 메리 브루셋(Frederic and Mary Brussat)의 "영해"(靈解, spiritual literacy) 능력을 배양하는 영성교육을 제시하고자 한다. 이들에게 있어서 영해는 영성교육에서 아주 중요한 위치를 차지하고 있다. '영해'라는 단어는 사실 별로 사용하지 않는 단어이나, 여태까지 많은 이들이 주장해 왔던 분별을 포함하는 용어이다. 브루셋 부부가 내린 영해라는 용어의 정의는 다음과 같다. "영해는 인간경험에 관한 기록 속에 나타난 표지(signs)를 읽는 능력이다. 영해를 하나님으로부터 주어지는 은사로 보던지 아니면 계발할 수 있는 기술로 보던지 간에, 영해는 우리로 하여금 의미로 가득 찬 세상을 분별(discernment)해 내고, 인간의 갖가지 경험에서 양산되는 이미지와 표지의 의미를 해독(decipher)할 수 있도록 도와준다."[37]

---

[37] Frederic and Mary Ann Brussat, *Spiritual Literacy: Reading the Sacred in Everyday*

여기서 우리가 영성에 대한 정의를 어떻게 내리는가에 따라 영해에 대한 자세도 달라질 수 있다고 본다. 우리가 앞에서 정의한 영성의 관점에서 볼 때, 영성을 추구하는 삶은 하나님의 선물인 거룩한 성품을 삼위일체적인 관점에서 살아가는 것이므로, 영해도 같은 맥락에서 해석해야 한다고 생각한다. 이와 유사한 관점에서 D. 베너(D. Benner)가 취한 영성에 대한 태도가 바람직하다고 본다. 베너는 "영성이란 안내되고 육성되며, [영적 지도자나 교사로부터] 도움을 받을 수는 있지만, 그것은 외부에서 작위적으로 제품화되거나 통제될 수 없으며, 만약 그렇게 될 때에는 진정 마음으로부터 생겨난 것이 아닌 거짓 영성이 되고 말 것이며, 마음속에 싹트고 있을지도 모르는 참된 영성마저도 파괴시켜 버릴 수 있다"고 주장하였다.[38] 베너의 경고는 영해를 영성교육의 주요한 내용 중의 하나로 다루는 모든 영성 교사와 지도자들에게 꼭 필요한 것이라고 본다. 아무리 교육이 교사의 의도성을 포함하는 것이라고 해도 교사의 역할은 안내와 육성을 도와주는 조력자 혹은 안내자의 역할을 넘어서서는 곤란하다는 것이다. 또한 영해의 영역도 마찬가지다. 영해는 영성교육을 받는 학습자에게 영적 분별과 해독을 할 수 있는 능력을 배양시켜 주는 가운데 하나님 앞에서 겸비한 자세로 함께 진리의 영을 받아들이는

Life (NY: Scribner, 1996), 15.

[38] D. Benner, *Psychology and Spiritual Quest*, 이만홍, 강현숙 역,『정신치료와 영적 탐구』(서울: 하나 의학사, 2000), "영성교육을 위한 탐색적 연구,"『교육인류학연구』 (2002, 5) (1): 68에서 재인용. APA format으로 작성한 논문에서 재인용하였기에 원서의 페이지 번호가 없음을 애석하게 생각한다.

것이 필수적이다. 두 브루셋이 연구한 영해의 구체적 내용과 원리, 영해를 위한 알파벳(The Alphabet for Spiritual Literacy)에서 잘 나타난다.[39]

영해는 우리 삶의 전 영역에서 벌어지는 일들을 깨어서 바라보고 배우며 성장하는 것을 목적으로 하는 작업이다. 영해의 부분집합적인 요소인 분별(discernment: 헬, diakrisis) 사역이 이 세상에서 하나님의 뜻을 구하며 매일의 삶에서 성령의 인도를 받아 살아감에 있어 거룩한 삶을 추구하는 데에 방해가 되는 악의 요소들을 분리해 내고, 구별해 내는 것이다.[40] 또 다른 영해의 부분집합인 해독은 거룩한 삶을 추구하는 과정에서 성령에 속한 표지들을 읽어 내는 능력이다(마 7:15이하, 행 20:28이하, 살전 5:19-22). 그러므로 위에서 소개한 브루셋의 영해를 위한 알파벳은 영성교육의 중요한 내용이 된다.

영해 능력을 배양하는 영성교육은 "일상의 신학"(theology of the or-

---

[39] 두 브루셋은 알파벳의 순서에 따라서 Attention(주의 집중), Beauty(아름다움), Being Present(현실에 거함), Compassion(긍휼), Connections(연결), Devotion(전념), Enthusiasm(열정), Faith(신앙), Forgiveness(용서), Grace(은혜), Gratitude(감사), Hope(소망), Hospitality(환대), Imagination(상상력), Joy(기쁨), Justice(정의), Kindness(친절), Listening(경청), Love(사랑), Meaning(의미), Nurturing(양육), Openness(개방), Peace(평화), Play(오락), Questing(목마름), Reverence(경외), Shadow(그림자), Silence(침묵), Teachers(교사들), Transformation(변형), Unity(합일), Vision(비전), Wonder(경이로움), X, the Mystery(신비), Yearning(열망), You(당신), Zeal(열심) 등을 제시한다. 여기에서는 제목만 제시하며 구체적인 내용은 이 책의 부록을 참고하라. Frederic and Mary Ann Brussat, *Spiritual Literacy: Reading the Sacred in Everyday Life*, 19-25.

[40] Keith Beasley-Topliffe, ed., *The Upper Room Dictionary of Christian Spiritual Formation*, 81-82.

dinary)과 밀접한 관계가 있다. 마이클 프로스트(Michael Frost)가 주장하는 것처럼, 사실 모든 게 보이는 것처럼 평범한 것은 없다. 우리는 너무도 삶에서 하나님을 제한하며 살고 있지는 않은지 질문해 보아야 한다고 프로스트는 우리의 자각을 촉구하였다. 모든 것의 배후에는 하나님의 손길이 있으며 그것을 알게 되면 평범한 것들이 곧 비범한(extraordinary) 것들로 보이기 시작한다는 것이다.[41] 프로스트의 생각은 '모든 것에서 하나님의 손길을 발견한다'는 정신과 일맥상통한다. 훈련만 제대로 된다면 일상 속에서 영성을 개발할 수 있다. 그러나 일상의 신학도 적절한 영해 능력이 있을 때 비로소 그 정수를 알 수 있다. 일상의 신학을 적절한 영해 능력을 배양 받은 사람이 섭렵하게 되면 그야말로 그이는 헨리 나우엔이나 토마스 머튼 같은 영성가가 될 것이다.

왜 영성교육에서 영해 능력을 배양하는 것이 필요한가? 그 이유는 다음과 같다. 모두 다 그런 것은 물론 아니지만, 서문에서 다룬 것처럼 포스트모던인들이 그토록 리더십에 관심을 쏟고, 영성에도 적지 않은 관심과 주의를 기울이는 이유가 그리스도를 본받아 거룩한 성품에 이르러 하나님이 요구하시는 삶에로 나아가기 위한 것에만 있는 것 같지 않다. 오히려 포스트모던 문화의 특징인 감성적 경험중심주의, 자기중심주의, 다원-상대주의의 영향에 따라 어쩌면 많은 사람들의 마음속에는 '나라고 리더가 되지 말라는 법이 있는가?' '나도 영성을 소유할 수 있다'

---

[41] Michael Frost, *Seeing God in the Ordinary* (Australia: Hendrickson Publishers, 2000), 1.

는 생각의 발로로 인해 나타나는 현상이 아닌지 의구심을 품는다. 더욱이 소위 영성을 추구한다는 사람들 가운데서 종종 발견되는 '직통 계시'를 받았다는 주장은 영계(靈界)의 질서를 무너뜨리고, 건전하고 균형 잡힌 영성을 추구하며 겸손히 하나님과 함께 행하는 사람들에게까지 악영향을 끼치는 예를 보곤 한다. 다 그러한 것은 아니지만 영성을 추구하는 이들 중에는 인간사회에서 필요한 계획, 의논, 상담, 인간 대 인간의 대화 따위는 무시하고 하나님과의 개인적인 교제를 통한 자신의 '직관'(直觀)을 가장 신뢰하는 경우도 있다. 물론 이 직관이 다 틀린 것은 아닐 것이다. 사실 영성체험이 어느 정도는 주관적인 하나님 체험이라는 것을 인정한다. 그러나 누군가가 말했듯이 아무리 훌륭한 영성가라고 해도 열 중 둘만 그가 경험한 체험이 진정 하나님께로부터 온 것이라는 말에는 깊은 의미가 숨어 있다고 본다. 그러므로 이러한 입장에서 볼 때도 영해 능력을 배양하는 영성교육의 필요성은 아무리 강조해도 지나치지 않는다고 본다.

21세기를 살아가는 학습자들은 자신도 모르는 사이에 즉각적 만족에 길들여져서 배움의 정신을 상실하였고, 세상의 중심이 자신일지도 모른다는 착각에 빠져 파편화된 정신세계 속에서 살게 되었으며, 다원화와 상대화의 덫에 걸려서 이제는 더 이상 절대진리를 수용할 수 없는 지경에 이르게 되었음을 앞서 다루었다. 이러한 학습자들에게 영성을 가르친다는 것이 과연 가능할 것인가에 대하여 이 책은 논하였다. 영성은 믿음과 같은 맥락에서 이해하여야 하기에 하나님의 선물을 받을 수 있는 최대한의 준비를 시켜주는 것이 교육자의 임무라는 것도 이미 밝힌 바 있다. 그러면 어떻게 해야 가장 최선의 준비를 시킬 수 있을까? 이것이 이 책의 핵심적 질문이었다. 이 질문에 답하기 위하여 우리가 영성에 대한 정의를 내려 보았다. 영성에 대한 일반적인 정의, 거시적 정의, 미시적 정의를 내려 본 후에, 이 책이 지향하는 삼위일체 신학에 입각한 통전적 시각으로 본 영성의 정의를 내렸다. 이 정의 위에 영성교육의 가능성을 모색하였으며 결론적으로 영성교육은 성령 하나님의, 성부 하나님을 위한, 성자 하나님에 의한 교육임과 동시에, 하나님의 백성인 학습자가 삼위일체 하나님께 영광을 돌리기 위하여 자신

의 신앙을 고백하고, 교사는 학생들의 영적 필요를 채워 주는 가운데, 함께 신앙공동체를 세워 나가는 것이 영성교육의 지향하는 바가 되어야 함을 연구하였다. 여기까지가 제1부에서 다룬 내용의 요약이다. 또한 제2부에서는 영성교육을 위한 영성에 대한 성경적·신학적·심리학적, 그리고 역사적 이해를 심층적으로 다루었다. 영성에 대한 성경적 접근은 영성교육의 토대이며, 영성에 대한 신학적 접근, 심리학적 접근, 역사적 접근은 교회라는 집을 받쳐 주는 기둥과 같으며, 기둥 위에 교회영성교육이라는 지붕을 올리면 하나의 집이 되는데, 그것을 그림으로 표현하면 아래와 같이 된다.

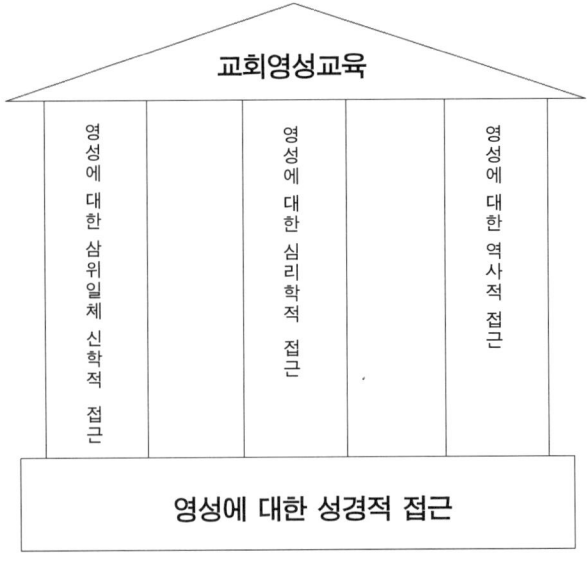

그림 1: 21세기 기독교영성과 교회영성교육의 연구도

이 책의 제3부에서는 삼위일체 영성에 대한 구체적인 이론과 기독교교육 이론과의 대화를 시도하였으며, 후에는 한 걸음 더 나아가서 영성교육의 교육적 토대를 마련하고자 노력하였다. 즉 교회영성교육의 목적, 교육과정 및 교수-학습, 교사, 그리고 교회영성교육의 실례로서 영해(靈解, spiritual literacy) 능력을 배양하는 영성교육 등을 다루었으며, 결국 영성교육은 조력자이자 산파인 교사가 학습자들로 하여금 하나님을 만나고 그분의 임재 안에서 성장할 수 있도록 훈련시키고, 돌보며, 함께 성숙하여 나가는 것임을 재확인하였다. 이 연구로 영성교육에 대한 연구가 완성될 수 없으므로, 본 연구가 훗날 계속될 영성교육의 불씨를 놓는 역할을 감당한다면 그것으로 우리는 만족할 것이다. 토마스 무어가 말한 것처럼, 영성을 연구하는 목적은 "우리 자신을 잘 돌보고, 이웃을 돌아보며, 우리가 사는 세상을 돌보는 것"[42] 이므로 조급해하지 말고 한 걸음씩 걸어가야 할 것이다. 우리는 삼위일체 하나님의 함께 일하심에 동기를 부여받고, 서로의 차이를 존중하고 다른 가운데 하나가 되어 다가올 하나님의 나라에서 함께 살 준비와 더불어, 이미 다가온 하나님의 나라에서 하나님의 임재를 경험하는 가운데 나와 내가 존재하는 이유와 목적에 부합한 삶을 '지금, 여기에서' 사는 것이 영성교육이 추구하는 것이 아닐까? 여러모로 부족하지만 우리를 있는 그대로 받아 주시는 성삼위 하나님께 의지하여 이 책을 마친다.

---

[42] Foreword by Thomas Moore in Henri J. M. Nouwen, *Out of Solitude* (Darton: Longman & Todd, 2004).

부 록: 영해를 위한 알파벳
(The Alphabet for Spiritual Literacy)

- Attention(주의 집중): 주변 환경에 주의를 집중하라. 늘 [영적으로] 깨어 있으라. 수용적인 눈으로 환경을 바라보고 끊임없는 경이로움의 세계를 발견하라.
- Beauty(아름다움): 아름다움의 길을 걸으라. 내면적이며 외현적인 아름다움을 맛보고 조장하라. 창조세계의 광채를 인정하라.
- Being Present(현실에 거함): 지금의 현실에 살아라. 미래를 걱정하거나 과거에 집착하지 마라. 당신이 가장 필요한 것은 바로 지금 여기에서의 삶이다.
- Compassion(긍휼): 세상에 있는 고통과 아픔에 당신의 마음과 영혼을 열어라. 다른 이들에게 손을 내밀고 마음의 심연으로부터 우러나오는 [긍휼을 가지고 고통당하는 이웃에 대한] 책임감과 도울 길을 발견하라.
- Connections(연결): 서로 연결하는 예술성을 개발하라. 어떻게 하면 당신의 삶이 지구상의 모든 생명체와 긴밀하게 연관되어 있는지를 보라.
- Devotion(전념): 전념하는 연습을 통해 찬양과 경배를 드리는 마음을

표현하라. 말로 기도하고 행동으로 기도하라.

- Enthusiasm(열정): 도취된 열정으로 삶을 찬미하라. 열정은 모든 것에 생기를 불어넣어 주며 공동체를 세워 준다. [너무] 억제하지 마라.
- Faith(신앙): 우리에게 보이는 삶과는 다른 차원의 세계가 존재한다는 것을 받아들이고 인정하라. 역설과 의심과 장애가 가득한 세상에 살되, 세상에 충만하신 하나님이 계신 것을 늘 알아라.
- Forgiveness(용서): 당신의 사적이고 공적인 삶의 영역에서 타인을 용서할 때 발산되는 달콤함을 발견하라. 자신을 용납하고 용서받을 때 생기는 향내를 맡으라.
- Grace(은혜): 하나님의 은혜를 받아들이고 당신의 세계가 더 크고, 깊고, 충만하게 될 것을 믿으라. 온 세상에 가득한 하나님의 은혜를 찾아보라. 이 생명을 주시는 분의 씨앗이 당신의 말과 행위에서 활짝 피어나게 하라.
- Gratitude(감사): 하루를 감사할 제목을 찾아 하나하나씩 적어 보는 것으로 마무리하라. 당신의 삶에 내려 주신 모든 축복에 감사하라.
- Hope(소망): 긍정적이고 만족스런 감정의 연료가 당신의 꿈을 지탱케 하고 타인을 위해 봉사하는 삶을 위해 지속적으로 타게 하라. 당신의 태도와 행동을 통해 주변 사람들을 격려하고 소망의 끈을 결코 놓지 마라.
- Hospitality(환대): 소외당하는 이웃과 증오의 대상이 된 적들과 낯선 사람을 두려워하는 세상에서 환대를 연습하라. 손님을 지극 정성으로 대접하고 자신에게 덜 익숙한 아이디어일지라도 정중하게 환영하라.

- Imagination(상상력): 상상이 당신의 삶에서 자유롭게 기지개를 켜게 하라. 상상력을 통해 창출되는 이미지를 탐구하고 그 의미가 만들어 가는 삶을 묵상하라. 그리고 그 이미지가 당신의 삶에서 늘 새로운 것을 보고, 느끼고, 알게 할 것이다.
- Joy(기쁨): 기뻐하고 넘치게 즐거워하라. 이런 거룩한 에너지를 당신의 일상적인 삶에서 찾아 다른 이들과 나누어라.
- Justice(정의): 모든 사람을 위한 정의와 자유를 추구하라. 불평등과 억압이 더 이상 존재하지 않는 자유롭고 공정한 세상을 위해 일하라.
- Kindness(친절): 당신의 친절한 작은 행동과 짧은 격려의 말과 정중한 마음의 표현을 통해 성령께서 넘치게 역사하시게 하라. 이러한 작은 것들이 모여서 세상을 살만한 곳으로 만드는 것이다.
- Listening(경청): 사랑의 세계에 몸을 온전히 기울임으로 깊은 청취의 예술을 계발하라. 온 우주의 모든 것들은 다 자기의 말을 누군가 들어 주기를 원한다. 이는 우리 속의 많은 목소리들에 누군가 귀를 기울여 주기를 바라는 것과 마찬가지다.
- Love(사랑): 매일 계속해서 사랑에 빠지라. 가족을 사랑하라. 이웃을 사랑하라. 네 적을 사랑하라. 그리고 당신 자신도 사랑하라. 그리고 사람 사랑하는 것에서 그치지 마라. 동물과 식물과 돌들과 그리고 저 하늘의 은하계조차 사랑하라.
- Meaning(의미): 당신의 경험에서 중요한 것을 지속적으로 발견하려고 애쓰라. 거룩한 문서들과 영적인 교사들로부터 심오한 것들을 이해하는 삶을 추구하라.

- Nurturing(양육): 당신 내면에 있는 가장 귀중한 것들을 잘 보살피라. 일생을 통해 자기 탐구와 개인의 성숙을 도모하고 주변 사람들의 필요를 돌볼 수 있도록 자신을 준비하라.
- Openness(개방): 모든 것과 모든 사람들을 위해 당신 마음의 집을 활짝 열어라. 다른 이들과 마음을 함께하는 것을 배우고 우주를 향하여 포용하는 마음을 품으라.
- Peace(평화): 매일의 삶에서 화평한 삶을 촉진시킴으로 지구촌의 미래를 보장하라. 당신의 작은 시도가 세상에서 전투를 벌이고 있는 이웃들과 당신을 연결시켜 줄 것이다.
- Play(오락): 명랑하게 놀아라. 자연스러움 속에서 당신의 창조적인 정신을 표현하라. 살아 있다는 사실을 환호하며 즐기라. 그리고 절대 웃음을 잃지 마라.
- Questing(목마름): 질문의 맛을 보며 탐구에 전율하라. 당신의 삶을 여정으로 여기라. 그 여정은 당신의 영혼을 더 깊이 있게 해 주고, 당신의 신앙을 소생시킨다.
- Reverence(경외): 생명에 대한 경외심 갖기를 연습하라. 거룩함이란 세상의 모든 것들 안에, 함께, 그리고 밑에 있다. 적절한 존경심과 경외심으로 대하라.
- Shadow(그림자): 그대의 불완전함으로부터 숨고, 도망치며, 부정하려는 마음을 내려놓으라. 그대 속에서 참소하는 마귀의 소리를 거부하라. (원 저자의 글을 의역하였다.)
- Silence(침묵): 잠잠하라. 당신이 정기적으로 침묵을 연습할 수 있는 장소

를 찾으라. 거기에서 당신은 몸과 마음과 영혼을 재충전할 수 있는 기회와 자료를 찾게 될 것이다.

- Teachers(교사들): 당신 주위의 영적 교사들로부터 기꺼이 배우기를 힘쓰라. …… 항상 민감한 학습자가 되라.

- Transformation(변형): 당신의 삶에서 일어나는 긍정적인 변화를 끌어안으라. 창문을 열고 신선한 공기가 들어오게 하라. 그러면 치유와 온전케 되는 일이 곧 벌어질 것이다.

- Unity(합일): 지구촌 영성의 시대에 서로의 차이를 존중하고 공통점을 확인하라. 세상을 더 나은 곳으로 만들려고 노력하는 이들과 함께 일하라.

- Vision(비전): 눈에 보이지 않는 것이라도 볼 수 있는 예술적 감각을 계발하라. 당신 자신이 새로워지기 위하여 지혜를 활용하고, 공동체를 위하여서도 그렇게 하라.

- Wonder(경이로움): 활발한 호기심을 계발하고 당신의 감각 기관들의 소리를 환영하라. 세상은 살아 있다. 가끔은 하나님이 우리 앞에 나타나시고 엄청난 놀라운 일도 일어나며 당신을 향해 다가온다. 그대가 지금 거룩한 땅 위에 서 있음을 기억하라.

- X, the Mystery(신비): 우리의 삶에는 우리가 도저히 알 수 없는 것들이 있다는 사실을 기억하라. 하나님의 신비, 인간의 본성, 자연세계와 같이 심오한 존재들을 다 풀려고 너무 애쓰지 마라. 말로는 도저히 표현할 수 없는 것들을 사랑하라.

- Yearning(열망): 당신 마음의 경계 없는 욕구를 따라가라. 그것은 당신을

당신이 거하는 세계 밖으로 인도할 것이다. 그리고 인생에서 다차원적인 쾌락을 감상하는 법을 가르쳐 줄 것이다.

- You(당신): 당신이 하나님의 자녀라는 사실을 받아들이라. 당신만의 노래를 마음껏 부르라. 대우주에 아직 다 펼쳐지지 않은 대서사시를 하나님과 함께 일하는 동역자로서 주어진 사명을 완수하라.
- Zeal(열심): 삶의 생동함을 열정적으로 껴안으라. 모든 순간을 품고, 그대의 헌신을 존중하며, 가족을 온 존재를 다하여 최고의 가치로 여기고 사랑하라.[43]

---

[43] Frederic and Mary Ann Brussat, *Spiritual Literacy: Reading the Sacred in Everyday Life*, 19-25.

참고서적 및 자료

1. 서양서적

Allen, Diogenes. *Christian Belief in a Postmodern World*. Louisville: John Knox Press, 1989.

Bauckham, Richard. *Theology of Jürgen Moltmann*. Edinburgh: T&T Clark, 1995.

Beasley-Topliffe, Keith. ed. *The Upper Room Dictionary of Christian Spiritual Formation*. Nashville: Upper Room Books, 2003.

Bellah, Robert N. et al. *Habits of the Heart: Individualism and Commitment in American Life*. Berkeley: University of California Press, 1985.

Boa, Kenneth D. *Conformed to His Image*. Grand Rapids, MI: Zondervan, 2001.

Bosch, David. *Transforming Mission: Paradigm Shifts in Theology of Mission*. Maryknoll, New York: Orbis, 1992.

Boys, Mary C. *Educating in Faith: Maps and Visions*. Kansas City: Sheed & Ward, 1989.

_____. ed. *Education for Citizenship and Discipleship*. New York: The Pilgrim Press, 1989.

Brookfield, Robert. *Becoming a Critically Reflective Teacher*. San Francisco: Jossey Bass, 1995.

Conn, Joann. *Spirituality and Personal Maturity*. Mahwh, NJ: Paulist Press, 1989.

Cremin, Robert. *Public Education*. New York: Basic Books, 1976.

Cully, Iris. and Kendig Brubaker Cully. *Harpers Encyclopedia of Religious Education*. New York: Harper & Row, 1990.

Demarest, Bruce. *Soulguide*. Colorado Springs: NavPress, 2003.

Edwards, Tilden. *Spiritual Friend*. New York: Paulist, 1982.

Erricker, Jane. et al. *Spiritual Education: Cultural, Religious and Social Differences: New Perspectives for the 21st Century*. Brighton, Portland: Sussex Academy Press, 2001.

Fant, David J. *A. W. Tozer: A Twentieth Century Prophet*. Harrisburg, Pa.: Christian Publications, 1964.

Fincher, Susanne F. *Creating Mandalas: For Insight, Healing, and Self-Expression*. Boston & London: Shambhala, No Year.

Foreword by Thomas Moore in Henri J. M. Nouwen. *Out of Solitude*. Darton: Longman & Todd, 2004.

Foster, Richard J. and James Bryan Smith, et al. *Devotional Classics: Selected Readings for Individuals and Groups*. San Francisco: Harper San Francisco, 2005.

Foster, Richard R. *Streams of Living Water*. San Francisco: Harper San Francisco, 1998.

Fowler, James W. *Stages of Faith: The Psychology of Human Development and the Quest for Meaning*. San Francisco: Harper Collins, 1995.

Frederic and Mary Ann Brussat. *Spiritual Literacy: Reading the Sacred in Everyday Life*. NY: Scribner, 1996.

Frost, Michael. *Seeing God in the Ordinary*. Australia: Hendrickson Publishers, 2000.

Gangel, Kenneth O. "Candles in the Darkness," in James Michael Lee, et al. *Forging a Better Religious Education in the Third Millennium*. Birmingham, Alabama: REP, 2000.

Gavin, Paul. trans. *The Life of Catherine of Genoa*. Staten Island: Alba House, 1964.

Green, Thomas F. *The Activities of Teaching*. New York: McGraw-Hill Book

Company, 1971.

Grenz, Stanley J. *A Primer on Postmodernism*. Grand Rapids: Eerdmans, 1996.

Hill, Brennan R. *Key Dimensions of Religious Education*. Winona, Minnesota: Saint Mary's Press, 1988.

Holmes, Urban. *A History of Christian Spirituality*. San Francisco: Harper & Row, 1980.

Holt, Bradley P. *Thirsty for God: A Brief History of Christian Spirituality*. Minneapolis: Augsburg, 1993.

Horn, John. *Mystical Healing: The Psychological and Spiritual Power of the Ignatian Spiritual Formation*. New York: The Crossroad Publishing Company, 1996.

Jaspers, Karl. and Kurt Rossmann. *Die Idee der Universität*. Berlin: Springer-Verlag, 1961.

John of the Cross. *The Dark Night of the Soul*. New York: Barnes & Noble Books, 2005.

Jones, Cheslyn and Geoffrey Wainwright Yarnold. *The Study of Spirituality*. New York: Oxford University Press, 1986.

Keating, Charles J. *How We Are Is How We Pray: Matching Personality and Spirituality*. Mystic, Conn: Twenty-Third Publications, 1987.

Leech, Kenneth. *Soul Friend: An Invitation to Spiritual Direction*. New York: Harper San Francisco, 1992.

Lines, Timothy. *Functional Images of Religious Educator*. Birmingham: REP, 1992.

Little, Sara. Jack L. Seymour and Donald E. Miller. *Contemporary Approaches to Christian Education*. Nashville: Abingdon Press, 1982.

Loder, James. *The Knight's Move: The Relational Logic of the Spirit in Theology and Science*. Colorado Springs: Helmers and Howard, 1992.

_____. *The Logic of the Spirit*. San Francisco: Jossey-Bass, 1998.

_____. *Transforming Moment: Understanding Convictional Experience*. San

Francisco: Harper & Row, 1981.

McGrath, Alister. *Christian Spirituality: An Introduction*. Oxford: Blackwell Publishers, 1999.

Menges, Robert. *The Intentional Teacher: Controller, Manager, Helper*, Monterey. California: Brooks & Cole Publishing Company, 1977.

Merton, Thomas. *The Seven Story Mountain*. NP: Harcourt Brace & Company, 1948 & 1976.

Miller, John P. et al, eds. *Holistic Learning and Spirituality in Education: Breaking New Ground*, Albany: State University of New York Press, 2005.

Moltmann, Jürgen. *The Spirit of Life: A Universal Affirmation*. Minneapolis: Fortress Press, 1992.

Nouwen, Henry. *Turn my Mourning into Dancing: Finding Hope in Hard Times*. Nashville, Tennessee: W Publishing Group, 2001.

Ota, Cathy. and Clive Erricker, et al. *Spiritual Education: Literary, Empirical and Pedagogical Approaches*. Brighton, Portland: Sussex Academy Press, 2005.

Pannenberg, Wolfgang and Geoffrey W. Bromiley. *Systematic Theology 3*. Michigan: Eerdmans, 1991.

Parry, Abbot. O.S.B. trans. *The Rule of Saint Benedict*. Leominster, England: Gracewing Books, 1990.

Peace, Richard. "Spirituality," Michael J. Anthony, et al. *Evangelical Dictionary of Christian Education*. Grand Rapids, Michigan: Baker Academic, 2001.

Polanyi, Michael. *Personal Knowledge: Towards a Post-Critical Philosophy*. London: Routledge & Kegan Paul, 1958.

Prete, Thomas D. *Thomas Merton and the Education of the Whole Person*, Birmingham, Alabama: Religious Education Press, 1990.

Rahner, Karl. *The Practice of Faith: A Handbook of Contemporary Spirituality*. New

York: Crossroad, 1986.

Russell, Letty M. ed. *Tradition and Transformation in Religious Education.* Birmingham. Ala.: Religious Education Press, 1979.

Schaeffer, Francis A. *True Spirituality.* Wheaton, Illinois: Tyndale House Publishers, 1971.

Schipani, Daniel. *Theologies of Religious Education.* Birmingham: Religious Education Press, 1995.

Tamburello, Dennis E. *Bernard of Clairvaux: Essential Writings.* NP: Crossroad Publishing Company, 2000.

Teresa of Avila. *The Interior Castle*, Mansion VII, ch. 2. Translated and edited by E., Allison Peers, from the Critical Edition of P. Silverio de Santa Teresa, C.D. 1959.

Tozer, A. W. *The Pursuit of God.* Camp Hill, Pennsylvania: Christian Publications, Inc, 1982.

Tyson, John R. *Invitation to Christian Spirituality.* New York: Oxford University Press, 1999.

Veith, Gene Edward. *Postmodern Times.* Wheaton: Crossway Books, 1994.

Wakefield, Gordon S. et al. *The Westminster Dictionary of Christian Spirituality.* Philadelphia: The Westminster Press, 1983.

2. 동양서적

강희천.『기독교 교육의 비판적 성찰』. 서울: 대한기독교서회, 1999.

고용수.『관계 이론에 기초한 만남의 기독교교육 사상』. 서울: 장로회신학대학교출판부, 1994.

_____.『현대 기독교 교육 사상』. 서울: 장로회신학대학교출판부, 2003.

구덕관.『오늘의 영성신학』. 서울: 하우, 1988.

김균진.『기독교조직신학』. 서울: 연세대학교출판부, 1983.

김도일.『교육인가 신앙공동체인가?』. 서울: 한국장로교출판사, 1998.

김도일 외.『신학이란 무엇인가?』. 서울: 한국장로교출판사, 1998.

박상진.『기독교교육과정탐구』. 서울: 장로회신학대학교출판부, 2004.

박준서.『구약세계의 이해』. 서울: 한들출판사, 2001.

변희선.『영성 수련 교육학』. 서울: 이냐시오 영성 연구소, 1996.

사미자.『종교심리학』. 서울: 장로회신학대학교 출판부, 2001.

_____.『심리학의 눈으로 바라본 기독교교육』. 서울: 장로회신학대학교출판부, 2006.

손원영.『영성과 교육』. 서울: 한들출판사, 2004.

신국원.『포스트모더니즘』. 서울: IVP, 1999.

신득렬.『교육사상가 연구: 소크라테스, 플라톤, 아리스토텔레스』. 대구: 계명대학교출판부, 1980.

양금희.『종교개혁과 교육사상』. 서울: 장로회신학대학교출판부, 1999.

유해룡.『하나님 체험과 영성 수련』. 서울: 장로회신학대학교출판부, 1999.

윤평중.『푸코와 하버마스를 넘어서』. 서울: 교보문고, 1990.

은준관.『교육신학』. 서울: 대한기독교서회, 1976.

임창복.『기독교교육』. 서울: 장로회신학대학교출판부, 2002.

조은하.『통전적 영성과 기독교교육』. 서울: 한들, 2004.

조옥진 편저.『성격유형과 그리스도인의 영성』. 서울: 생활성서사, 1996.

3. 번역서적

Benner, D. 이만홍, 강현숙 역.『정신치료와 영적 탐구』. 서울: 하나 의학사, 2000.

Boa, Kenneth D. 송원준 역.『기독교영성: 그 열두 스펙트럼』. 서울: 디모데, 2002.

Boys, Mary C. 김도일 역.『제자직과 시민직을 위한 교육』. 서울: 한국장로교출판사, 1999.

Bromiley, Geoffrey W. 서원모 역.『역사신학』. 서울: 크리스챤 다이제스트, 1999.

Bushnell, Horace. 김도일 역.『기독교적 양육』. 서울: 장로회신학대학교출판부, 2004.

Cully, Iris V. 오성춘, 이기문, 류영모 역.『영적성장을 위한 교육』. 서울: 한국장로교출판사, 1986.

Conn, Joann Wolski. 강영옥, 유정원 역.『신학, 그 막힘과 트임: 여성신학개론』. 왜관:

분도출판사, 2004.

Chan, Simon. 김병오 역.『영성신학』. 서울: IVP, 2002.
Downey, Michael. 안성근 역.『오늘의 기독교 영성 이해』. 서울: 은성, 2001.
Foster, Richard. 편집부 역.『영적성장을 위한 제자훈련』. 서울: 보이스사, 1991.
Freire, Paulo. 남경태 역.『페다고지』. 서울: 그린비, 2002.
Grenz, Stanley. 신옥수 역.『조직신학: 하나님의 공동체를 위한 신학』. 서울: 크리스챤 다이제스트, 2003.
Groome, Thomas H. 이기문 역.『기독교적 종교교육』. 서울: 대한예수교장로회총회교육부, 1983.
Hunsinger, Deborah. 이재훈, 신현복 역.『신학과 목회상담』. 서울: 한국심리치료연구소, 2000.
John of the Cross. 최민순 역.『어둔 밤』(The Dark Night). 서울: 성 바오로 출판사, 1988.
Migliore, Daniel. 장경철 역.『기독교 조직신학 개론』. 서울: 한국장로교출판사, 1994.
Moltmann, Jürgen. 이신건 역.『삼위일체와 하나님의 역사』. 서울: 대한기독교서회, 1998.
Moltmann, Jürgen. 김균진 역.『삼위일체와 하나님의 나라』. 서울: 대한기독교서회, 1982.
Pazmino, Robert W. 조혜경 역.『교사이신 하나님』. 서울: 크리스챤출판사, 2005.
Russell, Letty M. 정웅섭 역.『기독교교육의 새 전망』. 서울: 대한기독교서회, 1991.
Shawchuck, Norman. Rueben Job, & Robert Dorherty. 오성춘, 황화자 역.『영성훈련 지침서』. 서울: 대한예수교장로회총회출판부, 1991.
Thomas, Gary. 윤종석 역.『영성에도 색깔이 있다』. 서울: CUP, 2003.
Tozer, A. W. 이용복 역.『이것이 성공이다』. 서울: 규장, 2005.

4. 논문

Christensen, Michael J. "Teaching from the Heart: The Spiritual Theology of Henri J. M. Nouwen." 미간행 논문. The 6th International Conference of KSCEIT, 2006.
Clement of Alexandria. *Christ the Educator*, trans. Francis P. Wood. The Fathers

of the Church Series. vol. 23. Washington D.C.: Catholic University Press, 1954.

Conn, Joann Wolski. "Spiritual Formation." *Theology Today*, 56:1. 1999.

Gregory. Pastoral Rule. I.1. *The Nicene and Post-Nicene Fathers, Second Series*, vol. 12.

Howard, Evan. "Three Temptations of Spiritual Formation." *Christianity Today*. vol. 46, no. 13.

Schneiders, Sandra M. "Spirituality in the Academy." *Theological Studies* 50. 1980.

Sheldrake, Philip F. "Teaching Spirituality." *British Journal of Theological Education*. 12.1. 2001.

김도일. "포스트모던 시대의 기독교교육: 기독교교육이론의 흐름과 중심사상."『포스트모던 시대의 기독교교육』. 서울: 장로회신학대학교 기독교교육연구원, 2007.

_____.『기독교교육개론』중, "기독교교사란 누구인가?" 서울: 장로회신학대학교, 기독교교육연구원, 2007.

양금희. "기독교교육적 '읽기'로서의 'Lectio Divina.'"『장신논단』제20집, 2003. 412-442.

오방식. "영성지도." 정원범 편,『영성, 목회, 21세기』. 서울: 예영커뮤니케이션, 2006, 213-243.

이영운. "영성형태와 멘토링 형태의 상관관계에 대한 이론적 접근." (KSCEIT, 2005 추계학술대회: 미간행 논문).

장신근. "통전적 기독교교육의 모색: 삼위일체론적 모델의 기독교교육을 중심으로."『제6회 춘계신학강좌 자료집』. 2009년 4월 8일, 장신대, pp. 7-57.

_____,『공적실천신학과 세계화시대의 기독교교육』. 서울: 장로회신학대학교출판부, 2007.

5. 온라인 자료

http://ccel.wheaton.edu.

Catholic Encyclopedia on CD-ROM.

http://kr.dic.yahoo.com.

http://maryschild.blogspot.com.

http://sgti.kehc.org.

http://www.answers.com.

http://www.christdesert.org.

http://www.intouch.org.

http://www.merton.org.

http://www.newadvent.org.

http://www.newadvent.org.

http://www.philosophypages.com.

찾아보기

ㄱ

각성의 밤(night of the senses) 105
간학문적 방법(interdisciplinary
    method) 174, 184, 192
감각(sense) 46, 47, 57, 222
감각적인 성격 109
감상적인 성격 109
감성적 경험중심주의 26-27, 30-34, 44,
    112, 200, 213
감성적-비직설적 영성(KH) 47
감성적인(emotional) 47
감성적-직설적 영성(AH) 47
강희천 102-103, 198, 207
개인적 영성 97
개인적 차원 30, 97, 200
개인주의 35-38, 94, 200
거시적 영성 52, 162
게이츠(Bill Gates) 32
경세적 삼위일체(economic Trinity) 96
경험적 학습 177
공감 94-96, 205-206
공공 환경(public environment) 10
공동체적 영성 47, 90, 93, 97

공동체적 차원 200-201, 206
공동훈련 206
공산주의(communism) 24, 181
공적 공동체(public community) 201
공적인(public) 28, 35-37, 52-55, 176
공적 책임(public responsibility) 37
광야 77-78, 81, 116
교사상 208-209
교회력 204
교회영성교육 13, 173, 193, 199, 210,
    216-217
구속의 영성형성 201
구티에레즈(Gustavo Gutierrez) 187
궁방(宮房) 148-149, 151
그라임즈(Howard Grimes) 181
그레고리(Gregory the Great)
    121-122, 126-128, 207
그레고리, 나찌안주스의 86, 91
그렌즈(Stanley J. Grenz) 20
근대(modern) 20, 25
근대의 사고방식(modern mentality) 20
근대정신(modernism) 26
기독교 영성(Christian spirituality) 5,
    11, 46-51, 57, 77-105, 118,
    139, 143, 146, 205-208
기독교교육(Christian education)운동
    174, 181-183

기독교적 발달이해 179
기독교적 양육 175
기독교적 인간 성숙 101, 107
기원의 삼위일체(Trinity of origin) 96

ㄴ

나와 너(I and Thou) 58
나우엔(Henri Nouwen) 6-7, 155-156, 165-169, 213
남성 영성 6
내면생활(interior life) 53, 64, 145
내면의 훈련들 206
내재적 삼위일체(immanent Trinity) 96, 99
내향적인 성격 109
네페쉬(nepesh) 72-73
누미디아(Numidia) 124
능동적 영성 97
능력(power) 5, 40, 54, 62, 75-76, 82-87, 105-106, 158, 191, 193, 196, 199, 202, 210-217
니버(Reinhold Niebuhr) 181

ㄷ

다우니(Michael Downey) 5, 29, 75

다원-상대주의의 영향 44, 213
다원주의(pluralism) 28, 39, 44, 200
다원화 215
대림절 204
대인 관계적(interpersonal) 자아 105
대화 13, 33, 55, 65, 103, 107, 131, 162-166, 173, 179, 184-195, 202-205, 208, 214, 217
데카르트(Rene Descartes) 23
도미니크(Dominic, c.) 132-135
동기(motivation) 28
두 브루셋 212
듀이(John Dewey) 174, 177
디오니시우스(Dionysius) 124, 135

ㄹ

라너(Karl Rahner) 91, 118, 155
라스 카사스(Bartholome de Las Casas) 140
라인즈(Timothy Lines) 208
러쎌(Letty Russell) 186
렉시오 디비나(lectio divina) 129
로더(James Loder) 184-186
로렌스(Brother Lawrence) 155
로욜라(Ignatius de Loyola) 50, 140, 144

루아흐(rūach) 71-73
루이스(C. S. Lewis) 6, 156
루카도(Max Lucado) 6
루터(Martin Luther) 140-144

ㅁ

마음의 할례 80
마이어스(Isabel Myers) 107-108
맥그래스(Alister McGrath) 49-50, 143, 156
머튼(Thomas Merton) 155-156, 161-165, 213
멘지즈(Robert Menges) 62
명시적 교육과정 203
모니카(Monica) 124
모어(Hannah More) 155
몰트만(Jürgen Moltmann) 91-92, 95
무념적(apophatic) 차원 203, 207
무어 217
묵상 10-11, 109, 129, 145-150
문제제기식 교육(problem-posing education) 188
물질만능주의 7
미자각상태(未自覺狀態) 21

ㅂ

바르트(Karl Barth) 91, 155, 182, 184, 187
발견적 학습법(heuristic learning) 24
버나드(Bernard of Clairvaux) 129
베너(D. Benner) 211
베네트(John Bennett) 181
벨라(Robert Bella) 35-37, 53
변형의 영성 174, 190-193
변형의 영성모델 203
변형의 영성형성 201-202, 205
변형적 프락시스 188, 190
보니노(Jos Miguez Bonino) 187
보쉬(David Bosch) 22, 24-25
보아(Kenneth Boa) 46, 47
본회퍼(Dietrich Bonhoeffer) 155, 187, 206
부버(Martin Buber) 58
부쉬넬(Horace Bushnell) 155, 175, 178
부활절 204
부흥운동(revivalism) 174-175
분리의 문화(culture of separation) 38
분별(discernment) 5, 40, 106, 191, 207, 210-212
브릭스(Katharine Briggs) 107
비대칭적 양극의 일치(unsymmetrical bipolar unity) 184

비이쓰(Gene Edward Veith)   25
비절기 기간   204
비즐리-토프리피(Keith Beasley-Topliffe)   130
비직설적(kataphetic)/유념적 영성   47
비판적인 숙고(熟考: critical reflection)   62
빛과 흑암   77, 82

ㅅ

사라 리틀(Little, Sara)   57, 59
사랑의 영성   94-95
사색적-비직설적 영성(KM)   47-48
사색적인(speculative)   47
사색적-직설적 영성(AM)   47-48
사순절   141, 204
사유화   28
사적 가치(private value)   37
사적인 영역(private realm)   36, 53
사회 정의(social justice)   5, 9
사회과학   101, 179, 183
사회복음 운동(social gospel movement)   176
사회적 삼위일체론   91-92
삼위일체   13, 40-59, 86-100, 169, 215
삼위일체 영성과 영성교육   193-194

삼위일체 영성교육   174, 199, 202
삼위일체 영성교육 모델   13, 173
삼위일체적 영성   90, 93-97
삼위일체적 통전성   202-203
삼위일체적 형상(imago trinitas)   200
삼위일체주일   204
상대주의(relativism)   28-29, 200
상대화   215
새틀러(Michael Sattler)   140
생명유기체   60
생애주기   205
생태적 영성   52
샤우척(Norman Shawchuck)   206
성령의 열매   80
성탄절   204
성화   77, 85
세군도(Juan Luis Segundo)   187
세상의 빛   82
세일즈(Francis de Sales)   155
수동적 기도(receptive prayer of contemplation)   149
수동적 영성   97
쉐릴(Lewis Sherrill)   58
쉐이퍼(Francis A. Schaeffer)   50-51
쉘드락(Philip Sheldrake)   50
쉬파니(Schipani)   186
스마트(James D. Smart)   181-183

스미스(Shelton Smith)　181-182
스윈돌(Charles Swindoll)　6
스패너(Philip Jacob Spener)　155
시민직(citizenship) 양육　184
신앙공동체　38, 44-45, 49, 55, 61-64, 86, 102, 117, 182, 197, 216
신앙의 내면화　77, 80
신의 종의 종(Servus servorum Dei)　127
신정통주의　181-183
신플라톤주의(Neo-platonism)　135
심리학과의 대화　179, 205
심리학적 발달이해　179
심리학적 인간 성숙　107
심리학적 패턴　104
쓰리 애니(three any's)　32

ㅇ

아동중심의 교육　177
아빌라(Teresa of Avila)　105, 140, 147-149, 152
안셀름(Anselm of Canterbury)　41
안트(Johann Arndt)　155
알렌(Diogenes Allen)　20
알베스(Rubem Alves)　187
앎의 결핍(a lack of knowing)　103

암시적 교육과정　203
애니어그램(Enneagram)　9
어거스틴(Augustine of Hippo)　40, 91, 124, 134-135, 143, 207
어린양의 혼인잔치　77
에드워즈(Jonathan Edwards)　155
에라스무스(Desiderius Erasmus)　140
엑크하르트(Meister Eckhart)　135-136
엘리어트(Harrison Elliot)　175, 178
엠비티아이(MBTI)　101, 107-111, 208
여권주의 영성(feminist spirituality)　6
여정　77-78, 81, 153, 162-163, 169, 179, 209-210, 221
연대성　94, 205-206
영/부재의 교육과정　203-204
영성식별(spiritual discernment)　105
영성지도(spiritual direction 혹은 guidance)　64-67, 147, 198-199
영성치유　67
영성형성(spiritual formation)　8-11, 67, 111, 154, 161, 180, 198, 201-205, 208
영성훈련(spiritual exercises)　4, 9-10, 54-55, 111, 123, 138, 145, 150, 198, 206, 208
영적 결혼(Spiritual Marriage)　150

영적 지도(spiritual direction) 198
영적 필요(real needs) 60, 216
영해(靈解, spiritual literacy) 196, 199, 210-214, 217-218
영혼의 어두운 밤 152, 180
예수의 영 76
오리겐(Origenes) 119
오순절 성령강림주일 204
오스머(Richard Osmer) 56
온전성(wholeness) 6, 189
올라감 77, 81
와이코프(Campbell Wyckoff) 181
왕이신 그리스도주일 204
외면의 훈련들 206
외향적인 성격 109
요한, 다마스쿠스의 86
요한, 십자가의(John of the Cross) 105-106, 140, 152-153
워렌(Rick Warren) 6
웨슬리 형제(John Wesley, Charles Wesley) 155
웨일(Simone Weil) 155
유념적(kataphatic) 차원 203, 206
유비쿼터스(Ubiquitous) 32-33
융(C. G. Jung) 9, 107-108
은사주의(Pentecostal) 11
은사주의적인 경향 186

의식화(conscientization) 21
의식화교육 188, 190
이성 중심주의 26
이해를 추구하는 신앙(faith seeking understanding) 41
인간 성숙 101, 107, 111
인간 통합(human integration) 10
인간의 발달단계 205
인격적인 관계성 89-90
인본주의적 자율성 추구 22
일상의 신학(theology of the ordinary) 212-213

ㅈ

자기 고착 5
자기 몰두 5
자기 몰입 5
자기 성찰(self-examination) 53, 146
자기 자신(self) 27, 34, 104-105, 201
자기 점검(self-examination) 146
자기중심 7, 27-29
자기중심적인 사고방식(self-centered mentality) 27
자기중심주의 28, 30, 34, 44, 112, 200, 213
자립(self-help) 6

자아 초월   103

자유주의 신학(liberal theology)   56, 174-176, 181-183, 192

자율(autonomy)   103

잔치   77

적극적 기도(active prayer of meditation)   149

전인교육   60

전일성(wholeness)   149

절대진리   40, 43, 215

정체성(identity)   34, 36-37, 45, 54, 63, 89, 97, 119, 180-185, 197

제2의 IT(information technology)   32

제자직(discipleship) 양육   184

존재론적인 소명(ontological vocation)   188

종교교육운동(religious education movement)   174-178, 182

종말론적 영성   76, 98

주님의 수세주일   204

주지주의(intellectualism)   23

중보자(mediator)   85, 193

즉각적인 만족(instant gratification)   33

지식-원리주의   30

지적인 성격   109

직관적인 성격   109

진보주의 교육사상   174, 176

집단적 영성   52

ㅊ

찬(Simon Chan)   86

참여   9, 33, 45, 53, 76, 93, 96-97, 118, 122, 157, 162, 177, 188, 190, 192, 194, 201, 205-208

창조, 구속, 영화   87, 97-99

창조의 영성   76, 178-185, 190

창조의 영성형성   201

치유   6, 120, 149, 167-168, 222

침묵   77, 83, 207

ㅋ

카리스마틱(charismatic)   11

칼뱅(John Calvin)   139-140, 175

캐서린(Catherine of Genoa)   140-142

컬리(Iris cully)   46, 115-116, 119, 121, 123, 129, 146

코우(George Albert Coe)   52, 56, 175, 178, 182

콘(Joann Wolski Conn),   103-107

크랜머(Thomas Cranmer)   140

클레멘트(Clement of Alexandria)   119-120

키에르케고어(Soren Kierkegaard)   155
키팅(Charles Keating)   108

ㅌ

타이슨(John R. Tyson)   115, 135, 150, 155, 158, 164
탈-자기중심적   7
테레사(Mother Teresa)   155
테일러(Jeremy Taylor)   155
토저(A. W. Tozer)   150-161
통전적 영성   96
통전적인 교육   8
통전적인(전인적인) 인간 형성(the formation of the whole person)   165

ㅍ

파스(Sophia. L. Fahs)   175, 178
파스칼(Blaise Pascal)   155
파편화(fragmentation)   38, 43-44, 96, 215
판넨베르크(Wolfhard Pannenberg)   40
판단하는 성격   109
페리코레시스(perichoresis, 순환)   86-88, 92, 94, 98

포수   77-78
포스터(Richard R. Foster)   8, 113-115, 137, 166, 206
프란시스(Francis of Assisi)   130
프레이리(Paulo Freire)   21, 187-190
프로스트(Michael Frost)   213
피니(Charles Finney)   155

ㅎ

하나님의 교육(paideia Dei)   57
하나님의 부재(absence of God)   153
하나님의 선교(missio Dei)   58
하나님의 전신갑주   79
하워드(Evan Howard)   8-11
해독(decipher)   210-212
해방신학   188-190
향심 기도   10
허버트(George Herbert)   155
현대정신(postmodernism)   26
호튼(Walter Horton)   181
홈릭하우젠(Elmer Homrighausen)   181-182
홈스(Urban Holmes)   47